跨界理論

THEORIZING ACROSS BORDERS

SHU-MEI SHIH
史書美——著

【目次】

廖朝陽序 004
自序 理論思維的跨界形構和在地實踐 010
謝誌 020
第一章 全球文學的認可機制 021
第二章 作為關係的比較文學 067
第三章 批判理論的克里奧化 101
第四章 立足台灣的批判理論 165
第五章 女性主義的翻譯可能 211
第六章 弱勢族群的跨國主義 251
第七章 比較視野的種族論述 287
附錄 「跨界理論」座談會紀錄 311

廖朝陽序

史書美的新書對近年來她的學術論述作了階段性的總結，有許多面向值得探討。其中華語語系文學的理論建構可能是台灣學界持續關心的部分。這裡我想參考既有的相關辯論，就本書的理論框架與背景提出一些觀察。

本書書名為《跨界理論》，立即點出一個重要的問題：理論本無國界，為何需要像翻譯、比較文學那樣跨界？這當然是從純科學的角度來理解理論所碰到的問題，通常的回應應該是加入人文、社會意義的複雜性，從理論也會旅行、移動、在地化而變異等等角度來說明。這些複雜性在我與史書美、梅家玲、陳東升合編的幾本書裡以「台灣理論」的關懷為核心，已經有多面向的呈現（參見本書第四章）。但是「跨界理論」所標示的「跨界」特別指向一個通常容易被忽略的重點；也就是說，史書美的「跨界」並不只是一般意義下的跨界，而是含有更深一層的理解可能。

我們可以用第二章討論到的葛里桑關係理論來說明。按書中所述，在「一體化的世界史」的框架下，文本與「世界」之間有許多不同的比例或標度。這些標度之間有明顯的大包小的關係（世界或「一體化」世界像是洋蔥的最外層），但同時又由許多複雜的跳接關係連結在一起。有些關係可能互相近似，適合納入某種可以辨認的規律性，合起來可以想像為穿插在不同比例層次之間的平面。葛里桑認為加勒比海地區基於地理位置與奴隸交易帶來的特殊歷史經驗，呈現出以克里奧化為中心的獨特風情。這時由跨界的角度來考慮加勒比海的特殊性，對觀察者來說就會形成是否納入跨層次穿越的選擇。

一般的對象化觀察會維持對象的單一標度，這時加勒比海的特殊性當然也可以跨界：我們可以由加勒比海延伸出去，納入同一標度上的其他傳統，針對不同傳統的特性、歷史接觸、思維變異等等進行知識化的比較整理，這大致就是傳統比較文學對比較關係的想像了。即使由墾殖園經濟切入來進行比較，這樣的跨界關係還是會假設個別文化是固定、封閉的對象，所以也會停留在描述性投射的觀察。葛里桑特別的地方在於他並不停留在這裡，而是進一步把加勒比海文化看成世界史脈動的一部分：加勒比海克文化背後是更大的世界克里奧化過程，只是說加勒比海的特殊情境使這個過程表達得特別清楚。

我們可以進一步推論，這個更大的過程經過其他力量的參與推動，到了二十一世紀已經由隱而顯，變成高度日常化的經驗內容。這樣的跨界並不是從設定為已經成立的觀察對象出發來比較其同異，而是把觀察者自己也擺在更大的動態「關係」中，進行部分與整體、部分與部分之間的參與式理解，讓自己的情境「捲入」對象的情境中。就像量子物理學接受觀察者會決定觀察結果一樣，這樣的跨界也假設觀察者參與意義的生成，與觀察對象也「在海底合而為一」。

加勒比海與台灣地理環境、歷史經驗的類似性令人聯想到京都學派哲學家和辻哲郎的風土論：就像克里奧化是超出局部又參與局部的時間過程，風土也是超出局部又參與局部的空間特殊性。台灣哲學家洪耀勳特別認為台灣的風土性來自殖民地的「生存交涉」，可以說也透過不同知識情境的「關係」，呼應了史書美引用的「不忽視任一比例」的葛里桑立場。洪耀勳用「超越」來解釋人如何與世界相通，其實也就是要點出文化特殊性必須納入空間關係的參與式理解：就像作夢的人要自覺作夢就必須假設自覺與不自覺（全局觀點與局部觀點）可以跨層次並置，形成「夢見自己在作夢」的空間配置，現實裡的克里奧化也只有加入更大的歷史框架才能像洪耀勳期許的那樣，脫離分別知的簡化而接近根本知。

史書美倡議「華語語系研究」，帶動了許多相關議題的辯論，可能涉及華語語系研究本身的立場歧異，也可能涉及華語語系文學與離散華人文學、世界華文文學、世界文學的關係。其中許多討論其實都沒有脫離先定界才能跨界，先有對象才能觀察的思維：先確認台灣文學（馬華文學、南洋文學等等）是華語語系的一部分，然後才能用華語語系的框架來討論多少已經固定化的對象。這樣的設定用舊思維來發展新的研究框架，多少會限制其潛在的可能性。例如本書所談的知識認可機制（第一章）、不可通約性（第五章）、理論與世界史的關係（第三章）常會被視為理論議題而被排除在華語語系研究之外，即使提到也只是作為背景出現。本書重新審視跨界的觀念本身，或許也有意通過理論議題的連結來深化跨界的意涵，點出華語語系研究並不必把自己放在克里奧化之類的跨語系議題之外。

另一方面，就像量子物理學不會取消傳統物理學的效力，世界史觀點或其他跨層次觀點的加入並不會模糊對象化客體的時間、空間定位。層次穿越的複雜性突顯了關係有偏向連結的一面，其實也有偏向區隔的一面。世界史觀點由抽象回歸具體，但同時也限制了層次的化約效力。當歷史情境出現自我觀察的調整，例如當單一文化的道統化調性出現眾聲喧譁的多元化轉折，世界史觀點並不會把經過去威權或去中心改良的中國性、華語性置於另一種超越性認可權力之下，重新化約為不變的觀察對象，從而又回到知識管理的封閉性操作。這一點當然涉及對象化跨界與跨標度跨界的不同，但也涉及歷史對理論思維的制約。

這裡我們可以用一個懶人包化的實例，回到比較簡單的比較關係，看看跨界的理論思維在一個非常不同的情境裡如何呼應跨標度的跨界：班雅明（Walter Benjamin）談現代性，也把日常生活的文化放在觀念化的歷史進程裡，形成洋蔥式包覆。首先，科技快速發展帶來生活情境的改變（如旅行頻繁、商業發達、媒材表達複雜化等等），使人的經驗越來越充滿跳動，打破了傳統文化重視專注的穩定感。這時生活情境要求多工而造成人的注意力分散，偏離傳統文化偏向聚焦的沉浸式經驗（Versenkung），甚至會使知覺對散焦習以為常。到這裡的觀察都停留在客觀觀察者的對象化描述，卻因為客觀而使觀察者似乎被固定在一個穩定的位置上。但是班雅明並不停留在這裡，而是進一步由跨標度跨界的角度來看現代經驗的世界史定位：當散焦成為常態，新的沉浸經驗也會被迫成形，把散焦當成聚焦的一種方式，使現代性主體在不知不覺中沒入形態完全不同的另一種沉浸經驗。為什麼要這樣解釋？因為解釋者也是追求革命可能性的參與者：他觀察歷史的夢境，想要在夢境中尋找脫離夢境的契機。

這樣的層次跳躍超前時代，在班雅明的接受史裡是較少得到解釋的部分。不論如何，從班雅明的操作來看，對象化的沉浸經驗顯然並不會被遺忘：傳統繪畫、早期人像攝影的「氣場」（aura）不會消失，反而可能因為加入技術的歷史感而「遺民」式強化。比較合理的說法是：當科技環境（也是一種風土）改變的規模大到一定程度，實際經驗裡氣場的出現方式可能面臨阻礙而必須「繞射」，也就是接受一定程度的形態變異。繞射不是以新代舊的對象化程序而是思維關係偏移衍散的過程（就像葛里桑喜歡談的「島弧」揮灑），要求的是既能納入「一體化」層次的考量，也能即時更新現場的觀察方式。這時沉浸、氣場之類的傳統分析觀念就像「克里奧化」一樣，並不會因為回歸歷史而失效，而是可以納得（adopt）新的關係配置而理論化，一方面參與大環境動能的延續，一方面帶出新知識生成的可能。

科技、技術是疆界穿透性最強的活動。近年來文化理論的發展也常出現由技術切入來擴大理論跨界思維的案例。葛里桑所談的加勒比海克里奧化是充滿血腥磨難的歷史進程，其背後的推力顯然脫離不了廣義的生存技術。史書美雖然從權力、位階的批判出發，但基本立場緊扣理論跨界所揭露的，「生存交涉」的關係糾纏，如果可以從另一個標度來觀察，走的其實也是理論本身一再被「死亡」之後企求打破我執，重新參與時代環境的生存之路。

自序
理論思維的跨界形構和在地實踐

這本論文集收入了我數年來有關文學和文化理論的論文，大部分原先以英文寫成，在美國和英國出版，小部分原先由華文寫成，在台灣出版。因為希望這些論文有機會和華語語系各地區的讀者們交流，藉著政治大學華人文化主體性研究中心的「華人文化講座」的邀請，我把它們整理出來，用華語做了四場演講，外加一場相關的和本地學者的座談會，並在此把全書七章收集成冊，呈現給讀者。雖然，每一章有它寫成當時特定的訴求和對話對象，這些論文也表達了我一貫思維的某些共通性。第一，讀者們可以發現，我在理論方面的思考，從來沒有背離實踐的前置性，所有立論都有所指，也就是說都是有話要說才說，希望提供新的、有一定程度實用價值的理論概念。第二，我從來不以為批評本身就是目的。學術界有些學者，為了批評而批評，我認為是一個有問題的作法。因為沒有理論或論述是放諸四海皆準的，找到別人論述裡可以批評的地方非常容易，所以批評別人的著作只為了表現自己的批評能力多麼犀利，我認為是一種膚淺的、片面的作法。況且，很多時候，這樣的批評常常是立足於有意無意的誤讀和曲解，欠缺真正的批判精神和目的。學術界常有為了提高自己身價的、把對象稻草人化的批評，我認為不可取。我期許自己嚴肅地看待和處理對方的觀點，並同時建議一些新的或不同的想法以為糾正和抗衡。第三，筆者認為沒有理論建樹的批評是無用的。如果批評的目的，只是表示對對方的一些想法的不滿，那大多只是浪費時間。沒有用的想法或概念，自然而然會被讀者們淘汰，也許並不值得我們去批評。實質的批評，即使是負面的，仍然是一種給批評對象的恭維，因為，妳即使有不同的意見，對象值得批評而給予批評，仍然是一種對對方的重要性的認可。這個應該是對話的起頭，不是終結。批評必須要有實質性的內容，也要有一定程度的建樹性。也就是說，我們應該提供對象理論缺失如何可以改進的進一步的思考，形成與對方真正的對話，並把對話向前跨進一步。

同時，這本論文集雖然題為《跨界理論》，這裡每一章對我來說都是一種在地實踐，大部分在筆者熟悉的、既同時又相疊的兩個語境中產生——美國和台灣——像一個維恩圖（venn diagram）一樣，有分別的語境和重疊的語境。更關鍵的是，這兩個語境又同時存在於世界這一個大語境中。由於美國和台灣各自都不是孤立形成的，所以對我來說，理論思維在踏實的在地上出發，必須同時注意這個在地的跨界性，以及在地和跨界之間相輔相成的關係。美國身為世界上文化和政經的大帝國，它的存在本身無疑同時是在地和跨界的，它在國外的帝國主義和在國內的定居殖民主義在在牽涉到世界所有的國家和人。至於台灣，我一向的做法是把台灣看作是世界系統的一員，而不是一個孤立的島國，因此其思想層面也需要如此看待，不應屈服於小國的偏見而認為在大世界的領域裡自己無足輕重。[1]我一直堅持，台灣研究應該放在世界的語境來進行，正是這個意思。[2]台灣和美國都是定居殖民地，兩個政體都剝奪了原住民的土地和主權而存在，卻以移民社會自居，代代的定居殖民者把自己描述成移民，取代了原住民變成了「本地人」，成為人口多數。「移民」在所有的定居殖民地，包括加拿大、澳洲、新加坡、紐西蘭等，事實上只是定居殖民者的誤認和一種脫罪的自我認同。台灣是這個世界性的定居殖民歷史過程的一員，不容忽視，如本書第四章就指出有關定居殖民的國際法的起源和台灣的關係。如上所述，我所有的思考自然而然是從美國和台灣這兩個分開卻相互交錯的語境中折射出的一個關係網中產生，而這個關係網又是世界性的，兩者因此都不可避免地參與世界歷史的進程和建構。在這個關係網中，我汲汲發掘並批判不同層次的權力關係和各種階序（如種族、殖民、階級、性別、知識等）的運作，以及以這樣的批判為基礎，進一步提出希望有創意、符合本地社會文化實況，又有一定程度的普遍性的理論思維和概念性的東西，最終的訴求是反叛西方中心和殖民者中心的理論的霸權，不僅擺脫知識殖民的迷障，更以創新的思維超越這個迷障，對理論有所創思和建樹。

因此，對筆者來說，理論從在地出發但也同時是跨界思維，它的在地實踐同時也是跨界實踐。如果台灣論述的跨界層面，常常不被認可，被歸類於邊緣化的場地，那是來自世界格局當中由政經階序所主宰的認可機制（technologies of recognition）和認可政治（politics of recognition）的運作而來。所謂的在地可大可小，並不代表小的地域就缺乏意義。況且台灣的面積，比起加勒比海諸島國都大，也可以有像廖朝陽的序言和本書第二章處理的葛里桑式的理論家出現。英格蘭本部比台灣大大約三倍而已，但英國在世界史上舉足輕重，而那是因為它不光榮的全球殖民史。希臘也只有大台灣三倍左右，而希臘被認為是西方文明的起源。一個國家的大小，因此和其在世界上的重要性不必然有因果關係。台灣的重要，在西方的學術界常常被忽略，也正是認可機制和認可政治的問題。本書的第一章爬梳在世界文學的領域裡，哪些認可機制使少數、被邊緣化、第三世界、小國、小語言、非白人的文學被擋在所謂的殿堂外，並且分析這些機制運作的模式。這一章的特色是它的批判性，揭發西方中心的文學殿堂論，為一種自我反射（self-referential）的滔滔邏輯（tautology），以支撐西方的優越感。為了批判而批判，如前所述是不足夠的。因此，本書的其他章節接著提出不同相關領域當中創建新的理論的可能性。

配合第一章對世界文學認可機制的批判，筆者在第二章進一步對世界文學的形構提出一個不同的方法，提供替代西方中心機制的另一套觀點。這裡，筆者從世界史出發，把世界文學界定為文學參與世界史、為世界史的一分子，並對世界上的某些重要事件提供不同認知的載體。因為世界史是一個關係的場域，所有文學，不管是西方或東方、第一世界或第三世

1　這是本書第四章的主旨。

2　請參考《反離散：華語語系研究論》（新北：聯經出版，2017）之〈放到世界的台灣研究〉一章。

界、大文學或小文學，都是這個關係網的一員，也是形成這個關係網不可或缺的行動者。這樣的世界文學的概念，包括了世界上所有的文學，所以給予了小文學、非主流文學、少數民族文學、原住民文學等被邊緣化的文學同等的存在價值。而用這樣的方法去研究世界文學，很明顯是在比較的領域上，因此世界文學方法論其實也是比較文學方法論，我稱它為「關係比較學」。就此，第一章和第二章是姊妹篇，第一章開啟的思維，由第二章完成。第一章以批評為主，第二章則提出一套新的理論取代第一章批判有關世界文學的思維。

同樣地，第三章開啟另一個對筆者一貫關注的領域的批評——所謂的批判理論（critical theory）——首先揭發它自以為的普遍性，實為一個特殊性的包裝。在「理論之死」論到處蔓延的今天，我們必須重新回顧批判理論，並提出一個新的認知批判理論的模式。筆者和長期以來的合作者李歐旎（Françoise Lionnet）所共同撰寫的這一章，企圖把批判理論落實到不同在地的語境中，並主張最能夠對十九世紀西方殖民世界擴展以降的世界有普遍性和說明力的批判理論，事實上來自曾經被西方殖民過的國家，如加勒比海諸國等。所以，我們所謂的批判理論是由一個永不止息的混語創建（克里奧化〔creolization〕）的過程產生。雖然這一章沒有提到台灣，我們可以想像，在中華帝國霸權的陰影下，對經歷過東西方諸國連續殖民的、也是現在進行式的定居殖民地的台灣來說，批判理論也必定是在多重殖民混語化的境況下產生的。因此，為了呼應第三章對批判理論的思考，第四章就直接了當地進入對台灣理論的一些大膽的提議。這兩章因此也是姊妹篇。第四章提出以下問題：立足台灣的批判理論是什麼模樣，它在什麼樣的歷史境況形成，而它可能提供的有世界性和普遍性的理論概念又有哪些可能呢？雖然看起來第三章的論述架構是跨界的（歐洲、美洲），而第四章是在地的（台灣），但是兩者同樣在世界性的語境中產生。不論是第三章批判的法國批判理論，提出理論混語創建的概念，或第四章分析台灣在全球定居殖民史上扮演的角色，以及由於美國主義在台灣至高無上的地位，導致的華／英混語創建的理論概念等（如上面提到的「滔滔邏輯」，或謂「套套邏輯」，由巧妙地同時間音譯和意譯而達成，充分展現華語的混語特殊性和潛能），台灣理論在此如同第三章提到的加勒比海理論，是一種克里奧化的理論（creolized theory）。另外，這一章其實有更踏實的在地層面。這是筆者和廖朝陽、梅家玲、陳東升合組的「知識台灣學群」的成員們討論之後寫下的我在這一方面的報告。我們合編的幾本書，都是著眼於抗衡第一章所談的理論境界的認可機制的壓迫、第三章西方中心的批判理論之死之後，如何對台灣理論的建構有所建樹性。

接下來第五章，沿著批判理論在地化的路線，討論女性主義理論在台灣的演繹和混語化，尤其是當台灣的主流女性主義面對外來的理論權威時的尷尬，牽涉到女性主義理論和實踐的問題，更落實在一個真正發生的事件上。當在美國執教的一位印度裔的、後殖民理論的頂尖學者史碧娃克（Gayatri Spivak）到了台灣，竟然能發生什麼事呢？她如何和本地的女性主義者們對話？一向自以為是西方理論下游的台灣，和美國來的大理論家對話有可能嗎？而這個（沒有真正）對話的邂逅代表了什麼？台灣為定居殖民地的這個事實，又如何將這個邂逅多加了一層其他重要的意義或缺失？這個（沒有真正）對話的邂逅與缺席的原住民女性主義者有何關係呢？筆者在在關注的是「（不可）通譯性」（(in)commensurability）的問題，因為這也是跨界相遇的最大絆腳石或最大的潛能所在，但看相遇時各方的態度和對在地的訴求度。史碧娃克和台灣主流女性主義者們之間有（不可）通譯性的問題，台灣主流女性主義者們和原住民女性主義者們也有（不可）通譯性的問題，那史碧娃克和台灣的原住民女性主義者之間大概基本上是完全不可通譯的吧？因為後面兩者其實連見面都沒有，可能互相都不知道對方的存在。如果台灣一直只是被動地引進和運用西方理論，那史碧娃克在台灣的角色很明顯地有問題。她是一位理論大家，因此台灣的女性主義者們，只有被動地聽她說的選擇嗎？史碧娃克有沒有任何基本應該認識台灣的責任？我記得很多年前，我在加州大學歷史系的同事，也是英國新馬的領導人物之一佩里・安德森（Perry Anderson）到台灣訪問時，他為了準備，讀了大約十多本有關台灣的書，後來也寫出了一篇非常犀利的有關台灣的文章出版，讓我非常佩服。[3]史碧娃克好像並沒有任何對台灣的關注，很難說她連一篇有關台灣的文章都看了沒有，難怪根本沒有和主流以及原住民女性主義者們對話的空間和可能。付出需要是雙方的，批評也應該是雙方的，而這個批評為的是擴展對話的空間和策略性合作的可能，這就是台灣原住民作家阿𡠄所說的「相互的批評」。另外，這一章延續第四章有關理論和翻譯的問題，翻譯的（不可）通約性同時使在地理論成為可能。

在「批評加立論」的思維邏輯下，第六、七章延續之前的篇章，把空間（space）的跨界性落實在地方（place）的跨國性，提出弱勢族群的跨國主義的概念，以及把跨界本身即是比較的思維落實對「種族」（race）這個概念的思考上，提出全球語境下的種族論述，必須以比較的方法進行分析。這裡比較的意義，如同第二章所述，不是比較兩個或多個論述或文學，而是把世界各地相關的論述用關係學的角度串聯起來。如同由上而下地、由國際資本掌控的跨國主義，由下層的、弱勢的群體齊集起來的弱勢跨國主義，也需要用比較的、關係性的、跨界的思維去建構。而種族（race）這個概念在西方被發明，並以其名強制設立世界各民族國家和人種的階序，原來也是關係性的、比較視野的產物。如果沒有比較、就沒有階序。權力即是一種關係，而沒有任何空間或在地是權力的真空。因此，跨界和在地的思維最終都是比較的思維，使有關比較方法論的探索更為緊要。

如果我們從語言的角度看，比較的前提，就是語言以及語系的多樣性。在此自序的結尾處，我想比較清楚的連結我對華語語系的論述和本書的理論性思考。如同廖朝陽序言中所言，我對華語語系理論的建構是跨語系的和比較的。因為是跨語系，更能關注華語語系社群如何在某個特定的在地上和其他語系的人們「生存交涉」，相互生成其特殊性和混雜性，呼應本書第三章細究的克里奧化的概念。所有中國境外以及中國非漢人的場域的華語，即使在不同的對某種「本真性」和「中國性」的追求或排斥下，都是一種混語。我在此為之新創一

3 Perry Anderson, "Stand-Off in Taiwan," *London Review of Books* 26:11 (June 3, 2004).

個英文字，就叫做creolingualism（混語主義），相對於monolingualism（單語主義）、bilingualism（雙語主義）和trilingualism（三語主義）等。因此，也許我們也可以引申說華語是一個Sino-creole或Hua-creole（華混語、混華語）？從華語語系的角度看世界，我們也許會看到很多我們認為約定俗成的用語都需要被重思。

所有在地都是多語的：美國大約有四百種語言，台灣至少有三種華語和其他三個語言系統，如原住民族群的各種語言、東南亞新住民的各種語言、各式英語等。世界上應該沒有任何國家是單語的。在這樣的現實下，我們認為任何在地華語為一種混語，應該已經不是新聞了。當然，認可這樣的事實，並不代表我們的論述工作已然結束，而是有更多工作要做：華語如何成為混語？和那些語言混的最多或最優先？在克里奧化的過程中，有哪些文法、修辭、用字、表意等的有趣現象？語言階序又如何標示社會階序，當地權力的運作，又如何和其他差異的載體，如種族、性別、性向、階級等交錯？同樣地，我們可以依此類推，我們需要關注所有的差異載體在某個在地和跨境中的運作，工作真的是很多。如果在地理論的企圖是對西方中心理論的反駁，這樣的對於語言和其他差異載體的分析，也是一個在地理論形成的資源。而這樣演繹出來的理論思維，轉而於在地和跨境的同時性當中，企圖創造一個具體的普遍性（concrete universality）。華語語系理論即是這樣的一個企圖：在西方中心的批判理論和論述中，提出一套多維的在地的理論，訴求的不是永恆的、形而上的普遍性，而是有實踐意義的具體的普遍性，也同時抗衡華語語系社群內各種去政治化的學術和文化思維。「去政治化」（depoliticization）本身一向是一種維護既得利益的作法。文學當然有自己的藝術性，但它的藝術性不是孤立於社會的，即使這個社會在一個文本不同的時代的閱讀有所改變。我們都需要去面對只要有人的地方就沒有任何時空是權力、也就是政治的、真空的這一個本體的生存境況，正視它是一個倫理的選擇。而我們的理論慾望，也就是對抗看似透明沒有顏色的意識形態所生產的理論。因為，如加拿大社會學家史密斯（Dorothy Smith）引用馬克思所言，「主宰的概念即是主宰階級的概念」。[4]也就是說。看似沒有（政治、種族、階級、性別等）顏色的思想，其實就是主宰階級的思想。看似普遍性的理論，是主宰階級的理論。而我們反抗的作法，也必須要經由概念、思想、和理論的創建而來。

史書美於美國洛杉磯

4 Dorothy Smith, *The Conceptual Practices of Power: A Feminist Sociology of Knowledge.* Boston: Northeastern University Press, 1990.

謝誌

我在此感謝政治大學華人文化主體性研究中心的邀約，在中心網站上上傳了四場演講，以及舉辦了一場座談會，讓我有一個難得的機會把許久以來想要整理的這本書稿終於整理出來。感謝林芳玫、邱彥彬和吳建亨老師們在座談會上的報告和對這本書的回應（錄在書後），也感謝廖朝陽老師寫的句句啟發思考的序言。最後，本書大部分的章節原先以英文寫就，後來我請了幾位譯者翻譯成華文，再由我校改之後定稿。在此我對每章不同的各位譯者和校譯者各位老師答以衷心的謝意：紀大偉、楊露、張錦忠、鄭惠雯、沈尚玉、蘇榕（依章節順序列）。

第一章

全球文學的認可機制*

近來，文學研究界在處理全球化問題時，大致上企圖找出當代文學以及全球化資本主義發展之間的糾纏關係。這樣的研究企圖，是要為一種嶄新的文學「感知結構」（structure of feeling）命名——在此的「結構」一詞，強調各地各種的文學整合併入一個世界體系（world system）；而「感知」一詞，顯示文學生產過程利用新的形式、新的風格、新的文類來呈現新的情感（affects）。[1]文學的全球化其實早有前身——那就是「世界文學」（world literature）的觀念。歌德（Johann Wolfgang von Goethe）首先在一八二七年提倡了「世界文學」，後來「世界文學」的觀念又被人拾起。「世界文學」一詞具有歐洲本位主義的血統（Eurocentric origins），所以當下許多學者在重談「世界文學」舊調時，都至少在口頭上為「世界文學」漂白撇清；只可惜，她／他們卻很少進而分析歐洲本位主義（Eurocentrism）所講究的尊卑次序（hierarchies）以及不平等狀態（asymmetries）。薩依德（Edward Said）在《東方主義》一書中特別評析了歌德——《東方主義》甚至是很多年前的舊書了——但是當今學者對於歐洲本位主義的批判卻不見得進步了多少，反而欲振乏力。彷彿學者在遇見歐洲本位主義時，只需要表示「我並沒有忽視歐洲本位主義喔」，就已經盡了道義，而不需要進一步做些什麼——彷彿學者對於歐洲本位主義根本無可奈何。[2]在看待文學的全球化議題時，許多學者並沒有直接鑽研問題，而只是向問題點頭示意而已；這種「反正我也看見歐洲本位主義了」的「認可」（recognition）動作，只是迴避問題的方便手段；學者在亮出這種虛張聲勢的警示手勢之後，好像就可以推開研究倫理的路障，安然踏上全球化的文學研究之路，向全球文學大步邁進。

學術界一方面已經對後殖民批評失去興趣，另一方面又擔心玩不出新花招，所以就不斷尋求新的理論、新的典範、新的點子。但是，學術界這種喜新厭舊的心情並無法滌除一個惱人的事實：歐洲本位主義——或西方本位主義——仍然存在。歐洲本位主義的存在形式有新

---

* 本章原以英文發表："Global Literature and the Technologies of Recognition" *PMLA*, Vol. 119, No.1 (January 2004), 16-30。由紀大偉翻譯成華文。在此對紀大偉致謝。另外，本文被收入*World Literature: A Reader*. Eds. Theo D'Haen, Cesar Dominguez, and Mads Thomsen (London: Routledge, 2012), 259-274。華文版在刪減之後，也曾出版於中國，刊登在《中國學術》5: 2（2004）。

1 相關的討論，可見Giles Gunn編輯的《PMLA》專號：《文學研究的全球化》（*Globalizing Literary Studies*），116號，2001年，頁1至頁272。另外可見David Palumbo-Liu的〈理性與非理性的選擇：形式，情感，倫理〉（Rational and Irrational Choices: Form, Affect, Ethics），收錄於李歐旎與史書美合編的《弱勢族群的跨國主義》（*Minor Transnationalism*）。

2 不過John Pizer是個例外。Pizer批判了歌德的歐洲本位主義，指出歌德同時信奉的「國家文學」和「世界文學」之間存有矛盾。近來，薩依德對於歌德的看法不像以前那樣嚴厲了：薩依德開始用比較正面的態度看待「世界文學」。雖然薩依德曾在《東方主義》（154）批判歌德抱持「東方主義式的浪漫觀點」，薩依德在二〇〇三年時卻改而認為「世界文學」是一種心胸寬大的人本主義，值得效法：薩依德說，「世界文學」的觀念將「世界上的各種文學視為一體，像交響樂一樣」（見〈世界的視窗〉〔A Window on the World〕一文）。

也有舊。如果有人仍然堅持繼續剖析歐洲本位主義，這樣的人免不了被人嫌棄、被人說是在炒冷飯、被人說玩不出新把戲。可是，此時經濟的、文化的全球化現象越來越興旺，這樣的現象誘發出「全球文學」（global literature）的新觀念；既然以前歌德提出來的「世界文學」需要被檢討，那麼「全球文學」也該被研究。在此，不能不提「認可的機制」——這種機制將某一些文學列入世界文學的行列，但這種選擇性的，甚至專斷的認可機制，卻同時忽視了另一些文學，如某些在地文學、漂泊離散文學、弱勢族群文學、小國的文學等等。認同機制大致上貼合了、加入了幾種尊卑次序，如國族的、政治的、文化的、經濟的、語言優勢等的尊卑次序。我在此所指的機制（technology），是借自於德．羅瑞提斯（Teresa de Lauretis）的觀念（1-30）；而德．羅瑞提斯是從女性主義的角度改寫傅柯（Michel Foucault）筆下的機制。我將機制置於兩種場域之中：一是跨國的場域，場域中奔騰的權力政治是跨文化的；另一場域是國族的場域，場域中的權力政治是各種族之間的、各文化之間的。我所指的機制，包括了繁多的論述，各種機關的運作，學院生產，大眾媒體，以及其他可以創造觀念、仲裁觀念的「再現」（representation）形式。所以，「認可的機制」指的是論述意識／論述潛意識之中的運作機關，以及這些運作機關在社會和文化方面的理解／誤解。認可的機制，將「西方」視為認可的主體，而將西方之外的世界視為認可的客體，將客體封存於「再現」之中。

這裡，我的焦點放在兩種認可的機制上：一種是學術論述，另一種是文學市場。這兩種機制和其他的認可機制並非無關，但我認為這兩種機制特別值得注意：它們看起來似乎很複雜，卻驚人地始終如一。我發現在這兩種認可的機制中，有五種既獨立又相關的特徵。我首先要分析的兩種特色——「體制的復活」（the return of the systematic）與「寓言的時差」（the time lag of allegory）——雖然具有明顯的問題，卻不容忽視。非西方的文學以及弱勢族群的文學，幾乎只在區域研究和族裔研究的領域之內才會被重視，而能夠在區域研究、族裔研究之外受到注意的文本則少之又少。在極少的例子之中，即可發現上述「體制的復活」、「寓言的時差」兩種特色。大部分理論家仍然在生產歐洲本位主義的、以不變應萬變的理論，而將「乍看遙遠」（seemingly distant）的領域置之不理。其實，「乍看遙遠」的領域並不遙遠，反而造就了歐洲本位的、放諸四海皆準的、以不變應萬變的價值。如果將西方之外的國度、將弱勢族群置之不理，就陷入莎拉．阿梅（Sara Ahmed）所指的「距離妄想」（fantasy of distance）（167）。我就談一件顯而易見卻常被人忽視的事吧：有什麼動作比「認可」更早發生？有什麼比「認可的政治」更暴烈？答案是：全然忽視，以及假裝無知。忽視「他者」（the other (s)），對「他者」無知，並非天真無邪的；忽視和無知，是新殖民時期知識生產過程的基礎，是全球性知識分工體系的根。緘默，未必是被動的，而也可能是強而有力的；強而有力的緘默，遮掩了忽視和無知，拒絕認可五花八門的他者。而拒絕認可他者的手段，就只是簡單的否認動作而已。這個否認他者的動作，直到至今還沒有被充分分析。這個否認他者的動作，仍然跨騎「西方／非西方」、「第一世界／第三世界」、「強勢族群／弱勢族群」等等分界，維持、製造尊卑次序的知識。早在西方本位主義的「再現」政治、認可政治進場操作之前，沉默和無知就已經在這些分界上頭作祟。在製造知識的場域，眾人都向中心看，而研究非西方文學、弱勢族群文學的學者處於這個場域的邊緣。這樣的邊緣學者，也處於尊卑次序的低處。這種比較邊緣的學者經常要和學科比較主流的學者抗爭。學科比較主流的學者——出於「好」意——經常用低於自己學科水平的標準，去看待比較邊緣的研究對象。這種大方的學者抱持雙重標準：在面對非西方、弱勢族群文本時，就忍不住採用比較鬆散的評估標準；而在面對經典文本時，又改用原本信奉的高標準。這種大方，其實是假平等。

這一章並且要指出，主體建制過程（subjectivization）的機制有很多種，而黑格爾主義的認可觀念只是其中一種機制而已。許多人認為，黑格爾的認可觀念充分主宰了主體性（subjectivity）的辯證過程，但我反對這種偏袒黑格爾的觀點。許多討論認可的學者接受黑格爾的「主人／奴僕」的辯證觀，進而將這種辯證觀用來詮釋自我／他者的關係。在黑格爾辯證模式中，主體性被簡化了，只須處理主體／客體之間的二元對立，只須處理二元對立的「相互主體性」（intersubjectivity）。可是，客體的主體性（且讓我採用乍聽矛盾的說法）並不是全然由主體／客體的關係來決定。就算「臣服」（subjection）這個動作對於主體性具有重大的意義，客體對於單個主人的臣服動作並不該全然決定客體的主體性——客體的主體性，應該還有別的決定因素。如果將相互主體性視為一個場域，那麼場域裡的關係錯綜複雜，沒有人只對應單個主體或單個客體，而該同時對應許多主體、許多客體。非西方並不該僅僅只是西方的鏡中倒影；非西方的成形過程中，還有許多西方之外的其他因素加入攪和。同理，弱勢族群如果要立足，並不是只靠強勢族群的認可（或強勢族群的不認可）；弱勢族群和許多主體、許多客體有關，更和其他弱勢族群相呼應。[3]認可，並不能涵包一切。有些人一直巴望被認可，結果這些人就被認可的機制給套牢了，陷入「壓迫之病」（pathology of oppression）裡頭（Oliver）。這些企求被認可的人，可能反而廢盡武功，只淪為認可機制的水中倒影。換句話說，主體／客體的相互關係固然操作了認可機制，但是這種兩方之間的相互關係並不至於決定一切——畢竟，場域中的玩家絕對不只「兩」方。對話式的相互主體性，向來都不是只發生在「兩」方之間而已。雖然西方多多少少決定了非西方看待自我的方式，而強勢族群決定了弱勢族群看待自己的方式，但是這種來自西方、來自強勢族群的力量，並非強大到決定一切的程度。在西方之外，在強勢族群之外，總有別的空間可以容納不一樣的相互辨認關係（relational identification）不一樣的身分認同（identity），甚至不一樣的「去認同」（disidentification）。[4]

3 關於弱勢和弱勢之間的水平關係（而非強勢對弱勢的上下關係），請見第六章。
4 關於亞裔美國人的主體形成過程之中的「去認同」觀念，請見Lowe。

在此，我認為學術論述和文學市場的認可機制特徵，至少有以下五種：「體制的復活」、「寓言的時差」、「全球多元文化主義」(global multiculturalism)、「鶴立雞群的土產」(the exceptional particular)，與「後差異的倫理」(postdifference ethics)。當然，認可機制的特徵並不是只有這五種而已。希望我選出的這五種特徵可以或多或少曝顯晚期資本主義全球化現象的世界文學之多重斷層線。

一、體制的復活

後結構主義思潮以反對體制的姿態，在西方的疆域成功守住後結構的領土。不過，後結構的成功恐怕有點諷刺。後結構理論基本上一直只是西方思想的內部批判——它對非西方世界並沒有什麼興趣。後結構思潮對於非西方知識界、弱勢族群知識界的影響為何，後結構思潮的參與者根本不關心。帝國主義和殖民主義的歷史造就了看似天衣無縫的歐洲本位主義思想，可是後結構思潮大致上不理會帝國主義和殖民主義的血淋淋歷史。後結構思潮運用了西方思想，把西方思想鍛鍊得更強健；後結構思潮讓西方在論述層面進行自我批評，可是這樣的結果卻是讓西方思想更加鞏固。這種理論上的自我批評，指摘了西方論述之中的困局、矛盾、不穩定性，可是這些指摘還是回饋到西方論述自身之中，只是再次證明西方論述是無窮無盡的、複離詭奇的，也因此鼓勵學界投資更多的心思研究西方論述。這種自我批評，根本不等於自我反省——自我反省，應該是要批判自己在政治經濟層面的本錢、自己的歐洲本位主義，以及「再現」的限制（Spivak）。上述的自我批評並不是自我反省，而像是一種自戀。

在反對體制的後結構思潮中，意義一直被挪延，而且被用來抵抗包山包海的大論述（totalizing narratives）。可是，有不少也被後結構影響的馬克思主義以及其他學派的學者，也質疑上述反對體制的後結構思潮，並且反而要用體制化的方式來了解非西方的世界。早在幾十年前，薩依德顯然就無奈地問道：「每當你在討論東方的時候，就有一種無所不能的定義、法力無邊的機制在你眼前冒出來，彷彿你一定要採用這樣的定義、機制才有足夠的正當性，為什麼？」（《東方主義》，156）如果將薩依德文中的「東方」替換為「西方之外的世界」，薩依德的提問仍然成立，而那些不能輕易歸類為「東方主義者」的學者們也應該被懷疑。薩依德的提問也提醒我們注意學界的怪現狀：反對體制的分析，專門用來研究西方；而「無所不能的定義」（omnipotent definitions）、大而無當的概論、平白從天而降落在學者身上的系統結構，則專門用來對付西方之外的世界。人們用「現代主義」描述西方，批判現代社會；而人們在談論非西方的世界時，便自動從「現代主義」下降一級，轉向「寫實主義」，指陳非西方的世界仍然留在「現代主義」之前的狀況，仍然在乎反映現實的手法，仍然囚在社會現狀之中而無法超脫。而人們如果改用比「現代主義」進步一級的「後現代主義」來形容西方，西方文化就是支離破碎的、複雜的、難以定義的；而西方被比「現代主義」高出一級的「後現代主義」描繪時，非西方世界就被比「寫實主義」高出一級的「現代主義」擺布：非西方世界仍然對於過時的「目的」觀念眷戀不捨。根據後現代主義的說法，時間都是同時發生的，並不分過去／現在／未來，而空間是壓縮的，並不分遠／近；可是，後現代的說法卻和非西方世界無關，因為非西方世界一直困在錯謬的時空中——就時間而言，非西方世界並不是和西方同時的，而是過時的；就空間而言，非西方世界並不是和西方同在，卻距離西方遙遠。人們在非西方世界上運用了以下幾種技術：分類法（taxonomies）、文化主義（culturalisms）、第三世界主義（Third-Worldisms）——簡言之，就是「無所不能的定義」；於是，非西方世界仍然留在「結構主義」的國度裡，還沒有進入「後結構主義」。

近年來，莫瑞提（Franco Moretti）的文章〈世界文學隨想〉（Conjectures on World Literature）引起不少討論。在相關討論中，正可以看見體制的復活——體制像被壓抑的力量一樣彈回來了。「世界文學」的想像，像華特．班雅明（Walter Benjamih）筆下閃爍的歷史，重新在人們心中燃起對於體制的渴望。復活的體制讓人看見「再現」在檯面下的運作邏輯，也讓人看見西方之外的各地文學如何在論述層次上被人處置。換句話說，如果借用莫瑞提研究文學的社會學方法，我們可以說：世界文學這個概念在今日具有影響力，是因為世界文學的概念簡明展示了晚期資本主義，畫出全球化的地圖，顯現出美利堅帝國（the American empire）如何更加壯大。莫瑞提的文章一起頭就引用歌德；值得留意的是，他也引述馬克思（Karl Marx）和恩格斯（Friedrich Engles）的著名論點：馬克思和恩格斯贊同歌德，強調世界文學的必要：世界文學可以攻克「單一國族的單一面向以及偏狹心態」，而比較文學則「還沒有達成」世界文學承接的任務（54）。比較文學，和歌德、馬克思、恩格斯心目中的世界文學，是大不相同的：莫瑞提認為，比較文學並沒有觸及整個世界，而只將重心放在西歐而已——莫瑞提很傳神地說：比較文學的重心只放在萊茵河上。莫瑞提指出比較文學的限制，頌揚歌德、馬克思、恩格斯心目中的世界文學；可是，莫瑞提厚此薄彼的說法一看就站不住腳：雖然從歌德到莫瑞提所倡導的世界文學還不至於完全被歐洲本位主義這樣的罪名綁得不可動彈，但是世界文學預設的、以不變應萬變的「永恆價值」（universality）還是帶有歐洲本位主義氣味。世界文學的概念其實並不是一無可取，但是如果要加以利用，就要好好檢討這個概念的歐洲本位主義成分，從歐洲本位主義的盲點學得教訓。我認為，莫提瑞文章出現的歐洲本位主義地雷，也和該文的其他盲點息息相關。莫瑞提在文中一再自動告罪，承認他對西歐以外的文學所知甚少；可是，莫提瑞儘管有自知之明、對西歐之外的文學「充滿好意」，卻在文中將西歐以外的複雜世界加以「歸納」（generalization），並且仰賴「無所不能的定義」。值得玩味的是，莫瑞提雖然承認他對西歐之外的世界無知，可是盲點對莫瑞提來說卻不是障礙，反而幫助他對複雜世界進行更方便的歸納動作。

莫瑞提的主要論點是：邊緣國族的現代「長篇小說」是在一七五〇年到一九五〇年之間興起的，而這些來自邊緣的長篇小說是界於「西方形式」（Western form）和「在地現實」（local reality）的一種「妥協」（compromise）。莫瑞提指出，他很想要歸納「文學的世界系統」（literary world system），因為他非常希望將世界文學觀念提升到「理論」的層次。從莫瑞提的理論來看，「長篇小說」是邊緣生產的最重要文類：「外國形式」（foreign form）、「在地現實」、「在地形式」（local form）種種影響力，在長篇小說的領域達成妥協。莫瑞提特別指出，來自邊緣的長篇小說的特色就是「外國『情節』，在地『角色』，再加上在地的『敘事聲音』（narrative voice）」（65）。可是，如果這樣的說法也算是理論，這種理論未免簡便得令人咋舌。克里斯達（Efrain Kristal）即批評莫瑞提，指出西班牙文的美洲文學並不是以長篇小說文類為要角，所以莫瑞提獨尊長篇小說的看法，並非果真具有以不變應萬變的永恆價值。克里斯達並指出，西班牙文的美洲文學出現跨文化交流現象，但是交流並非只是從「中心」走向「邊緣」的單向道而已，而另有更複雜的交流方式。另外，如果莫瑞提也稍微讀過一點中國文學，他對於中國文學的看法也就不至於太浮泛。只可惜，莫瑞提只看了一位學者的英文論述，就敢以權威口吻對中文長篇小說頒下定論，還進而宣稱十九世紀末期的中文長篇小說可以代表中國從一七五〇年一直到一九五〇年這兩百年間的文學。談論中國現代小說的人，都必須檢視中國現代小說和古典小說的關係，以及和十九世紀末小說的關係。莫瑞提關心的分期（從一七五〇年到一九五〇年）極長，其中包括了他沒有提到的古典長篇小說，如《紅樓夢》（一七九一）、《儒林外史》（一八〇三）、《鏡花緣》（一八二八）等等，而這些古典作品和莫瑞提特別強調的十九世紀末小說差異甚巨。在中國文學以及「華語語系文學」（Sinophone literature）[5]中，從遠古到現今的紛多文類大不相同，卻一律被稱為「小說」。現代小說其實可細分為「長篇小說」和「短篇小說」；對二十世紀初期的中國文壇而言，長篇小說和短篇小說的區別具有劃時代的現代意義。在二十世紀初期，短篇小說取代長篇小說的霸權，聲勢一直持續到一九四〇年代。和現代中國文學初期的長篇小說相較，短篇小說顯然「西化」得多。因此，如果莫瑞提的理論要在中國文學的脈絡中運用，研究重點應

5 我將「華語語系文學」和中國文學區分開來。我所指的中國文學，來自中國大陸的作家；華語語系文學，則來自中國本土之外，在世界各地以華文寫作的華語作家以及中國境內少數民族及原住民的華語書寫。華語語系文學的最主要產地是台灣以及香港，不過值得注意的是，東南亞各地在二十世紀也出現了許多旺盛的華語語系文學傳統及實踐。在美國、加拿大、歐洲等地，採用華文寫作的作家也不少；二〇〇〇年諾貝爾文學獎得主高行健正是其中的佼佼者。我認為，我們有必要創造出「華語語系文學」這個新詞，以便抵抗中文文學界的不公平現況：在中國本土之外發表的華文文學被漠視，被邊緣化；這些在中國本土之外的華文文學是否被文學史認可，都被不公平的、意識型態作祟的、專斷的因素所決定。「華語語系」（sinophone）一詞在此的用法，部分沿用「英語語系」（anglophone）、「法語語系」（francophone）在前殖民地的意涵——如在台灣，華語是定居殖民者的語言，在新疆和西藏等也是殖民者的語言。

該放在短篇小說，而不是莫瑞提重視的長篇小說。我們在此不但可以修正莫瑞提的看法，也可以進而修正詹明信（Frderic Jameson）的論點：詹明信認為，長篇小說是現代全球化的文學形式（〈第三世界文學〉），而莫瑞提偏愛長篇小說的看法就是以詹明信的論點為基礎。

就算我們同意莫瑞提的說法——西方世界之外的現代文學（包括長篇小說之外的其他文類）是文化混血的場域——我們也很難同意文化混血就只是「外國情節，在地角色，再加上在地的敘事聲音」而已。「外國情節，在地角色，在地的敘事聲音」這樣的區分很機械化，容易被反駁。這種區分法預設了一種「衝擊力／衝擊力的接受者」的二元關係，將西方視為主動的文化孕生者，而非西方視為被動的文化接受者；這種預設立場大有問題：正如克里斯達指出，文學的動線未必一定是單行道。另外，文學史家指出，中文「小說」源自佛教故事的傳統，而這種佛教敘事傳統可以上溯第七世紀的印度和中亞——和歐洲根本無關。因此，如果以為只有和歐洲文學交流的文學混血產物才算是世界文學，那麼這種世界文學觀和歌德與馬克思的歐洲本位主義豈不是五十步笑百步。

在此針對莫瑞提的批判，並不是以「在地人本位主義的」（nativist）角度去否定「概述式的、進行文化比較的」文論——畢竟，概述式的、進行文化比較的文論在文學研究領域裡，仍有存在的正當性。在此的批判，其實是要思考為什麼「無所不能的定義」（或，聽起來比較謙虛的說法是：世界文學的「隨想」）可以一直為非西方的文學設下框架，為什麼

「無所不能的定義」／「隨想」可以一直享有理論的高超地位。莫瑞提借用了華勒斯坦（Immanuel Wallerstein）的「世界系統」論述，可是就連華勒斯坦本人也認為「世界系統」論述「只提供一種思考角度（a perspective），而非一種理論」。在此，有許多問題值得思考：誰才有資格生產理論？誰才有資格決定什麼是理論？理論是用哪一種語言寫出來的？學者該在文學上頭投注多少工夫，才有資格「歸納」出一種理論？對他者沉默，或從他者面前逃開（常見的說法是：「因為你和我是不同的，所以我不能討論你，也不能和你討論。」），並不是回應之道。對他者沉默，是「文化相對主義」（cultural relativism）的結果。在文化相對主義的領域中，西方高高在上。西方是非西方世界仰視的模範；西方享有「距離妄想」，拒絕「對『距離』和『差異』做出『負責／回應』（responsibility）」（Ahmed, 166-67）。也就是說，對他者「負責／回應」並不該是一種零和遊戲，並不該只能從「相對主義的沉默」（relativistic silence）和「站不住腳的認可」（problematic recognition）之間兩者擇一。我認為，對他者「負責／回應」，就該對非西方的現實世界（不管這個現實世界的文化混血程度為何）盡可能地付出「負責／回應」的注意力。在討論非西方文學時，只引用一些二手資料，就敢對另一個國族的文學定下結論，是萬萬不可的行為；只引用針對十九世紀末晚期的研究，就奢談一七五〇年到一九五〇年之間的二百年文學，也萬萬不可。或許，「仔細閱讀」（close reading）的時代已經結束了吧？莫瑞提在〈世界文學隨想〉以及另一篇文章都宣示了仔細閱讀的末日，因為他認為仔細閱讀的行為只能夠顧及為數不多的西方文學經典。雖說如此，我們仍然應該細心審視文本。文學文本固然是處於一種結構、一種系統之中，可是結構、系統不會完全囚禁文本；文本的力量和情感總是可以流出結構、系統的疆界，達到跨越時空的境界。狄瑪克（Wai Chee Dimock）在一篇文章表示，西方文學之中的上品必然可以展現出文學流溢四處的力量；我們也該相信非西方世界的文學也有同樣的潛能。「地球文學」（literature for the planet）（狄瑪克的用詞）、「世界文學」（莫瑞提的用詞）、「全文（全球文學）」（globalit）或「全球文學研究」（global literary studies）（包孔〔Ian Baucom〕的用詞）……不管我們用什麼名詞統稱各地的文學，這個文學的集合都該是包羅萬象的。

我們有可能在今日打造出一種全球文學。但該如何打造全球文學？莫瑞提建議，我們該「在研究方法上盡量大膽」（見〈屠宰場〉，227）——但我不認為應該崇尚大膽。我認為，只有更加用功，才可能打造出全球文學。用功是必須的，而不是可有可無的。

二、寓言的時差

只用三言兩語總結非西方文學的浮誇言論，從事非西方文學研究的學者聽了很多。而在這種言論之中，最為人側目的說法，就是詹明信的名言——他認為，第三世界的一切敘事形式，都「必然是……國家寓言（national allegories）」（〈第三世界文學〉，69）。在詹明信的說法引起許多正面和反面的回應之際，[6]「國家寓言」這個「無所不能的定義」竟然一語成讖：有些第三世界的作家、藝術家發現「國家寓言」這個標籤正好可以貼在她／他們的作品上頭；有些作家和藝術家甚至故意生產「國家寓言」，藉以討好全球市場買家。這樣的例子比比皆是。例如，有些定居美國、英國、法國的第一代中國移民，[7]以渲染昔日苦難的手筆寫下文革故事，就可以算是刻意迎合市場而寫出來的「國家寓言」。許多中國第五代導演被人批判的作品，也是以「寓言」作為再現的主要手法。既然作家、藝術家先將「寓言」的所指定死了，她／他們手下的「寓言」就比較容易書寫、捏塑，也比較容易被市場買家理解、蒐購。在這種情境中，西方觀看者以及第三世界的作家、導演這兩方之間享有一種默契，而兩方之間交易的藝術作品就困在這個默契迴路之中，不能衍生更多意義。這兩方簡直

6 在諸多回應詹明信的文章中，阿瑪（Ajiaz Ahmad）的文章最引人注意。

7 描寫紅色中國的苦難回憶錄為數眾多，幾乎成為一種文類。在此試舉幾個例子：閔安琪（Anchee Min）的《紅杜鵑》（*Red Azalea*）、戴思杰（Dai Sijie）的《巴爾札克與小裁縫》（*Balzac and the Little Chinese Seamstress*）、高安華（音譯）（Anhua Gao）的《天邊》（*To the Edge of the Sky: A Story of Love, Betrayal, Suffering, and the Strength of Human Courage*）、葉丁心（音譯）（Ting-xing Ye）的《苦風一孤葉》（*A Leaf in the Bitter Wind: A Memoir*）。

訂了生意人的契約，互利互惠，一方面鞏固了西方觀看者既有的刻板印象知識，另一方面也以金錢獎賞了那些乖乖迎合市場的作家、藝術家。換句話說，「寓言」是很有用的，是可以用來賺錢的——「寓言」讓非西方世界的文本變得容易消化，容易解釋，也因此容易投合西方的情感和期盼（有時候，非西方文本也故意賣弄高深莫測的模樣，結果也更討西方觀看者歡喜）。第一世界和第三世界的交流充滿了文化和經濟發展的不平等現象；在這樣的景況中，「寓言」恐怕和全球化的資本主義掛鉤，協助生產、強化這樣的資本主義。

阿瑪（Ajiaz Ahmad）著文批評了詹明信，詹明信也發表了簡短回應。詹明信表示，他在〈第三世界文學〉想要指出「當代美國失去了某些文學功能，失去了某些知識分子的信念」；他認為，美國人以前有能力將「個人的故事」扣連「族群的故事」，並且扣連「文化知識分子的政治角色」，可是美國人現在已經失去了這種能力（〈簡短回應〉，26）。詹明信有鑑於美國文學淪喪功能、知識分子失落信念，便轉而看望第三世界——他發現，今日美國失去的美好事物，原來在第三世界還多得是呢。詹明信將第三世界當作「往矣昔我」（the self's past）的化身；詹明信這種不經意的動作就是一種懷舊（nostalgia）。雖然詹明信的心思在於批判第一世界，但是他也曝露出對於第三世界的盲點，以及西方左派慣性地對第三世界的浪漫情懷。誠然，有一種「寓言」就是轉向過往世界觀看，以為在過往世界就可以重新發現美德，重新發現昔日擁有卻在今日喪失的美好事物。這種回首過往的動作，正是中國古典文學裡的「寓言」運作模式：以過往來諷刺、品評現今（即，以古諷今、以古喻今）。「寓言」回首看望過往的動作，在詹明信的文中正像是懷舊的行為：「寓言」和懷舊的目標、客體，都已經不復存在。杜畢（Madhu Dubey）在另一場合說得好：第一世界的懷舊，就是「殘羹剩飯的羅曼史」（romance of the residual）。

在眾多的意義生產形式之中，「寓言」只是其中一種；在眾多的意義解讀工具之中，「寓言」也只是其中之一。我建議，聰明一點的讀者只要願意多花點力氣，就可以將任何文本都當作「寓言」解讀。在文本的字面意義（the literal）和寓意（the allegorical meaning）之間有一條時間的裂溝，解讀「寓言」的力氣就是要耗在這條裂溝裡。我們終究會發現，解讀「寓言」的動作就是生產價值的行為，充滿了政治意涵（想想看：誰才有資格進行寓言解讀的動作？誰被迫進行解讀的動作？誰享有不必動手解讀的特權？）——檢視了其中的政治意涵之後，就不難發現第一世界理論家的懷舊心理。我們可以好好評判她／他們的懷舊心理，並在評判過程中得到啟示。寓意的生產動作從字面的層面移向譬喻的層面，兩個層面之間的裂溝可說是「時差」（time lag）；這不免讓人想起，第一世界和第三世界之間也有時差：第一世界早就享受過現代性了，而第三世界的現代性卻被人認為姍姍來遲。

詹明信文中的主要矛盾，卻一直沒有被人指出來。這個矛盾，和「內心世界」（interiority）的問題有關。從韋伯（Max Weber）以降，一直有人指責中國人沒有內心世界——這些人認為，中國人沒有原罪觀，沒有罪惡感，沒有主動奮發向上的精神，只知以被動態度遵守從外力壓在身上的禮儀規範。這種對於中國人的指責，從事中國文學以及華語語系文學研究的學者一直覺得不勝其擾。也因此，當這些不勝其擾的學者發現詹明信也稱讚中國文學超越了心理層次時（亦即，詹明信認為中國文學將心理層次提升至國家政治和歷史的層次，所以中國文學的公領域取代了私領域，集體取代了個人），便不免心生似曾相識之嘆。雖然詹明信並不是在批判中國文學而是在質疑西方文學，認為西方文學徒有「流離失所的個人性格」（placeless individuality）以及疏離的心理（85），可是詹明信在比對中國文學和西方文學時，還是間接地將中國文學推回老舊的刻板印象。詹明信的預設立場是：中國文學中的心理和情慾都必須在政治的層面解讀，而不該在個人的層面解讀——彷彿中國文學只有政治的層面，而沒有個人的層面。其實研究中國文學的學者大可以指出：現代中國文學的創造者，不光只是魯迅一人（在詹明信心目中，魯迅是第三世界文學的典型作家），而也包括魯迅之後興起的許多作家。在魯迅之後興起的二十世紀早期作家之中，有不少人信奉浪漫主義和現代主義；這些後起之秀或多或少受到佛洛伊德（Sigmund Freud）的影響，深入探討了內心世界。詹明信認為第一世界文學的特色之一就是佛洛伊德和馬克思的對立，不過這個特色並非第一世界文學獨有——中國文學早在魯迅的時代就已經出現佛洛伊德對立馬克思的情勢。此一西方特色早就在中國文學出現了；早在魯迅的時代，文化殖民和文化混血的現象就已經在中國肆行，本質主義（essentialism）的危險早在那個時代就已經存在。

在此，不妨回憶一下史碧娃克對於「國家寓言」的批評。在分析德維（Mahasweta Devi）的作品時，史碧娃克指出，德維的作品提供豐富的詮釋空間；如果只將詮釋局限在殖民主義、國族主義、資本主義（以及它們的牽連，和它們的鏡像）的共謀關係之中，就會嚴重簡化德維的作品。說不定德維希望她自己的作品被當作「國家寓言」閱讀，可是一個用心的文學批評者可能根本不必在乎德維的期望，不必將德維作品當成「國家寓言」。說不定當時魯迅的確有心將作品寫成「國家寓言」（詹明信隨手就在魯迅的「阿Q」和「中國」之間畫出等號），可是我們為什麼要在文本和概念之間輕易畫出等號？我們為何不像西方文評家一樣，去追尋「多元意義」（polysemia）、「不連續性」（discontinuity）、「異質性」（heterogeneity）？我們心中抱持「多元意義」的理想，手下卻生產「單一意義」（monosemia），而這種多元和單一之間的空隙儼然也有寓意——讓人想起第一世界理論家和第三世界文本之間的關係。

再現，畢竟是再現；詮釋，畢竟是詮釋。既然意符（the signifier）和意旨（the signified）是截然分開的，而意符、意旨是和指涉對象切離的，我理解再現和詮釋的確有局限。但是刻板印象意義的反面，並不等於無政府的混沌狀態，並不表示意義和詮釋無足輕重又脫軌。既然在跨文化的再現過程中，刻板印象是無法避免的（周蕾73），我們不妨思考：

刻板印象對誰而言是無法避免的？為什麼是無法避免的？無法避免的刻板印象，對於第三世界的文本有何影響？尤其重要的問題是：在全球化分工、知識生產尊卑次序（第一世界的理論家在高處，第三世界的學者在低處）之中，刻板印象發揮了什麼樣的作用？在全球化分工、知識生產尊卑次序中，第三世界在第一世界的移民學者介於第一世界的「理論」和第三世界的「真實生活」之間；這些第三世界學者以各種手法，時而和第一世界共謀，時而欲近還拒，時而抵拒第一世界。此時，離散的移民學者已經變得越來越「美國化」，身分認同和認同過程的光譜也就不得不漸漸地（對有些人來說，卻不是漸漸地，而是劇烈地）調整了重心和基調。離散學者日漸西化，以至於他們已經變成西方人（否認此一現實是不負責任的），於是倫理課題的位置也有了變化：他們從第三世界的角度批評第一世界，但也必須在第一世界裡頭批評第一世界。第三世界的離散學者也是由西方傳統養育出來的，所以這些學者也身陷問題重重的西方世界裡。

來自第三世界的離散學者，變成第一世界裡的弱勢族裔成員。這些學者的倫理課題，就是要去鬆動西方和非西方之間的二元對立關係。為了避免二元關係變得僵化、簡化，就該克服刻板印象，但也要小心不要陷入美化差異性的無政府海域。

三、全球多元文化主義

刻板印象帶來的最大問題之一，就是將一切都轉化成「文化」的傾向。種族、歷史、政治、國族……都被文化取代。在「文化主義」（culturalism）的國度裡，一切都融化成為文化，於是權力關係的問題也就被順手關進「再現的領域」（the realm of representation）（或是被關進「認可的政治」）。在這種只談文化的情境中，權力關係所造成的社會、經濟、政治問題卻被忽視不提（按照芙雷舍〔Nancy Fraser〕的說法，「重分配的政治」〔a politics of redistribution〕被迴避了），文化中的客體也無法晉升為主體（Oliver）。全球化的多元文化主義也應運而生，而這個全球化的版本，就是美國式多元主義的延伸。在第三世界中的國族（national）觀念，在全球化場域中就變成族裔（ethnic）文化。第三世界的人在移民西方之後，變成西方大國之內的弱勢族裔成員；甚至身在西方都會之外的第三世界人口也被比喻成弱勢族裔成員，或根本就常常親身體驗了弱勢族裔的生活（Shih）。這個重新被詮釋的地球，被人認為展現了彩虹各色，地球上的每一個國家都理當展現出某一種僵固不變的文化，陳列出一組容易讓人辨認的特色——這不禁讓人聯想起標準版本的多元文化主義：在西方這個大都會中，每一個族裔都各自兜售某一種僵化不變的文化。在多元文化主義的樂園中，每一個族裔都各自強調紡織物的某一種特定色系、某一種特定的衣著、某一種特定的食物、某一種特定的日常生活習慣，以及某一種特定的職場倫理。這些特色拼湊出一個國族、一個文化的樣貌；在此，國族和文化就等於大家公認的一系列意象、風格。認同政治往往一不小心就把文化逼得更加僵化不變，其作風肖似第三世界的國族主義。第三世界的國族主義拚命畫下國族文化的框架，頒發一整套容易辨認的國族特色，而結果是把自己關在框架裡。

德里克（Arif Dirlik）指出，文化主義並不是文化特權，反而是讓文化變成監獄——對第三世界的人民、第一世界大都會的弱勢族群而言，「文化監獄」壓制了文化、政治在日常生活中的革新力量。以前任何議題都被歸給種族，現在任何議題都被歸入文化；「種族議題優先取向」（racialization）被「文化優先取向」（culturalization）取代了。於是，種族差異帶來的傷痛記憶以及種族歧視就可以被置之不理，而關注種族壓迫的政治動力也被廢去武功。種族議題變成文化議題；種族雖然仍然是權力關係中的基礎議題，但是種族議題卻幾乎揮發消失了。此時，第三世界的各種國族主義也都搖身變成各種文化，因而淪為全球化市場機制的同路人，而各國文化變成用來兜售的商品。第一世界和第三世界之間的種族不平等、經濟不平等問題仍然危急，可是文化卻被用來粉飾太平。紀杰克（Slavoj Žižek）在評論以上現象時，將多元文化主義稱為「多國資本主義的文化邏輯」（cultural logic of multinational capitalism）。紀杰克認為，（全球化的）多元文化主義吸納了「被壓迫人民的一系列重要課題和期盼」，並且「將（這些重要課題和期盼）調整成為既有宰制關係的順民」；此一多元文化主義將政治漂白成「去政治」的領域，達成全球化資本主義的經濟目的（30）。我等一下會討論這種「在差異之後」的位置；在此，我只想指出：很多人已經發現，與認可政治相關的文化主義有很大的局限。在此也該提醒：在許多前殖民地、半殖民地，殖民者就是將文化當作宰制、掌管殖民地當地知識的重點項目，而教會以及宣揚西方文化的其他殖民機制就是殖民者的工具。

當文學跨越國界時，文化主義就春風得意了。全球化的多元文化主義決定了非西方世界的文學作品該如何被閱讀、如何行銷；同理，一國之內的多元文化主義也決定了弱勢族群作家的作品該如何被閱讀、如何行銷。在流行書刊的市場，這種邏輯尤其張狂。以亞裔美國人的社群為例：如果有亞裔美國作家販賣自己的東方情調，藉此討好主流書市的品味，這樣的作家就會被當作「出賣」亞裔美國社群的叛徒——這樣的作者被譴責時，是以「個人」身分背負再現「整個族群」的重擔。[8] 不過雖說如此，有些作家還是樂於利用刻板印象，與主流市場共舞。近來有一種新的文類，是中國移民作家以英文寫就的回憶錄，回憶內容為中國文革時期的傷痛記憶；這種回憶錄是一種表達「怨恨」（ressentiment）的方式，比較不複

8 基於「個人要為族群負責」的想法，弱勢族群中的「文化國族主義者」（cultural nationalists）也高唱「國家寓言」。

雜、比較直接，和亞裔美國作家的作品並不相同。許多亞裔美國文學談論美國國內的種族歧視經驗；來自中國移民作家的新文類則處理中國國內（所以在美國之外）的壓迫，表達對於中國的「怨恨」。這種在美國受到歡迎的次文類，多少讓人聯想起美國情境中的後殖民研究——後殖民研究的「怨恨」針對大英帝國的殖民主義，在時間和空間的層面都和美國無關。[9] 因此，美國讀者在消費中國文革回憶錄以及批判大英帝國的後殖民研究時，得以享受遠方展現的奇觀——好像人類受苦的奇觀只在別國發生，而美國可以一直保持安全距離。

中國文革是長達十年的政治鬥爭，大致上將文化簡化為意識型態正確與否的問題。文革既是社會實踐的控制，也是文化被錯認的結果。文革編造社會活動的意涵，並加以管理。例如，性別差異在文革中就被視為一種符號的文化（衣著、姿態、化妝、髮型等等），也被視為性別不平等關係的礎石；當時文革參與者為了要化解性別不平等，便揚棄、壓制任何女性化的符號。文革是一個失敗的理想，製造了大量人間慘劇；可見，如果在人民身上強行施加僵化不變的、本質主義的文化定義，就會造成不堪的結果。

文革傷痛記憶故事在美國叫座，在歐洲也開始流行。文革故事的流行現象也推行了一種僵化不變的，對文化的定義，只不過在此僵化不變的定義和文革中國時期的版本正好相反，一點也不左，反而充滿中產階級氣味。眼前的版本和文革的版本相反，因為文化在此搖身變成商品（文化被包裝成歷史和傷痛記憶，於是就可以當作「國家寓言」發售），將當時的人間苦難轉變成文學奇觀——下一步，就是等著改編成電影了。文學和電影之間的薄薄一道界線消融之後，市場收益就可以盡量增加。不過，這種市場考量卻狡猾地戴上道德面具，一方面推崇西方的自由民主人道主義，另一方面批判中國文革的種種不人道行徑。離散作者自況的民族誌，終究是要將政治和意識型態送進文化的融爐。市場邏輯在此利用了一種新的異國情調，也可說是濫用了傷痛記憶。由此可見，市場四處進軍，將一切議題一律變成文化。

將美國國內的多元文化主義和全球的多元文化主義一起談論時，要小心兩者的政治意涵截然不同。政治意涵只要一跨越國界就可能改變；在甲國的政治化議題，一移到乙國可能就不政治化了。我們可以發現，美國在美國國內以及在國際上都是以美國本位的心態掛帥，而且是用殖民者的心態處置美國的他者：即，將他者放逐至邊緣地帶。不過，在美國國內被邊緣化的人民卻發展出一種具有批判性格的多元文化主義，這一種批判性的多元文化主義一方

9 史碧娃克等後殖民批評家經常拒絕將後殖民議題和族裔研究的議題連結在一起。可是，後殖民研究在一個在地的層次與族裔研究對話時，後殖民研究會產生更多的政治力量。拉達克里希南（Radhakrishnan，代表作為《離散的仲介》〔*Diasporic Mediations*〕）和聖璜（San Juan，代表作為《在後殖民之後》〔*After Postcolonialism*〕、《超越後殖民理論》〔*Beyond Postcolonial Theory*〕）的著作就是兩個學門交叉影響的豐富產物。在我談論的全球化多元主義情境之中，移民、漂泊離散和全球化的現象讓人越來越難以分辨後殖民人口和弱勢族裔成員這兩方的不同。

面挑戰了單一文化主義（monoculturalism），另一方面也質疑了許多被主流社會操弄的多元文化主義。因為主流社會也挪用了多元文化的概念，多元文化概念的政治力量就需要釐清，以免政治經濟的問題在主流社會挪用多元文化主義的過程中被排擠掉了。既然光是美國國內就充滿變數，時空的變異更會改變多元文化主義論述的內容和重點。所謂的政治性，要能夠應對主流權力的變化，才會有意義、有生產力；人民的政治行動力一方面要對付主流社會新形式的宰制，另一方面也要介入社會改革。政治性和時間性是相互構成的。

在全球化多元文化主義的大旗之下，非西方人被整編在各種文化活動裡，如國際影展、書獎、美展等等（商界發動的多元文化主義花招，更不勝枚舉），可是我們很難找到批判的話語。難以批判這些文化活動的原因有三：一、非西方國家抵抗西方霸權的主要工具就是國族主義的論述，而這種論述一不小心就會強調國族的文化特性；二、於是，非西方世界的文化變得僵化不變，正好投合全球市場的邏輯，可是非西方世界對於這樣的現象卻還缺乏批判的認知；三、文化市場興起，證明一國之文化淪為商品之後，反而可以大發利市。在全球化情境中，自我認同的主要方式就是去強調自身的文化特性，於是各種國族主義還沒有完成的文化大業就被不計較國界的資本主義接收下來。在這年頭，地理的疆界是一直變動的，電子媒體疆界的模糊更讓人目瞪口呆；一個人與另一個人的差別，往往就等於是一個文化與另一個文化的差異。於是，文化差異也就取代了種族差異和歷史差異。人們置身全球化多元主義的場域，不計較每個人的膚色，也不在乎每個人的歷史來源；人們沾沾自喜，以為已經享有開明的世界觀，以為人人都要變成新自由主義者了。

我並不認為文化是與政治無關的淨土，也不認為文化可以和物質基礎割離；我認為，在被操弄的國內多元文化主義和全球多元文化主義的情境中，文化被有系統地擺布、流失了政治潛力。主流社會努力切開文化和政治的關係，一方面可以讓國內弱勢族裔人口在「去政治」的文化中找到另一個抒發不滿的安全管道，另一方面也利於開拓全球規模的市場。文化和政治割離，以及和物質割離之後（商場上兜售的文化就是另一回事了），就喪失了改變社會的力量。這種分工方式——讓文化歸文化，讓政治歸政治——讓原本有關聯的領域各自獨立門戶；這種分工也是一種壓迫的形式（Butler 42）。這種分工的惡果之一，在人文學科就看得到：現今的人文學科地位低落，而且被認為與社會脫節。也因此，族裔研究在學院的處境也就不叫人吃驚了：雖然社會科學、政策研究、醫學、教育、經濟等等領域和族裔研究也有密切關係，族裔研究單位卻大致上都被安置在乍看與社會脫節的文學院。

四、鶴立雞群的土產

全球化的多元文化主義追求「異」，以戀物癖的態度處理各國文化，將各國文化視為僵化不變的樣板，用來證明各地的「異」；此時，也有一種和全球化多元主義相反的力量肆行——這種力量並不強調「異」，反而追求「同」。追求「同」的力量推銷「模仿」（mimicry）、「模範族裔」（model minority），以及「大器晚成」（belated sameness）等觀念。「大器晚成」，表示第三世界／第一世界弱勢族群終究也可以像第一世界一樣美好，只不過成器的時機來得晚；「大器晚成」的想法強化了「本我」（self）、「可供後人見賢思齊的前例」（precedent），以及「強勢族群」（majority）等等觀念，彷彿這些觀念都具有以不變應萬變的永恆價值。例如，現代主義風格在第三世界文學／第一世界弱勢族群文學出現時，就有人說，西方大都會風格的現代主義果然具有永恆價值，在第一世界發生的事物也終將在第三世界／第一世界弱勢族群降生。被人認為跟得上時代的文本（如，後現代主義文學）在第三世界／第一世界弱勢族群出現時，人們認為：一、第三世界／第一世界弱勢族群終於也迎頭趕上；或，二、後現代主義是一種放諸四海皆準的進步類別。有些第三世界／弱勢族裔的批評家、學者對於上述的第一世界姿態頗不以為然，便採取兩種因應之道：一、掉過頭，回去擁抱國族主義（宣稱母國的文學被忽視，不公平）；二、以自虐的方式，對自己施行東方主義（認為母國的文學比不上第一世界的文學，還不夠文明）。這些讓人覺得熟悉的反應，無非都是「認可監獄」裡的囚徒。

幾十年來，中國的批評家和學者一直對諾貝爾文學獎耿耿於懷；他們曾在莫言於二〇一二年獲得諾貝爾文學獎之前公然感嘆，竟然沒有中國人得過諾貝爾文學獎。他們認為，因為世界文壇排擠中國、對中國有偏見，所以中國才沒有得獎，而不頒獎給中國就等於侮辱中國。可是流亡法國的高行健在二〇〇〇年獲得諾貝爾獎之後，中國官方和非官方各界卻又傳出不滿的呼聲；人們認為，這次評獎過程必有政治動機，其目的就是要抹黑中國。高行健早在流亡之前，就是八〇年代中期中國官方反精神汙染的批判對象；高行健列名在中國的黑名單上，因為他的先鋒文學觀念及作品違抗了毛澤東的文學信條（譚國光3-4）；此外，高行健在流亡法國之後，仍然致力為文批評毛主義對於文學的意識型態宰制。不能在中國容身的高行健竟然在國外得獎，難免引起中國的國族主義批評聲浪。在高行健得獎之後，中國的出版品透露對於諾貝爾獎又愛又恨的心理。例如，在《與諾貝爾文學獎較勁》（2002）中，於一九九四年獲得諾貝爾文學獎的日本作家大江健三郎便受邀支持中國；大江表示，諾貝爾文學獎評審忽視了中國文學，是不公平的（引自薛華棟202）。另外，上海一家頗有聲望的出版社發行了「走向諾貝爾」書系，展示當代中國小說的極品，藉此爭取更廣泛的肯定。

中國對於諾貝爾獎的愛恨情結，是料想得到的；而料想不到的是，國際大獎觸發「認可政治」的新形式，以及高行健身在法國卻以華文寫小說的複雜位置。他的代表作《靈山》（1990）以及《一個人的聖經》（1999）在台灣出版時，他人在法國；不過他在離開中國之前，就已經寫好《靈山》的一部分。高行健的作品被各家的中國文學史忽視，但卻是華語語系文學的重要範例。在此有兩個值得探究的議題：一、諾貝爾獎的「認可政治」；二、華語語系文學是一種引發思考的、不可忽視的、具有歷史意義的文學分類。

「認可政治」在地域性的土產之中，發掘鶴立雞群的樣品，並將此卓然出眾的樣品賦予永恆不變的特性。高行健的作品本來也是地域性的土產，但是因為具有鶴立雞群的品相，所以可以超越土產的程度，達到放諸四海皆準的永恆不變特性。這種邏輯的意涵是：如果地域性的土產不具備鶴立雞群的品相，就沒有辦法達到被世界文壇認可、以不變應萬變的永恆境界。有些土產有幸被當作鶴立雞群的上品，被人當作具有被世界認可、以不變應萬變的永恆價值——這個選拔過程當然耐人尋味。我們應該想想：所謂被世界認可、以不變應萬變的永恆品質，是如何定義出來的？土產被選拔出來，受人厚愛的過程，是怎麼運作的？被認為是鶴立雞群的土產，逃出囚禁土產的邏輯；但是，這得以逃脫的土產卻不是其他土產得以看齊的模範——因為這一土產是特例，是空前絕後的，並沒有開啟一個讓其他土產跟進的空間。因此，就算有些鶴立雞群的土產——是特例的鶴而不是平凡的雞——被選出來，並不表示彷彿永恆不變的文學標準歷經了任何反省更動，也不表示永恆不變價值的守護者遭受了任何威脅。

諾貝爾獎主辦單位在頒辭表示：高行健獲得文學獎，「是因為他的作品展現了永恆不變的價值、苦澀的洞見，以及語言的創新。他的作品為中國小說、戲劇開了新路」。[10] 諾貝爾獎評委馬悅然（Göran Malmqvist）解釋了上述四個詞：永恆不變的價值、苦澀的洞見、語言的創新、為中國文學開出來的新路。這四個詞之中，第二和第四個詞著重時間和空間，指涉高行健在毛澤東時代以及後毛澤東時代的中國經驗（他受迫害的經歷；其創作天分被壓制的故事）。高行健的經驗激發出「苦澀的洞見」，他也因此有功於中國文學這一個國族文學。馬悅然強調了高行健的文革受迫經驗，指出高行健的故事逃脫了壓迫；壓迫在此可指中國傳統的束縛（孔教），也可指政治的包袱（馬克思意識型態）。馬悅然並且詳加解釋「永恆不變的價值」這個詞，指出高行健不斷探索「存在的困境」、「人類存在的意義」，以及「文學的天性、寫作的狀態，以及，最重要的是……記憶的重要性和作者觀看現實的想像力」。頌辭的其他三個關鍵詞都被詳細解釋了，可是「語言的創新」只被馬悅然提及一次——馬悅然說，高行健運用代名詞的手法很有創意，可以顯示出主體性的多元。

以上簡報顯示，「土產風味」（和歷史、政治息息相關）和「永恆價值」（關注人性、文學性）之間具有張力。「土產風味」和「永恆價值」之間，有一種因果關係：文學土產讓人不斷追尋存在意義以及文學意義。至於文學的永恆價值，已經是老生常談，所以聽起來幾乎已是陳腔濫調了：我們可以說，任何嚴肅的文學都在追尋存在的意義以及文學的意義。在

---

10 諾貝爾獎評委會的引言均來自諾貝爾基金會的官方網站；詳見http://www.nobel.se/literature/laureates/2002/。

此，文學價值的生產者，顯然不是永恆價值，而是文學土產——鶴立雞群，空前絕後，卻又具備永恆價值的土產。在諾貝爾評獎過程中，國族觀念還是鮮活生猛的，中國境內對於高行健得獎的負面反應也是鮮活生猛的。諾貝爾獎和中國境內的負面反應是一對誓不兩立的冤家，可是國族觀念卻把這兩個冤家綁在一起了。

高行健在法國過著漂泊離散的生活；他的法文流利，他也擁有法國文學的學位。可是，對峙的諾貝爾獎主辦單位和中國批評者雙方並不留心高行健的混雜文化身分，雙方仍然不知不覺地供奉純種的國族觀念。另外，高行健在許多文章（如諾貝爾獎得獎謝辭）揚棄各種宰制論述——他一方面反對毛澤東時期以及後毛時期的中國意識型態，另一方面也質疑西方都會的消費主義意識型態。不過，上述對峙的諾貝爾獎主辦單位和中國批評者雙方卻都沒有充分留意高行健同時批評中國又批評西方的多維立場。我們要等到什麼時候，才能承認高行健是一位用中文寫作的法國作家呢？我們要等到什麼時候，才能承認用中文寫作的作家也可能定居中國之外的任何國度？於此，「華語語系文學」是個有用的分類：這個分類凌越了國家和國家之間的疆界，幫助我們用另一個角度思考各種作家。「華語語系文學」指涉的存在狀態，是流放、漂泊離散、弱勢族裔的處境，以及混雜身分——這樣的存在狀態同時抗拒被吸回中國，也抗拒被居住地吸收。

長久以來，印尼和馬來西亞的華語語系作家也一直從事上述的雙向抵抗：一方面，她／

他們在敵視華文的居住地書寫華文；另一方面，又採用與當地經驗混血的獨特華文寫作，藉此迴避大中國主義。在這些作家之中，一些佼佼者移民到台灣，在台灣接受大學教育。台灣的角色特殊：台灣是個華語語系的國度，卻缺乏正常的國家地位，又飽受被中國併吞的威脅。上述作家移居台灣之後，便開始思索她／他們的出生地、中國、華人屬性之間的關係，而她／他們的想法很具啟發性。幾十年來，台灣的知識分子、作家、學者一直被國民黨的大中國主義蠱惑，直到最近幾年才突然醒覺（在八〇年代末期，台灣解除戒嚴令之後，台灣才真正開始擺脫大中國主義的殖民意識）——出身於馬來西亞砂勞越的華語語系作家正好可以和台灣人分享她／他們的思考。[11]

在《一個人的聖經》中，高行健筆下的男性主人翁對一位德國猶太婦女表示：他沒有「祖國」（指「國家」）；中國「已非常遙遠」；對於「寫那些苦難」，他「已經厭倦了」（16, 286）。書中用「你」稱呼主人翁的敘事者後來說道：「你也不需要這國家的標籤，只不過中文寫作，如此而已。」（30）我們何不暫且擱置國族的觀念，改而思索華語語系文化的面向？——國族和語言不再是雙胞胎，不再死綁在一起。接著，我們可以用批判性的角度審視高行健的小說本體：例如，我們可以去注意高行健小說在形式和語言的獨到成就；我們也可

11　如張貴興、黎紫書、賀淑芳、黃錦樹等。

談談書中女性和中國少數民族的「再現」出了什麼問題。為什麼諾貝爾獎主辦單位會將高行健的作品當作鶴立雞群的土產，給予永恆不變的文學價值？我們必須仔細閱讀高行健的小說和劇本才會知道答案。我們的閱讀方式應該採行各種批評的策略，而不該只偏好少數幾種閱讀路數。諾貝爾獎評審肯定高行健的作品，就是肯定了華語語系文學，而不是肯定中國文學。

至於後來莫言在二〇一二年之際，在中國崛起的世界格局下，得到了諾貝爾文學獎，那又是後話了，倒是和以上分析過的全球多元文化主義——中國文化的特殊性——息息相關。

五、後差異的倫理

這篇文章的上述四節討論了認可政治與認可機制，批判了對於「異」的戀物癖（國家寓言、多元文化主義，和國族意識都對「異」執迷），也批判了回返「同」的慾望（體制的復活，以及普遍性的價值，都和「同」有關）。兩者都是被「再／認知」（re-cognition）的邏輯催生的；在「再／認知」的過程中，並沒有新奇的知識客體——所有客體早就被摸得一清二楚，而且早就被極容易想見的政治經濟手段給擺布了。[12] 我受「法語語系文學」（francophone）和「葡語語系文學」（lusophone）這兩個詞啟示，引介「華語語系文學」這個詞，是想要轉移「認可政治」的陣地：從「不用想也知道」轉進「要努力學才知道」的領域。「華語語系文學」的歷史固然和「法語語系文學」、「葡語語系文學」不同，但「華語語系文學」的觀念對我們有益。在此的倫理課題，就是要批判「同」、「異」如何被人擺布的方式。一方面，「同」、「異」處於「認可政治」的淫威之下，淪為僵化不變的、被人「再／認知」的類別；另一方面，「同」、「異」是可以生產價值的機器，為主流的永恆不變價值效勞。因此，在這一節中，我想要提醒：一、並非所有的「異」都是等值的；二、並非所有針對「異」的批評都是同值的；三、我們不必全面斥絕「異」。

近年來，一直有人批評多元文化主義出了問題，也有人批評後殖民理論變得太主流；這種批評的趨勢，是某種倫理發展的結果——我將這種倫理稱為「在差異之後的倫理」（postdifference ethics或ethics after difference）。某些比較傾向馬克思思想的學者，提倡「在差異之後的倫理」，排斥「異」；她／他們發現「異」帶來種種問題（如認同政治和文化主義），並且認為「異」阻礙了集體對於資本主義的抵抗。二十世紀末期乍看崇尚德希達（Jacques Derrida）解構思想的「異」（或「衍異」〔différance〕），以及哲學家列維納斯（Emmanuel Lévinas）的「異」，排斥「異」的左派學者不以為然，便同時發展出抵拒「異」的哲學以及想要凌越「異」的哲學。馬克思思想的觀點和一種新的倫理學便有趣地交會了；

12 將「認可」（recognition）定義為「再／認知」（re-cognition）的說法，採自阿梅。

我們可以在後殖民論述之後的論述發現這股新的力量。這股新的力量表示：「異」已經疲軟，「混雜性」（hybridity）也已乏力，只有「在差異之後的倫理」才有希望。

法國哲學家巴迪歐（Alain Badiou）認為，既然多元性（multiplicity）和無限性（infinity）是存在的法則，「異」在任何情境都有，「就在那兒」（Hallward xxxvi）。他指出，「他者」這個倫理分類是「沒有力量也沒有真理的」，因為他者只會製造認同政治的小圈圈，卻取代了階級鬥爭，因此淪為霸權文明的附庸。他主張，列維納斯的倫理觀像是宗教一樣的「虔誠論述」，不該被當作哲學看待，而該被「乾淨俐落地丟掉」。巴迪歐說，倫理就是要對「『異』置之不理」（Hallward xxxvi），並且「認可『同』」（巴迪歐25）。求「同」離「異」之後，才可以接近「真理」——真理是「未發生卻即將發生」的。在這種說法中，既然「異」早就在人們身邊，所以人們期待「同」的降臨，而不稀罕「異」。「異」屬於平庸無趣的現在，而不屬於未來；未來主義式的理念要揚棄「異」，並且要追求四種「同」的真理：一、科學；二、愛；三、政治；四、藝術（巴迪歐18-28）。

巴迪歐認為，人和人之間本來就一直都有「異」，因此「異」並不值得特別提出來談，所以他排斥「異」。他說，「比如說，一個中國農人和一個年輕的挪威專業人士之間固然有很多差異，可是我和任何人之間也一樣有很多差異，我和我自己之間也有很多差異」（26）。巴迪歐將各種「異」都視為是放諸四海皆準的、大同小異的，於是他拒絕理會各種差異狀況

（種族、性別、階級、國籍、性取向等等差異牽連的不同政治經濟）；也就是說，他不理會「認可的政治」、「重新分配資產的政治」之中「異」與「社會不公」的因果關係。但是，「異」可以是一種抽象觀念，也可以是一種社會現實；「異」帶來的傷害，正是「異」的基本特色。而巴迪歐不要理會「異」，卻要回歸「同」，回歸追求真理之路。

巴迪歐的說法，讓人馬上聯想起「後認同」（post-identitarian）論述。「後認同」論述努力指出，弱勢族裔和第三世界的人民不該淪為「他者製造機」（otherness machines）。「他者製造機」製造出來的「異」淪為異國情調的消費品、淪為被操控的多元文化主義道具。例如，近來的亞裔美國文學就希望克服「族裔差異」（ethnicity as difference）（所以強調：亞裔美國人，畢竟也是美國人）；而最近引人注目的亞洲電影也越來越不以異國情調的奇觀為賣點，而改而展現亞洲都會人實質的生活狀態（全球化讓你我他變得越來越相像了）。許多亞裔美國人和亞洲人已經對強化「異」的刻板印象感到幻滅，也對關於東方主義的討論感到不耐煩。不過要注意的是，弱勢族裔成員或邊緣族群成員之內出現的幻滅感是一回事，而強勢族群和主流社會對於「異」的斥絕又是另一回事；前者的幻滅和後者的斥絕並不該混為一談。討論「異」的方法並非只有一種，拒絕討論「異」的方法也不是只有一種——畢竟「異」並非只有一種。有些「異」享有比較多的文化資本，而有些「異」沒有文化資本；有些「異」沒辦法以不變應萬變，而有些「異」卻可以放諸四海皆準；有些「異」帶來比較多的挫折和傷痛，而有些「異」比較不嚴重。弱勢族裔成員和第三世界人民想要克服僵化不變的「異」，但是她／他們的心意並不表示「異」已經不存在，也不表示歷史、文化以及各種理解人類的類別帶來的壓迫和不平等不存在。

有一些多元文化主義是具有批判性的，產生出政治等等的力量。可是，如果主流社會不去理會「異」，就等於忽視了這種批判性多元文化主義的成果。法國近來的弱勢族裔議題越來越值得重視，在差異之後的倫理竟然也在這年頭的法國興起，真是值得研究。哈薩克（Nancy Hartsock）曾經質問：「我們這樣的人一直被迫保持緘默，好不容易才開始獲得為自己命名的權利，好不容易開始有機會成為歷史的主體而不再是客體。可是，就在這個時候，有人告訴我們，我們苦等已久的『主體性』是有問題的東西。這是怎麼回事啊？」(26) 我們可以借用哈薩克的話，提出以下的問題：我們這樣的人為了政治改革，終於開始運用具有正面意義的「異」、不再僵化不變的「異」，可是就在這個時候，有人告訴我們「異」是有問題的東西——這是怎麼回事啊？

巴特勒（Judith Butler）曾經批判當代馬克思主義思想家將「異」貶為「只有文化議題」的說法。巴特勒指出，「異」很重要，「異」也是政治鬥爭的要素，並且表示，「『一統』（unity）挖苦、貶損、馴服了各種『異』。我們應該要拒絕向『一統』低頭，這樣我們才能夠培養更全面、更具爆發力的政治行動力」(44)。巴特勒批評老派馬克思主義堅持將文化和物質區分開來的做法，認為這樣的馬克思主義者反而「選擇性地遺忘了馬克思主義本身」。將文化和物質區分開來的力量，其實是化約一切人事物的資本主義。因此，將文化和物質區分開來的做法，「是勞力分工的結果，也是勞力分工的極致」（42）。

在差異性之後的倫理是問題重重的。如果我們在文學領域中運用這種倫理，我們就會回到尊崇普遍價值的古舊典範，也要重新面對古舊典範的暴力——知識的、文化的，以及其他的暴力。我們重新肯定文學，並不表示我們要回歸那種挖苦、貶損、馴服各種「異」的「一統」、真理。有人想像，在各種「異」百花齊放之前，曾有一種原初的「一統」，一種獨一無二的文學（monoliterature），可是這種對於美好舊時光的想像是錯謬的。事實上，所謂獨一無二的文學，或擁有普遍性的文學，都只是權力的建築物，而建築物其實原被各種真實存在的「異」所包圍。全球文學的觀念，並不等於世界文學的古老觀念再加上具有調味效果的、異國情調的、非西方世界選拔出來的某些鶴立雞群土產。全球文學的參與者應該用批判的眼光去檢視全球文學是如何被建構出來的，應該用懷疑的眼光去質問各種對於永恆價值的禮讚。如果全球文學的參與者在質問過程中產生新的信念，新的信念也該接受更新的檢視。如此，我們才能夠以更開放的態度面對未來。用列維納斯的語言來說，這樣的未來是走向他者的，是和他者發生關係的；與他者的關係，正是倫理的場域。我們在此面對的倫理是無條件開放的，所以才更能夠回應往昔／當下／未來各種形式中的他者，未來的政治領域才不至於閉鎖，我們才能夠享有無窮轉變的空間。

引用文獻

Ahmad, Aijaz. “Jameson’s Rhetoric of Otherness and the ‘National Allegory.” In *In Theory: Classes, Nations, Literatures*, 29–59. London: Verso, 1992.

Ahmed, Sara. *Strange Encounters: Embodied Others in Post-coloniality*. London: Routledge, 2000.

Badiou, Alain. *Ethics: An Essay on the Understanding of Evil*. Translated by Peter Hallward. London: Verso, 2002.

Baucom, Ian. “Globalit, Inc.; Or, the Cultural Logic of Global Literary Studies.” *PMLA* 116, no. 1 (2001): 158–172.

Butler, Judith. “Merely Cultural.” *New Left Review* os 227 (1998): 33–44.

Chow, Rey. “How (the) Inscrutable Chinese Led to Globalized Theory.” *PMLA* 116, no. 1 (2001): 69–74.

De Lauretis, Teresa. *Technologies of Gender: Essays on Theory, Film, and Fiction*. Indiana University Press, 1987.

Dimock, Wai Chee. “Literature for the Planet.” *PMLA* 116, no. 1 (2001): 173–188.

Dirlik, Arif. “Literature/Identity: Transnationalism, Narrative and Representation.” *Review of Education / Pedagogy / Cultural Studies* 24 (2002): 209–234.

Dubey, Madhu. "Postmodernism and Racial Difference." In *UC Transnational and Transcolonial Studies Multicampus Research Group*, 1–16. Los Angeles: University of California, November 20, 2002.

Fraser, Nancy. "Rethinking Recognition." *New Left Review* ns 3 (2000): 107–120.

Gao, Xingjian. "The Case for Literature." Nobel Lecture, 2000. The Nobel Prize in Literature 2000. Accessed August 21, 2003. http://www.nobel.se/literature/laureates/2000/gao-lecture-e.html.

Gunn, Giles, coordinator. Special Issue: *Globalizing Literary Studies*. *PMLA* 116 (2001): 1–272.

Hallward, Peter. "Translator's Introduction." In *Ethics: An Essay on the Understanding of Evil*, vii–xlvii. London: Verso, 2002.

Hartsock, Nancy. "Rethinking Modernism: Minority vs. Majority Theories." In *The Nature and Context of Minority Discourse*, edited by Abdul R. Jan Mohamed and David Lloyd, 17–36. New York: Oxford University Press, 1990.

Jameson, Fredric. "A Brief Response." *Social Text* 17 (1987): 26–27.

———. "Third-World Literature in the Era of Multinational Capitalism." *Social Text* 15 (1986): 65–88.

Kristal, Efrain. "Considering Coldly⋯" *New Left Review* ns 15 (2002): 61–74.

Levinas, Emmanuel. *Otherwise Than Being; or, Beyond Essence*. Translated by Alphonso Lingis. Pittsburgh: Duquesne University Press, 2000.

Lionnet, Françoise, and Shu-mei Shih, eds. *Minor Transnationalism*. Durham: Duke University Press, 2006.

———. “Thinking through the Minor, Transnationally: An Introduction.” In *Minor Transnationalism*, edited by Françoise Lionnet and Shu-mei Shih, 1–18. Durham: Duke University Press, 2006.

Lowe, Lisa. *Immigrant Acts: On Asian American Cultural Politics*. Durham: Duke University Press, 1996.

Malmqvist, Göran. “Presentation Speech.” The Nobel Prize in Literature 2000. December 19, 2000. Accessed September 13, 2003. http://www.nobel.se/literature/2000/presentation-speech.html.

Moretti, Franco. “Conjectures on World Literature.” *New Left Review* ns 1 (2000): 54–68.

———. “The Slaughterhouse of Literature.” *Modern Language Quarterly* 61 (2000): 207–227.

Kelly, Oliver. *Witnessing: Beyond Recognition*. Minneapolis: University of Minnesota Press, 2001.

Palumbo-Liu, David. “Rational and Irrational Choices: Form, Affect, Ethics.” In *Minor Transnationalism*, edited by Françoise Lionnet and Shu-mei Shih, 41–72. Durham: Duke University Press, 2006.

Pizer, John. “Goethe’s ‘World Literature’ Paradigm and Contemporary Cultural Globalization.” *Comparative Literature* 52 (2000): 213–227.

Radhakrishnan, R. *Diasporic Mediations: Between Home and Location*. Minneapolis: University of Minnesota Press, 1996.

Said, Edward. *Orientalism*. New York: Vintage, 1979.

———. “A Window on the World.” *The Guardian*, August 2, 2003. Accessed October 14, 2003. http://www.guardian.co.uk/.

San Juan Jr., E. *After Postcolonialism: Remapping Philippines–United States Confrontation*. Boulder: Rowman & Littlefield, 2000.

———. *Beyond Postcolonial Theory*. New York: St. Martin's Press, 1998.

Shih, Shu-mei（史書美）. "Globalization and Minoritization: Ang Lee and the Politics of Flexibility." *New Formations: A Journal of Culture/Theory/Politics* 40 (2000): 86–101.

Spivak, Gayatri. "Can the Subaltern Speak?" In *Marxism and the Interpretation of Cultures*, edited by Cary Nelson and Laurence Grossberg, 271–313. Urbana: University of Illinois Press, 1988.

Tam, Kwok-kan（譚國光）. "Gao Xingjian, the Nobel Prize, and the Politics of Recognition." Introduction to *Soul of Chaos: Critical Perspectives on Gao Xingjian*, edited by Kwok-kan Tam, 1–20. Hong Kong: Chinese University Press, 2001.

Wallerstein, Immanuel. "World-Systems Analysis." In *The Essential Wallerstein*, 129–148. New York: The New Press, 2000.

Žižek, Slavoj. «Multiculturalism; or, The Cultural Logic of Multinational Capitalism.» *New Left Review* os 225 (1997): 28–51.

高行健，《靈山》。臺北：聯經，1990。

高行健，《一個人的聖經》。臺北：聯經，1990。

賀淑芳，《迷宮毯子》。台北：寶瓶，2012。
張貴興，《群象》。台北：時報，1998。
黎紫書，《告別的年代》。台北：聯經，2010。
黃錦樹，《馬華文學與中國性》。臺北：元尊文化，1998。
薛華棟，《和諾貝爾文學獎較勁》。上海：學林，2002。

第二章

作為關係的比較文學*

比較，即比較其間的異同，難免涉及兩個倫理難題。首先，比較的立基令人不安，因為我們在比較兩個文本或實體時，往往偏厚其中一方，其立論基礎終究不對等。任何比較總有預設或潛在的標準，而較具優勢的實體不言而喻地成為圭臬。其次，由於對預設標準——通常是唯歐洲中心論——的潛在運作的倫理考量，這些比較最可能得出的結論，乃進一步宣告比較實體之間存有差異與扞格不入（incommensurabilities）。因此，比較兩個實體間的密切關係，反而弔詭地擴大了其距離。

本章提出一個新比較理論芻議，我稱之為「關係的比較」（relational comparison）。我主張從事關係的比較學（comparison as relation），或視比較文學為關係研究。關係的比較學即研究擺在一起比較的實體之間的歷史關係，也將傳統上因某些利害考量，如鞏固歐洲中心主義的歐洲優越論，而被視為關係相斥的項目納入比較。我認為考掘這些關係乃比較學的倫理實踐，因此，在進行比較時，有必要彰顯權力的運作，使其無所遁形。畢竟權力就是一種關係。

為了建立關係的理論框架，我將先探討珍納・阿布—勒赫（Janet L. Abu-Lughod）、約翰・霍布森（John M. Hobson）和安德烈・岡德・弗蘭克（Andre Gunder Frank）等學者所闡述的一體化世界史（integrative world history）理論。他們以此概念論述全球經濟，而我以之檢視文學的世界史研究的可行性，並提出一個新穎的、我認為更可行的世界文學概念。我綜合了這些想法與加勒比海馬提尼克思想家愛德瓦・葛里桑（Édouard Glissant）所提出的關係理論（theory of relation），既將地理文化史與社會經濟史——世界性的相互關聯歷史——和文學連結，也將之與詩學（poetics）結合。文學是世界不可或缺的一部分，而詩學既是對文本的理解，也是對世界的認知。葛里桑將詩學視為某種世界的邏輯與文學理論，讓我們能有創意地，從不同層面來思考文本和世界之間的關係。文本為世界裡的存有，和世界的關係既是有機的，也是構成關係的一分子；其「在世性」（worldliness）即其「被抛境況」（thrownness）。[1]這個觀點十分有用，可以用來思考文學研究的規模比例問題（question of scale），從世界到文本，從龐大的世界地理的比例，到明顯微小的個別文本的實體尺度。在我看來，源自世界史的關係研究，可以藉之反覆測量世界與文本，及中間標度（intermediary scales）的區帶，進而朝向一個更加一體化的比較文學與世界文學概念。依此概念，我們關

* 本章原譯者為楊露，由張錦忠細心校改完成。在此感謝兩位。英文版題目為"Comparison as Relation"出版於 *Comparison: Theories, Approaches, Uses*. Eds. Rita Felski and Susan Friedman (Baltimore: Johns Hopkins University Press, 2013), 79-98。華文版出版於《中山人文學報》30（2015年7月），1-19，也被收入Kuei-fen Chiu（邱貴芬）and Yingjin Zhang eds., *The Making of Chinese/Sinophone Literature as World Literature* (Hong Kong: The University of Hong Kong Press, 2022), 63-82。

1 譯注：海德格將「此在的不及物性」稱為「被抛境況」。這是存在主義的觀點，指的是人無法選擇自己存不存在，因為他已經存在；人也無法選擇自己存在於一個怎樣的世界，因為他已經「被抛擲」在他存在其中的那個世界。他不可能不存他所在的時代，不可能不經歷他經歷著的歷史這種存在的境況。

注的不再是包容性或資格（哪些文本值得研究，或什麼可被認定為「世界文學」與否）等議題，而是旨在考掘並啟動研究跨越時空歷史的某些特定關係。這些關係內容與形式並重，詩學的重要由此可見一斑。一體化世界史脈絡的文學的關係研究幅度包括各軸線與軸心，可以不同視角、不同主題學以及不同規模進行。例如，我們可以考量發生於一九六〇年代、全球性的世界史去殖民運動轉折，以分析那些彼此交相影響的文學文本，或探討世界各地的婦女運動座標，以分析這些不同地區的女性文學的關係，而非視之為個別案例。世界的關係網絡無窮無盡，文本置身其中，可探索的課題不勝枚舉。

本章中，我選擇的世界史轉軸是一道我所謂的「墾殖園弧線」（plantation arc），軸線沿著加勒比海一帶，延伸至美國南方，直到東南亞。從加勒比海地區，我們追隨葛里桑的關係理論。此理論和二十世紀晚期風行一時的全球性思維模式（例如全球化理論與他所挪用的混沌理論）同聲應和，同時也和他所建構理論的在地——加勒比海群島，或西印度群島——密不可分。從那裡，我們追隨葛里桑以關係理論分析福克納（William Faulkner）的墾殖園長篇小說；這些小說以美國南方為背景，小鎮的白人和混血墾殖園主居民背後隱藏著不可告人的秘密。葛里桑的讀法乃將關係理論中世界性的標度測量落實到文本裡。從美國南部，我們來到住在台灣的砂勞越華語語系作家張貴興筆下的英屬東印度群島——英國和日本殖民者的婆羅洲熱帶雨林、華人墾殖園主和苦力、砂勞越共產黨人以及土著達雅克人。接著我們再折返派翠西亞·鮑威爾（Patricia Powell）筆下的加勒比海群島，來到廢奴制度後的黑人，進口苦力的白種商人、華人苦力與小店主聚居的牙買加。本文要旨有二：首先，我要說明以敏銳的世界史觀進行關係研究，如何要求世界文學需盡可能更嚴肅看待其「在世性」；其次，我要證明關係的比較學如何為比較文學打造新舞台，甚至開啟新的生命。

一體化世界史與世界文學

一體化世界史學家所提出的兩個主要論點，簡單來說，一是眾所周知，這世界早已透過經濟或其他方式連結在一起，甚至比現代世界體系理論（modern world system theory）所提議的還要早得多；二是所謂「西方的崛起」應歸功於更為先進的東方。正視世界的宏觀歷史（macrohistory），正是理解至少自六世紀左右以降的世界各地之間的相互聯繫關係，而這意味著「東方是東方，西方是西方」的意識形態既是虛構的，也是錯誤的。

歷史社會學家阿布—勒赫在她的重要著作《在歐洲稱霸之前》（*Before European Hegemony*, 1991）中指出，一個多中心的世界體系在十三世紀就存在了，這遠比伊曼紐·華勒斯坦在其著名世界體系理論中所指出的，歐洲所主導的世界體系直到十六世紀才出現，要早得多。到了十一、十二，尤其是十三世紀，世界已經變得比以往任何時候更加一體化了。

十三世紀的「經濟日益整合，文化日漸興盛」，可見諸宋代青瓷、波斯綠松石釉碗、鑲金嵌銀工藝複雜的埃及家具、宏偉的歐洲大教堂、印度南部的興都教神廟，以及航海技術和治國之道這類科技發展與社會改革等，這些成就都沿著一個從北歐、西歐橫跨中國的國際貿易體系發生（Abu-Lughod 4）。這個國際貿易體系進而在遠東、中東和西歐形成了三條主要路線，覆蓋了除了美洲與澳洲之外的世界大部分區域。

阿布—勒赫認為十三世紀的多中心世界體系隨著以歐洲為主導的世界體系崛起而衰退，安德烈．貢德．弗蘭克質疑此論點。他在明顯反歐洲中心論的《白銀資本：重視經濟全球化中的東方》（*ReOrient: Global Economy in the Asian Age*, 1998）書中，[2]特別重視從十四到十八世紀那個他稱為「亞洲時代」（the Asian Age）裡頭，世界各地所發生的事件與事發經過的結構關係、相互聯繫性以及共時性。儘管弗蘭克在其他著作裡將一個類似華勒斯坦所提出的世界體系的存在回推五千年，而非五百年，他在本書主要揭示了歐洲如何「踩著亞洲的脊背，站在亞洲的肩膀」，從而提出一個與阿布—勒赫相反的觀點，即亞洲的經濟宰制地位一直維持到一八〇〇年才告衰退（Frank 5）。弗蘭克分析了貿易路線、資金運作及全球經濟的相互聯繫關係，繼約瑟夫．弗萊徹（Joseph Fletcher）之後，進一步提出一個「橫向的一體化歷史」（horizontally integrative history）論證。弗萊徹如此界定一體化歷史的方法論概念：

> 一體化歷史旨在尋找、描述並詮釋這些相互聯繫的歷史現象。其方法論的概念頗簡單，即便不易付諸實踐：首先找出歷史上相對應的事物（世界各地不同社會中約略同時代與類似的發展），然後判斷彼此之間是否具互為因果的關係。（Frank 226）

在此弗萊徹所提出的是一個橫向檢視不同地理區域的結構、共時性與相互聯繫關係的宏觀歷史研究方法，這有別於探討國別歷史的縱向延續性的主流研究。一體化的方法論看似簡單，但現代歷史學家（遑論文學研究學者）卻避之唯恐不及。個中緣由發人深省。依循弗蘭克對於歐洲中心史的批判，我們不妨指出，文學研究區分東西方的作法，顯然是為建構歐洲文學的卓異主義（literary exceptionalism）奠基，就像區分東西方是歐洲中心論歷史研究的基本作法一樣。於是，我們或許可以體認到，不論是橫向研究（horizontal studies）的錯位（東方世界無法理解），或者是文學研究中盛行的由橫向轉到縱向研究（東方是西方的過去），都充斥西方的自負。弗萊徹的方法論從找出平行模式（parallel patterns）出發，而這不過是其中一種關係研究的方法罷了，但對文學研究來說，此法極富成效。例如，當我們研究現代

2 校訂注：書名為劉北成中譯，參閱貢德．弗蘭克著，劉北成譯，《白銀資本：重視經濟全球化中的東方》（北京：中央編譯出版社，2000）。

主義時，再也無法對非西方國家那些現代主義視而不見，也不能視這些現代主義為自發的或孤立的現象。那些明顯平行發生的現象不是歷史的意外事件。

約翰．M．霍布森的《西方文明的東方源頭》（*The Eastern Origins of Western Civilization*, 2004）綜合了阿布－勒赫、弗蘭克等志同道合的世界歷史學家的觀點，具體分析了那些促使「東方化西方」的崛起成為可能的「資源組合」（resource portfolios）（包括科技、制度和觀念）；由於全球化始於東方（遠東和伊斯蘭中東地區），東方不得不供給西方這些資源。這意味著自公元六世紀以來，世界就已經是個「單一的全球網絡」了（Hobson 22）。鋼鐵生產（農作物、手工藝品和藝術的生產就不消說了）的進步，天文學和數學的突破，伊斯蘭的中東一連串資本主義建制的打造——以及印刷術、火藥、航海技術（指南針和造船）等工藝發展，理性的啟蒙思想，還有從遠東（尤其是中國）傳來的農業等專業技術知識，在在造成這世界更加密不可分。不過由於白人種族主義自我認同的建構、歐洲社會科學的蓬勃發展，以及帝國野心崛起，才發明了「歐洲卓異論」和自發的「西方崛起」的理念。在方法論上，霍布森的觀點與弗蘭克並無二致，但相較之下，霍布森以更多的細節去證明弗蘭克比較理論且籠統的主張。

一體化世界史，在我看來，既始於對國家主義史學（以一個國家及其縱向歷史傳承為研究對象）的反應，也始於對傳統的比較歷史（兩個研究對象——兩個國家——相提並論，以對照二者異同之處）的抵拒。不過，誠如某位史學家所指出，一體化世界史的新焦點其實在於「這個世界所陷入的權力影響關係那複雜、全球化網絡」（Seigel 78）。誠然，並非關係網絡裡的一切都同樣影響了全球體系，或受其影響程度均等，但網絡裡的一切都屬於體系本身的一部份，而且形成完全遭權力運作滲透的相互關係。這意味著我們在研究一體化世界史時，絕不容放過帝國、征服、奴役和殖民主義的歷史。權力，如前所述，終究是一種關係。

這或許就是一體化世界史與近幾年來由比較文學家所提出的世界文學理論之間最大的區別。法朗戈・莫瑞提的世界文學地圖，儘管涵括了世界許多地方，某種程度上仍是以歐洲為中心，所持的觀點在本質上簡直屬卓異論。他的小說的生命故事版本是——小說在西方興起，然後流傳到東方。[3] 巴斯可・卡薩諾瓦（Pascale Casanova）（2005）的版本雖論及殖民歷史，卻僅僅是為了重申巴黎為文學世界共和國的中心。大衛・達姆羅什（David Damrosch）的版本只承認那些透過翻譯、出版和閱讀等流通模式「在其文化始源地之外流傳」的文本是世界文學（Damrosch 4）。這表示世界文學研究的部分工作，乃在確認哪些文本譯成了哪種語言流通。跟世界上幾乎所有國家比起來，美國的出版品翻譯類比例最低，這

3 詳 Moretti（2000: 54-68）。該文發表之後，莫瑞提又加以修訂，新版呈現了一個較為擴散的範式，見Moretti（2007; 2007a）。

樣看來，美國學者應該最沒資格提出世界文學體系的理論。更重要的是，文本流通各地，絕非均衡分布，於是達姆羅什的流通論屏除了許多同樣受到世界歷史進程影響的小國與小語種文學。那麼，也許我們更應該建立一個與一體化世界史類似的世界文學模式，不再糾結於國家文學的概念，而視所有的文學為受權力左右的關係網絡中的參與者，至於世界文學研究學者的任務，則是在世界史的脈絡深入探究文本，以發掘並分析這些關係。這些關係可在形式、文類與其他層面上體現，因此新的模式需要細讀文本（相對於莫瑞提的「遠距閱讀」〔distant reading」），需要對世界史敏感，且能測量文本和世界，不忽視任一比例。換個說法，文本形式與社會構成密不可分，內容和歷史亦然，即便是在那些千方百計標榜藝術自主的文本之中。文本自主的說法本身就是歷史的產物。

從西印度群島出發：關係

一體化世界歷史學家提出了世界自西元六世紀以來就緊密聯繫的具體歷史和經濟證據，而馬提尼克思想家葛里桑則提出關係的理論，視關係為描述與解釋「文化間無限互動」的全球化世界的方法，同時也視關係為一改變所有彼此關涉的要素之行動（即關係之為「不及物動詞」）（Glissant 1997: 32, 173）。因此，關係既是對世界現象的描述，也是一項運動或過程。就描述而言，關係近似混沌理論中對於世界律動的感知；就運動而言，關係的最佳範例是那世界性與無休止的克里奧化（creolization）過程。兩者合成了一套詩學。關係是一網絡，由歷史所塑造，無論此網絡如何混亂或有多無法預測。關係並非「缺乏標準，而是這些〔標準〕既無法成為目標，又不能規範方法」（1997: 94），如同在混沌理論中，不確定性能成為可分析的事實，意外事件也能預測（1997: 137）。於是，關係讓我們看待這個世界時既可著眼於其統一性與整體性，又可顧及其無限多樣性。就像地球上所有陸地的生態相互依存，所有民族和文化，從關係的觀點看來，彼此相互依存。文化無法像數學的質數那樣約化至最基本元素，但是透過跟其他文化接觸，始終維持開放與變動。關係因而乃一運動。由此可見，關係不僅描述了它曾發揮作用的過去世界，也描述了正在受其影響而不斷變動的現在，更描繪了不可預見的未來。而關係將持續發揮影響，改造文化、民族和語言。

把研究關係當作詩學的實踐——即視關係為方法論——乃連結此地與他處，並探索不同文化和歷史之間那些無窮盡又不可預知的糾葛與融合。鑑於世界已然且將總是陷於不斷克里奧化的過程之中，我們的方法論應該關注這些過程，而非僅僅單調地描述那封閉完結的歷史。視關係為方法，也與一般非歐洲中心論的比較文學方法顯著不同；後者並置不同文化文本的作法已令有些人擔憂可能產生文化相對論（cultural relativism）。[4]關係研究恰恰和文化相對論相反，因為相對論以簡化對文化的認識為前提（也就是第一章討論的全球多元文化的運作模式），主張文化本質主義（Glissant 1997: 135），彷彿每一個文化都有其他文化無法跨越的隱藏界線。然而，西印度群島就像任何其他地方一樣，可以作為理論化的出發點的範例，因為關係研究的目的不是將特殊性提升為普遍性，而是要藉由探討不同地方和文化間的相互關係來解構普遍性。我們可從任何地方出發。我們應該從這個角度來理解葛里桑何以援引加勒比海詩人卡馬烏．布拉瑟韋特（Kamau Brathwaite）的名句——「在海底合而為一」（The unity is submarine）——當作他的代表作《關係詩學》（*Poetics of Relation*）的題辭與《加勒比論述》中加勒比海地區的某種特色。這句話一方面具體地指出加勒比海的這些島嶼的不同歷史在「海底匯流」（subterranean convergence）（Glissant 1989: 66），但是實際上它也指涉了文化的世界性匯合。

李歐旎在探討加勒比海群島特質時，引用了一九五五年萬隆會議東南亞各國對於自身的群島性所發表的聲明；不過，很少人並置討論這兩個地區（Lionnet 1508-09）。其實，西印度群島和東印度群島的地理構造相似，其殖民歷史也雷同。僅憑這些共同之處，就足以啟發群島的比較研究了。[5]就詞源來說，群島（archipelago）指的是島嶼周圍的水域，而不是島嶼本身：pelagos是「大海」的意思，即中古英語中的arch-sea（Murray et al. 222），類似在希臘語和義大利語中的字義。我認為從海洋的觀點來看，我們可以把世界視為一大群島，不同的陸地板塊（無論是所謂大陸或島嶼）都是島嶼；雖然大小不一，卻都被海洋連結在一起。這即是以關係論的觀點將世界視為海上大小島嶼，這個觀點結合了一體化世界史學家對縱橫世界的海上貿易路線的描繪。我們不妨說，對葛里桑所論述的西印度群島，與同樣是歐洲殖民者登陸的東印度群島而言，群島都是獨特的，但群島也是理解世界的相互聯繫的方式：即視世界為一大群島。畢竟，世界「在海底合而為一」。地理的規模在我們的思維中可大可小，但重要的是，如何確實在出發（從西印度群島）後達到相互聯繫關係，而非迎向普遍性。這就是我所說的關係研究：不是要復辟舊的普遍主義或打造新的普遍主義，而是從獨特性出發，去研究歷史的互聯關係。

關係理論（以及與之相關的世界之為群島論）如何讓比較文學學者得以轉移回到文本層面的操作？在他的許多抒情時刻中，葛里桑有一回指出關係詩學的作為在於「可能性：即你到達所有匯流的底部去更強烈地刻下你的靈感」（1997: 45）。要到達「所有匯流的底部」自

4 強納森．卡勒（Jonathan Culler）因擔心相對論在比較研究中作祟，而寧願堅持他的看法，認為西方與非西方文本之間，比西方文本彼此之間，「較難以比較」。參見Culler (1995)。

5 參見Murray, Boellstorff, and Robinson (2006)。不過，他們使用的仍然是並置異同的比較方式，或是將加勒比海論述應用於東南亞研究，而非探討關係的方法。

然是不可能的，我也懷疑是否有這樣的地方，不管那所在有多麼抽象，但那會是我們努力前進的地方，不論是從大海（arch-sea）的哪個小島嶼或大陸洲出發。

墾殖園弧線

那道我稱為「墾殖園弧線」的歷史相當明確：它把西印度群島、美國南方和東印度群島看作處於同一境況，從而由一個環繞著奴隸制度建立起來的墾殖園制度，描繪出一條相關卻又不同的路線。葛里桑指出，墾殖園制度「遵循相同的結構原則，蔓延整個美國南方、加勒比海群島、拉丁美洲的加勒比海沿岸，以及巴西東北部」（1997: 63）。然而在奴隸制度取消之後，墾殖園制度也蔓延至東印度群島，歐洲殖民者在那裡試驗、仿效和移植他們在美洲的做法，成果不一而足。例如，他們嘗試在東印度種植菸草、甘蔗和咖啡，像在加勒比海群島那樣。當他們發現這些在加勒比海地區可豐收的農作物無法適應東南亞的氣候時，轉而種植橡膠、木薯、胡椒等。美洲和東南亞的墾殖園主引進契約勞工——尤其是中國和印度苦力——作為奴隸制度結束後，墾殖園所需的勞動力。也有一些加勒比海地區的華人苦力，其實並非來自中國，而是自行或被迫從東南亞遠渡印度洋和大西洋來到加勒比海，正如稍早時歐洲殖民者把他們帶到南洋一般。[6]

從東南亞到美洲的弧線構成了後奴隸制度時代墾殖園迴路的一部分，乃歐洲殖民主義的互聯關係歷史的迴路。其中一條路徑由東南亞出發，越過印度洋，繞過開普敦，再穿越大西洋抵達美洲；另一條路線從東南亞穿過蘇伊士運河，然後從地中海跨越大西洋。這兩條路徑，加上直接從中國東南方出發，越過太平洋抵達美洲的路線，乃十九世紀運輸苦力的航線。[7]從一體化世界史的角度來看，這條十九世紀的迴路超出了阿布－勒赫所確認的十三世紀遠東經濟迴路。當時的遠東迴路僅從西邊的印度洋延仲至東邊的南中國海，既沒有橫越太平洋，也沒有從另一路徑穿越大西洋到美洲去。事實上，運送苦力的船隻不過是再次發揮了以往運送奴隸的作用而已，而且他們都從中國和東南亞出發，橫渡太平洋與大西洋到達加勒比海群島。牙買加作家鮑威爾貼切且同情地稱這條路線為華人苦力的「中間航道」（Middle Passage），如同非洲黑奴跨大西洋的苦難經驗（Powell 75）。[8]

從西印度群島到東印度群島追跡這道弧線，我們發現一條穿越美國南方的簡短環狀路徑（loop）頗有助於啟動個別文學作品中的這道弧線，同時思考在世界歷史關係的脈絡中的文

6 從中國與東南亞輸入華人苦力至加勒比海群島的相關記載資料，參見Lai (1998)。

7 這些路線的詳細地圖參見Meagher 2008:151。

8 譯注：鮑威爾的小說的分析詳後文。「中間航道」原指奴隸貿易船從非洲西海岸橫渡大西洋到西印度群島的航線。

學關係，是否可能產生詩學。葛里桑對福克納美國南方小說深刻而細膩的分析，即可見這可能性的端倪。葛里桑不僅在《關係詩學》（1991）中反覆舉福克納的作品為重要例證來說明他的關係詩學，五年後他還寫了《福克納，密西西比》（*Faulkner, Mississippi*, 1996），整本書專門研究福克納。我們不妨這麼說，《福克納，密西西比》乃葛里桑對關係的測量，從全球的刻度到文本的刻度，從世界的邏輯到文本的邏輯，同時也是他從群島的觀點出發，將關係理論從加勒比海地區延伸到世界各地。加勒比海地區和美國南方的墾殖園制度之間不僅結構上相似，葛里桑甚至認為美國南方其實是加勒比海地區「無從測量的邊界」（incalculable border）（轉引自 Dash 95）。

種族問題和奴隸制度的後果造成葛里桑解讀福克納作品的基礎。福克納對種族問題的公開立場通常帶有種族偏見，好一點則帶專制色彩，包括在他與杜波依斯（W. E. B. Du Bois）的那場公開對談（Glissant 1999: 104）。葛里桑認為相形之下，福克納的小說卻曝露了墾殖園主和其他南方白人之間罪惡和墮落的暗潮洶湧，帶有強烈的種族焦慮。換句話說，在葛里桑的解讀裡，福克納小說中的種族問題立場，和小說家自己的公開立場相反。在福克納的小說中，南方白人實際上過著「如此膽大妄為，如此妄自尊大，如此悲慘、痛苦、封閉狹隘的生活」，發生「這麼多的暴力、盜竊、強姦、精神錯亂、疾病和不幸」（1999: 23, 30），以至於他們的合法性受到最根本的挑戰。他們為重重疑團以及如山般的秘密所困擾。他們似乎都被詛咒了。

受詛咒的命運表現在扭曲的血緣關係，或無法彌補的父子關係上，在一本又一本的小說中，父親們和孩子們（特別是兒子們）之間的血緣關係無可挽回地決裂了，家人四分五裂，有的身世駭人聽聞，死亡方式詭譎離奇，有的遭遇出乎意料的不幸。而某些故事出現了私刑的情節，某些則以加勒比海地區為背景。在《墳墓闖入者》（*Intruder in the Dust*）中，波尚（Lucas Beauchamp）雖有個白人父親，卻還是得面對私刑的威脅。在《押沙龍，押沙龍！》（*Absalom, Absalom!*）中，白人墾殖園主薩德本（Sutpen）娶了一名看來像是白人的海地女子，直到他們的兒子出生才發現妻子是個黑白混血兒。種族問題頻頻出現，成為「難以超越的參考依據」（Glissant 1999: 59），激發了白人血統飽受威脅的想法。一切都出自於原罪：白人對印第安人和黑人所施加的暴力。因此，葛里桑總結道，福克納敘事的前提是「南方的不合法性根源」（1999: 139），而白人應對此負全責。

由於「遭奴隸制度強暴產下的受詛咒、血統不純的身世」（1999: 88），福克納筆下的美國南方因此和加勒比海地區與拉丁美洲有了連結。和他公開的種族立場相反，福克納在作品中拐彎抹角地描寫定居殖民者與奴隸制度，於是我們不得不視之為一種道德訴求，亦即葛里桑所說的，「認可他者是我們的道德義務」與「美學的組成成分」（1997: 29）。[9]換言之，對他者的責任是詩學的一部分，而在此詩學中，血統混雜，系譜匱乏，糾葛無限，構成了一種也屬關係詩學的「後身分主義詩學」（post-identitarian poetics）（Dash 104），無論就歷史，還是就文學論文學而言。在福克納作品中，敘述者煞費苦心地以緩慢手法揭露秘密，敘事節奏不斷延宕，痛苦糾結且難以釋懷地進行。人物心理是如此糾結困惑，就像作者反覆錘煉的巴洛克式文體，文字兜著圈子繞來繞去，「列舉，累積，重複」（Dash 104），構成了福克納獨特的現代主義風格，不僅影響了美洲各國的作家，也遠達東印度群島。

到達東印度群島：克里奧化

在張貴興的長篇小說《猴杯》（2000）中，墾殖園制度遺緒出現在婆羅洲雨林邊緣；如同福克納的美國南方，張貴興稱為「百年汙穢」（35）的原罪徹底擊潰了血緣關係。這裡的墾殖園主和定居者以不法手段獲取土地與資產，剝削販運的勞工（華人苦力）和原住民（達雅克人），姦淫擄掠，侵占了世界上最古老的熱帶雨林，換來他們的後代子孫皆遭受罪愆譴責。墾殖園主，或者更確切地說，他們的繼承者，乃承襲了源自英國殖民者的權力的華人定居者，實質上成為我所說的「掮客定居殖民者」（middleman settler colonizers），[10]他們在種族與階級構成的殖民制度裡位處中階；這個制度由上至下的階層順序是：歐洲白人殖民者、華人捐客定居殖民者、華人苦力以及原住民達雅克人。

《猴杯》的時空橫跨百年，敘事自一八八二年開始，依時序進行。[11]那年有名華人工頭大膽自薦，欲接管那座英籍園主開創的咖啡園；原來的英籍咖啡園主在一八六〇年不幸遇害。這起謀殺案看起來似乎是達雅克人所犯，其實是由野心勃勃的工頭自導自演。這名工頭出身的新園主是日後的砂勞越華人余氏家族的曾祖父與族長。男人氣度沉默幹練，體格跟英國人一般高大，令英國總督印象深刻，他「沒有體味口臭，沒有香港腳、汗斑、疥癬，沒有肺病和缺乏罌粟鹼的恍惚眼神」（張貴興 179），那些英國人特別注意到他會說多種語言：

> 操十種語言：米酒、香料、辣椒醃製的馬來語、印尼語、印度語、達雅克語；充滿樹皮、草荄和泥土腥味的華話、粵語、客家語、福建語；雪茄、酒精和鉛味混合的英語和荷蘭語。（179）

9 葛里桑用這些詞彙來描述維克特．謝閣蘭（Victor Segalen）的作品，參見（Glissant 1997: 29）。

10 參見Shu-mei Shih (2010)。

11 美國第一次排華法案恰巧也在一八八二年通過。

張貴興以洗練俐落的文字，將所臚列的十種語言和個別的、種族化的特質連結，這些特質和以這些語言為母語的人息息相關；他依據的是殖民分類法（colonial taxonomy）：例如，吃的食物（原住民族群）、定居者吃苦耐勞的能力（操多種漢語方言的砂勞越華人）以及殖民地產品和消費用品（歐洲殖民者）。工頭身為掮客殖民者，口操多語是他至關重要的能力，但多語現象也點出了當地令人嘆為觀止的混雜文化；混雜不只影響了曾祖父和他人之間的關係，也滲透整個余氏家族成員的互動。儘管多語起初不過是一種支配和控制的策略，它已逐漸成為砂勞越華人後代的生存條件。

曾祖父通曉多種語言、狡猾又詭計多端。他為了租賃咖啡園，將當年在西加里曼丹金礦當礦工時盜取的金塊，私下送一打給英國總督。取得了墾殖園之後，除了咖啡和菸草，他又種了茶、胡椒、橡膠和罌粟，並建了一家伐木工廠。一積累了足夠財富，他就從英國殖民政府手裡買下墾殖園，然後開設賭場、鴉片館與妓院。[12]在接下來的十年內，他使盡一切可能的欺騙和殘酷手段，取得了位於巴南河下游的第二座墾殖園，再從英軍那裡購買軍火來對付那些「土族及毒蛇猛獸」（181），[13]以保衛他的產業。他的賭場和鴉片館讓約八百名雇用的苦力染上了癮，以至於無法擺脫工作，這樣墾殖園可供剝削的勞動力就永保無虞。一旦苦力的債務遠超過工作所得，為了還債，不得不將女兒賣給妓院，於是形成了一個苦力的債務、圈套、墮落循環，確保了墾殖園的永久繁榮。曾祖父會先禁錮、強姦那些被迫賣給他的女子，然後才把她們送到妓院，他會射殺任何擅自闖入墾殖園的人，親自在近身距離格鬥中擊退達雅克人，包括其中一場造成一百三十多名達雅克人與三十名華人苦力死亡的混戰。而他與達雅克女人的關係，顯然是仿效英國、美國和澳洲遊客所偏好的「性薩伐旅」（sex safaris）或「性探險之旅」（sex peditions），他們將原住民女性帶往雨林深處取樂（Hom 244）。

倘若一九四一年到四五年那期間日本沒有入侵並占領婆羅洲，曾祖父的墾殖園可能已經傳給祖父、父親，然後再傳給這位英文名叫泰迪（Teddy）的男主角余鵬雉了。日本人不僅姦殺擄掠達雅克族人與婆羅洲華人，用最殘酷的手段殺死所有醫院的嬰兒（割下男嬰的陰莖、刺穿女嬰的陰道），還大肆砍伐熱帶雨林的木材。曾祖父為了繼續擴展自己的園坵領地，不惜向日本人出賣同胞、鄰居甚至親戚。他垂涎鄰居的房子和土地已久，於是羅織他們支持抗日軍的罪名，結果日本人殘酷地殺害了他的鄰居。

但日本人不可能容許擁有如此大權勢的墾殖園主存在，曾祖父最終被迫結束他的事業。

---

12 有趣的是，在十九世紀之交，外來者會認為這三種生意是舊金山唐人街的「三種惡習」。譚雅倫（Marlon Hom）指出，這事實上是美國邊疆城鎮的典型特徵，而不是唐人街的特徵。參見 Hom (1987)。

13 值得注意的是，土著是和蛇與野獸並列的，這反映了典型的定居殖民者心態。

此時，他曾犯下的罪愆開始降臨到他與家人身上。他引發的暴行產生了一個沒有出口的暴力循環。他曾利用賭博、吸鴉片與賣淫損毀他人的人生，這些作為如今成了他與後代子孫的罪愆：在張貴興繪聲繪色的描寫中，他們的下場悽慘。曾祖父和祖父被來自熱帶雨林的達雅克人斬首。奶奶在新婚之夜被宿敵放進來的毒蝎咬傷，瘸了一條腿，最後遭那頭祖父養來看守剩餘金磚的不知名巨獸弄死：巨獸的獨角從她的肛門貫穿她的乳房。父親拋棄家庭，走入雨林，投身共產黨的抗日活動。隨後他那懷有身孕的戀人竟被祖父出賣，慘遭日本人姦殺，她的內臟與腹中胎兒都被取出，曝露於光天化日之下。余鵬雉為了避開家族厄運，聽取了他人建議遠走臺灣，卻因犯了難以啟齒的戀童恥行，最終被迫返回婆羅洲。後來余鵬雉聽從了一名達雅克女人的妙計，逃過一劫，最後打算娶她為妻，營造了日本人離開後，當地華人和達雅克人之間和平共處的可能。如果曾祖父這位婆羅洲熱帶雨林的《黑暗之心》裡的庫茲（Kurtz）角色，可比擬為福克納小說中的薩德本，那麼余鵬雉即是藉與當地土著通婚來對抗他的不合法性與家族的原罪。身為康拉德（Joseph Conrad）和福克納的忠實讀者，張貴興如此回應了庫茲和曾祖父的殖民心態，以及薩德本無能為力抗拒的混雜身世。一切都藉由「令人暈眩的文字」達成，葛里桑勢必如是說。[14]

與此同時，大自然的力量與生命力逐漸吞噬了墾殖園，讓它們回返原初的狀態。原生雨林在令人暈眩的文字裡接收了一切，羅列、旋轉、重複：

入暮時分，雉用一道木梯爬上浮腳樓屋頂，站在依舊滾燙的鋅鐵皮四面八方觀望，看見家園野地矮樹顛簸，草叢浮沉，溪水蕩漾，灰燼滾滾，落葉衰草塵沙瀰漫，晚霞激盪，季候風腥膻，蜈蚣色月亮龜裂成波浪形狀，蚱蜢螳螂織成一股模糊野地視線的亂流，猴園出現一次又一次小型暴動，雞鴨鵝豬走避，蒼鷹高飛低迴，舌爪閃爍，腐食者頭顱此起彼落，飢腸轆轆，傑克遜氏器紛紛指向絲棉樹。（張貴興 262）

在此，讀者可以體會到張貴興千變萬化的想像力和巴洛克式文體風格。這樣的文字氣勢貫穿這本三百多頁的長篇小說，令人喘不過氣來，就像大自然一點一滴地終將吞噬墾殖園。這十多行之後才出現句號的段落，其實只是一個長句的一部分。這段落主要在敘述祖父和余鵬雉用槍與馬來匕首抵擋數以千計巨型蜥蜴的進攻。牠們攻擊人和牲畜，盤據人類住所不去。當祖父和余鵬雉在迎擊那數不勝數的巨蜥而居下風時，身為讀者的我們也在張貴興文字那令人窒息的密度、華麗與暴力中掙扎，彷彿受到莫名咒語所蠱惑。張貴興刻意發明新字，並將字詞雜亂地組合以創造新字新詞。他的文本就像是座茂密的熱帶雨林，各種語言混雜其間，就像雨林中生機盎然的各類動植物，在這片土地以及居民身上留下獨特的印記。過去與

14 這是葛里桑描繪福克納的文體風格的話，參見Glissant (1999: 105)。

現在的時間、外在與內在的現實、雨林和非雨林、動物和人類，所有其間的界線都在這樣的文字風格中消弭，而共同營造了一個或許比福克納的南方更為離奇、更令人窒息的世界。

婆羅洲的華人墾殖園的發展動態或許是當地特有的歷史，但墾殖園制度的遺物，就像福克納的南方那樣，留給世世代代的是原罪的譴責與詛咒。如上所述，在張貴興的婆羅洲，似乎仍有救贖的可能，那個解決辦法卻是福克納的南方白人墾殖園主所拒絕採行的：自願與當地的達雅克人交混並歸降雨林。[15]在張貴興的小說中，那位土生的第四代華人主角跟達雅克人通婚，有了親屬關係，才在某種程度上獲得和解。對其他人來說，熱帶雨林或許是黑暗之心、觀光聖地、性薩伐旅的場地，但它也是墾殖園制度結構可藉由混雜過程加以顛覆的所在，而顛覆之後，未來不可預測、充滿意外，但新的事物的來臨，也有了多樣且豐富的可能。這就是葛里桑的克里奧化的世界。

回到西印度群島：互惠

華人苦力抵達東印度群島之前，早在奴隸制度時期的一八〇六年，就先被帶到加勒比海地區，在那裡當最早期的實驗性勞動力，不過高峰期應是在一八五二年到一八六六年之間，那時加勒比海各島嶼相繼廢除了奴隸制度。苦力是合同（本質上是賣身契）工人，卻往往被當作是奴隸，受種種不人道的法律與法規約束，遭囚禁在所處的墾殖園裡，以至於在一八七一年，某位英屬圭亞那的前任首席大法官發表了一份題為《新奴隸制：英屬圭亞那的印度和華人移民檔案》（*The New Slavery: An Account of the Indian and Chinese Immigrants in British Guiana*）的報告。這份報告詳細地指出隱藏在合同裡的詭計，華工遭任意積欠或削減工資、凌虐肉體、勒索以及監禁下獄等境況（Lai 1998）。不過就像在東印度裡島那樣，華人苦力居然能夠在那相當於賣身契的合同規範中存活下來，並逐漸成為「一個『典型的掮客少數族群』，而這個小小的族群在經營店鋪方面竟闖出一片天地」（Lai xiii）。

到了一九三〇年代後期，牙買加的華人社區已是加勒比海一帶第二大的華人社區，規模僅次於古巴。鮑威爾的小說《寶塔》（*The Pagoda*）中的年輕女主角正是在這樣的時代裡，從中國來到了牙買加。小說以後奴隸制度時期的牙買加為背景，敘述那裡的華人苦力和店主的歷史故事。小說女主角為了逃離媒妁婚姻，喬裝成男人，偷偷登上一艘開往美洲的船。她不知道甲板下竟滿載以鏈條禁錮的苦力。苦力販子發現她之後，強姦了她，不過保證她不受船上其他男人騷擾。苦力販子原本是奴隸販子，如今用昔日的奴隸船載運苦力。在他的安排

15 正因如此，貝納子（Brian Bernards）準確地指出，墾殖園的邏輯和《猴杯》中的熱帶雨林邏輯截然相反。參見 Bernards (2013)。

下，女主角當了他的情婦，成為牙買加的小店主。彼時牙買加正處於後奴隸制時代，失業狂潮蔓延、社會動盪、經濟蕭條，為免於遭受黑人、白人或黃種人男性侵害，她不得不裝扮成男性。她懷了苦力商人的孩子後，他替她辦了一場假婚禮，讓她迎娶一位同樣另有秘密身分的白人女性。這名由華人女性偽裝的劉先生（Mr. Lowe）是小說的終極之謎，同樣地只有她知道自己的性傾向，隨著讀者窺見更多她的過去，這些秘密在作者技巧高明的筆下逐漸揭開。與此同時，華人店主和一直受剝削的黑人之間的種族關係日益嚴峻。華人的商店持續遭受搶劫與焚燒，劉先生的店鋪也在劫難逃。儘管身為店主，她／他已竭盡所能與黑人社區和平相處了。

> 沒錯，他來這裡討生活，想讓生活過得好一點。他不是個愛裝闊的人。他從不覺得自己比他們的生活好在哪，或地位比他們高。但是現在他們已經開始燒毀店鋪。一切夷為平地。夷為平地。在那裡他只能忍氣吞聲。他與島上其餘的五千名華人。現在他意識到那些黑人應是暗地裡仇視著留在這裏的他……當別人燒毀他的店鋪時，那些白人也一聲不吭。只要他們自己的房子、妻女和墾殖園設備完好無損。（Powell 13）

店鋪除了是個謀生的所在，也是那些華人苦力的避難所，及寄託希望的地方：

商店是那些一人工作二十個小時卻還一無所有的華人的天堂。他們來的時候，手因為擰水泵而扭了折了，帶著甘蔗葉留給他們的如刀傷般傷痕累累的傷口。他們的吐沫裡帶著血，那是在塵土漫天的勞動中得的哮喘和肺結核。他們形銷骨立，皮開肉裂，因為劣質的食物餓得半死，或者，被那些墾殖園主袒護的監工鞭打，甚至弄殘。這家店在那裡，他們若想來，可以當他的學徒，直到他們熬過合約期滿，借一小筆錢開家小店，賣半釀成的蘭姆酒，大麻煙，四盎司重的椰子油，[16] 二英吋長的菸草，四分之一磅的大米，每月如此，興致不減。（Powell 15）

很快地，我們進一步了解了這些苦力貿易的運作方式：受拐騙的華人被迫當苦力，像豬仔一般被那些捲髮的人賣掉，他們被下了藥，或遭受殘酷折磨，用鏈條拴在奴隸船甲板下方的鐵欄杆，平均只有三分之一的人能僥倖熬過航程，抵達後被剝光衣物在「人口市集」出售，最後買主在他們的皮膚上烙上墾殖園名的縮寫。小說中鮑威爾的敘事聲音，處處流露出對牙買加的華人苦力和店主的同情；如前所述，她稱從中國運載苦力來的航程為他們的「中

16 譯注：原文為"big gill of coconut oil"，其中的gill為液體容量單位，等於四盎司（Merriam-Webster: "a unit of liquid capacity equal to four fluid ounces"）。

間航道」。與其指控那些助紂為虐的華人掮客，說他們幫助歐洲殖民者壓迫黑人，在鮑威爾筆下，華人同樣遭受白人凌虐，明確地賦予奴隸和苦力貿易之間歷史聯繫。我們後來也發現，黑人鄰居與顧客並非燒掉劉先生的店鋪的暴徒。

最終，劉先生的秘密揭開了：她是個女人，也是女同性戀者。劉先生那白人妻子的秘密也揭開了：她是個膚色看起來像白人的黑白混血兒，因故潛逃中。她為了掩蓋種族屬性謀殺了第一任（白人）丈夫，因為他發現太太產下皮膚黝黑的嬰孩。換成福克納的小說的話，她就是薩德本那位混血妻子，而鮑威爾也很可能就是以她為本。真相大白多年以後，劉先生那擁有半白半黃血統的女兒長大了，嫁給了一名黑人勞工運動分子，生下的孩子們混雜了三個種族血統；劉先生本人在講客家話或廣東話時，也已免不了摻雜著「島上的語言」。克里奧化已然發生，她卻渾然不覺。克里奧化勢不可免，同樣地，「西印度化」（West Indianisation）也是必然的（Lai 19）。

牙買加的曼哈頓的歷史，和福克納的南方一樣，纏繞著奴隸制歷史，也如同張貴興的婆羅洲，和華人苦力史相互糾葛。不過，這些歷史並非取自白人或華人墾殖園主的觀點，卻是透過苦力、小店主、黑白混血兒、前奴隸和勞工運動分子的視野，再由牙買加黑人作家匯集編織為感人至深的故事。透過作者扣人心弦的描繪，在奴隸制度與苦力貿易之間那共同且相互聯繫的命運裡頭，顯現出一種互惠的倫理，這是克里奧化的過程所形成的，並進一步加以擴散。相對於受害者理論既要爭取殖民者的認同，又想確保受害者自身的權力，互惠的倫理則實踐了一個橫向延伸的弱勢跨國主義。[17]反正，鮑威爾似乎在告訴我們，我們都活在關係之中，或者，套用一體化世界史學者的話，我們生活在一個權力關係影響下相互關聯的世界裡。在這些權力關係之中，鮑威爾積極選擇的是受壓迫者間的互惠倫理，而非競相爭取為權力所認可。

從西印度群島到東印度群島，再折返出發地，本章檢視了散布於後奴隸制度時期墾殖園弧線上的幾部文學作品。這些文本橫貫了那看似不顯眼，實際上卻相互聯繫的地理位置、族群、語言和文化。理解了這世界的相互聯繫關係，反而促使我們不以平行並置的方式，而是採縱橫交錯的關係網絡視角，來觀看世界文學與比較文學。由於此方法涉及多項既得利益，迄今仍為比較文學學者所忽視。如果說鮑威爾選擇建立奴隸制度和苦力貿易歷史間的互惠屬性，這做法看來頗獨特，甚至有反情理（counter-intuitive），那是因為互惠關係一直以來被某些利益所箝制。苦力貿易以不同的形式與變化延續了奴隸制度，深化了葛里桑所指出的福克納筆下美國南方的原罪，這說法現在也適用於西印度群島與東印度群島的歐洲殖民。關係即便指稱了互惠與相似性，彰顯的仍然是複雜的權力運作。因此，在鮑威爾的牙買加，苦力

17 參見Lionnet and Shih (2005: 1-23)，也正是本書第六章。

和當過奴隸者彼此可能會感到親近，但是在婆羅洲雨林，那些苦力出身的移民和英國殖民者一樣，壓迫著當地的原住民。關係的比較需要直面權力，不用客氣。

透過這個關係的比較模式，我也希望根據葛里桑視關係為動詞的概念，指出關係的比較是一種行為，它需要行動，它可以進一步分解為一組特定的行為項目，視涉及某種關係的那些特定對象為何而定。這些行為項目須涵蓋對所研究文本的檔案爬梳與其他研究工作，以理解其在歷史脈絡中的關係情況（relationalities），特別是那些為了維持現狀而遭壓抑的關係境況。這些行為也包含細讀文本的形式與內容；這不僅是要理解文本間的相互關係，更旨在體驗每個文本的獨特之處。職是，張貴興的《猴杯》文體近似福克納的南方小說，主題也平行，就不再是作品已成典律的一位西方大都會作家影響了某個在西方籍籍無名的作家的結果，而是反映了世界歷史中那道後奴隸制時期墾殖園弧線上的相互關聯性，而在那裡生產的文學作品皆有其獨特性。張貴興的作品或許應該獲得諾貝爾文學獎；然而，關係比較學感興趣的不是獲得大都會加冕，而是如何從根本上破壞那些認可的機制，以免反過來成為對中央的肯定。[18] 關係的比較不是一個「中心—邊緣」模式，因為文本本身就形成了一個關係網絡，不管那些文本在何處書寫、閱讀和流通。一部文學作品的文學性和在世性，我們不妨說，就在文本自身的獨特性與其和歷史的相互關聯性。

引用文獻

Abu-Lughod, Janet. *Before European Hegemony: The World System A.D. 1250-1350*. Oxford: Oxford University Press, 1991.

Bernards, Brian. "Plantation and Forest: Chang Kuei-hsing and a South Seas Discourse of Coloniality and Nature." In *Sinophone Studies: A Critical Reader*, edited by Shu-mei Shih, Chien-hsin Tsai, and Brian Bernards, 325-338. New York: Columbia University Press, 2013.

Casanova, Pascale. *The World Republic of Letters*. Translated by M. B. DeBevoise. Cambridge, MA: Harvard University Press, 2005.

Culler, Jonathan. "Comparability." *World Literature Today* 69, no. 2 (Spring 1995): 268-270.

Damrosch, David. *What is World Literature?* Princeton: Princeton University Press, 2003.

Dash, J. Michael."Martique/Mississippi: Édouard Glissant and Relational Insularity."In *Look Away!: The U. S. South in New World Studies*, edited by Jon Smith and Deborah Cohn, 94-109. Durham: Duke University Press, 2004.

Frank, André Gunder. *ReOrient: Global Economy in the Asian Age*. Berkeley and Los Angeles: University of California Press, 1998.

---

18 參閱Shih (2004)。

Glissant, Édouard. *Caribbean Discourse* (*Le Discours Antillais*, 1981). Translated by J. Michael Dash. Charlottesville: University of Virginia Press, 1989.

———. *Poetics of Relation* (*Poétique de la Relation*, 1990). Translated by Betsy Wing. Ann Arbor: University of Michigan Press, 1997.

———. *Faulkner, Mississippi*. Translated by Barbara Lewis and Thomas C. Spear. Chicago: The University of Chicago Press, 1999.

Hobson, John M. *The Eastern Origins of Western Civilization*. Cambridge: Cambridge University Press, 2004.

Hom, Marlon. "An Introduction to Cantonese Vernacular Rhymes from San Francisco Chinatown." In *Songs of Gold Mountain*, Berkeley and Los Angeles: University of California Press, 1987.

Lai, Walton Look. *The Chinese in the West Indies, 1806-1995: A Documentary History*. Kingston, Jamaica: University of the West Indies Press, 1998.

Lionnet, Françoise. "Continents and Archipelagoes: From E Pluribus Unum to Creolized Solidarities." *PMLA* 123, no. 5 (October 2008): 1508-1509.

Lionnet, Françoise and Shu-mei Shih, eds. "Introduction: Thinking Through the Minor, Transnationally." In *Minor Transnationalism*, Durham: Duke University Press, 2005.

Meagher, Arnold J. *The Coolie Trade: The Traffic in Chinese Laborers to Latin America, 1847-1874*. Lexington, KY: Xlibris Corporation, 2008.

Moretti, Franco. "Conjectures on World Literature." *New Left Review* ns 1 (January-February 2000): 54-68.

Moretti, Franco. *The Novel, Vol I: History, Geography and Culture*. London: Verso, 2007.

———. *The Novel, Vol. II: Forms and Themes*. London: Verso, 2007.

Murray, David A. B., Tom Boellstorff, and Kathryn Robinson. "East Indies/West Indies: Comparative Archipelagos." *Anthropological Forum* 16, no. 3 (November 2006): 219-227.

Powell, Pacifica. *Pagoda*. New York: Harcourt, 1998.

Seigel, Micol. "Beyond Compare: Comparative Method after the Transnational Turn." *Radical History Review* 91 (Winter 2005): 62-90.

Shih, Shu-mei. "Global Literature and the Technologies of Recognition." *PMLA* 119, no. 1 (January 2004): 16-30.

———. "Theory, Asia, and the Sinophone." *Postcolonial Studies* 13, no. 4 (2010): 465-484.

張貴興，《猴杯》。臺北：聯合文學，2000。

第三章

批判理論的克里奧化

為*The Creolization of Theory*所寫的序言*

美國
已成重擔
擔負著鋼鐵與瘋狂的
死亡，
但且看哪，
有鮮花、
新草
以及一陣春風
興起
自沙溪吹來。

——歐提茲（Simon J. Ortiz）《來自沙溪》（*From Sand Creek*）

每個人都在成為克里奧人（Tu dimunn pu vini kreol）。

——毛里求斯（Mauritius）流行語[1]

克里奧化（creolization）通常指特定殖民地與特定世界史所經歷的一段歷史過程，尤指加勒比海與印度洋一帶的殖民地。然而，今日這個詞越來越常用以描述各種形式的文化接觸，包括多種文化型態之間對等或是非對等的交流。近來許多學者，包括人類學家帕米埃（Stephan Palmié, 2006）等人皆對此概念的膚淺濫用提出警告。本章立場亦反對將「克里奧化」概念任意普遍化，但同時我們非常希望這個概念能夠得到更廣泛的應用。因此，我們的目標是雙重的：首先，知識政治的各種糾葛如何影響學界學科的建制，我們對此提出疑問；其次，我們希望使各種理論方法之間產生富有建樹的對話，得以跳脫過去十年來老化的歐美大寫理論（Euro-American Theory）日益憂鬱的基調。

* 本章由作者和李歐旎合寫，由楊露譯成華文，再由鄭惠雯校改。英文發表在："The Creolization of Theory," in Fraçoise Lionnet and Shu-mei Shih Eds., *The Creolization of Theory*（Durham: Duke University Press, 2011）1-33。

1 「每個人都在成為克里奧人」（Everyone is becoming creole）：一九六八年獨立運動之後，充滿希望的克里奧民族主義意識高漲，這是流行於當時的說法，指後殖民時代，毛里求斯一地在語言和文化不斷經歷變化。參見 Eriksen 1999。

如何藉由強調「克里奧化」來實現這一目標？克里奧化理論首見於社會語言學和人類學領域中，用以指涉早期殖民世界部分區域文化和語言的混雜現象。它所描述的是直接觀察可得的現實，文化和意識形態的糾葛隨處可見。它也被當成一個靈活的假設，讓研究者能夠勾勒多元種族和語言群體當中或之間不同的關係、接觸方式（modes of contact）和移民模式。克里奧化作為一個概念，它既是描述性的，也是分析性的：它不僅從經驗而生，也提供了一個理論框架，能夠公平對待庶民主體的生活現實，同時運用關乎這些現實的認識論來解釋其經驗。克里奧化具有彈性，歡迎現實的驗證，而且是一種理論化的方式，對於存有（being）與知識（knowledge）的生活實踐實為不可或缺，它是所有文化在接觸當中共有的模式。克里奧化乃是一個基礎的理論概念，因為發展不均卻又相互依存的世界產生了動態關係，而此概念的出現正是源自對此動態關係的積極介入，但它不是美國學者最熟悉、有時也拿來批評的「大寫理論」（Theory）。

我們難以解釋知識政治、學科建制和社會不平等之間互為建構的程度，此乃學術分工使然。思考我們的專業學科系譜，乃是為了明白學科之間並非獨立不相干的實體，且其相互聯繫、相互勾連的程度比一般所知的更深。研究對象乍看之下似乎是相反對立的，但往往在歷史上是相連層疊的，就像克里奧化文化或是跨國思想運動。

一九六〇年代一連串思潮運動的匯流就是最好的例子。我們對這些思潮很感興趣，因為它們同時在歐洲、非洲、亞洲和美洲出現、流轉。在法國，毛澤東思想、結構主義、後結構主義，以及一九六八年的學生抗議活動，這些都催生了所謂的「六八年思想」（la pensée 68），最終成為一般人口中的「法國理論」（French Theory）；在美國，六〇年代是冷戰與區域研究興盛的年代，同時也是民權運動蓬勃、族群研究成立的年代。六〇年代也是去殖民（decolonization）的時代，期間發生了阿爾及利亞戰爭、越南戰爭，以及中東地區的六日戰爭，這也使得阿拉伯的反猶主義（anti-Semitism）以新的形式運作。同一時期裡，法農（Frantz Fanon）和塞澤爾（Aimé Césaire）的著作首次譯為英文，世界各地的政治解放運動、非裔美國思想家，以及後來的後殖民理論家無不借用二人思想。[2]我們認為，這裡的挑戰是如何從理論的角度，全面地思考這些歷史事件，並強調這些事件提供一片富饒沃土，讓我們能夠探究關乎今日全球學科相互關聯的問題。

《理論的克里奧化》（*The Creolization of Theory*）一書是我們對此挑戰的回應。在理論不斷被宣告死亡並且過早被哀悼的時代裡，這是我們對「理論」進行深入思考的嘗試。我們的目標是將「關係性」（relationality）理論化，從而鼓勵學者將歷史、社會、政治和文化議題視為形構克里奧化知識系統的一部分。因此，我們的計畫有一部分是思想史的爬梳，有一部

2 對於法農著作在不同脈絡中的運用與誤用之極佳的批評，參見Koh and Ekotto 2007。

分則是對大寫理論排他性的批判，或者更具體地說，我們的批判對象是近來在抽象的小宇宙中窒息而亡的理論論述，而長期以來常有人對此論述發出死訊通知。

理論死亡的簡史

誠然，在我們所處的時代裡，理論似乎不斷遭人宣判死亡，而這當然也不是理論第一次死亡。理論典範皆有其生命週期；它們誕生、存活（活潑昌盛或是危在旦夕）、衰弱、死亡，然後也許會復活。一九八〇年代以來，對於理論的死亡判決特別是對美國視角的法國後結構主義而宣布的，作為一種大寫T開頭的霸權理論已逐漸失去主導地位，連帶地其相關性也逐漸式微。斯凱德（John Scad）在《理論之後的生命》（*Life after Theory*, 2003）一書的簡短前言當中，曾如此以輕鬆的筆調描述此一時刻：

> 如果〔理論〕可以說（粗略地說）發軔於一九六〇年代末的巴黎，在一九七〇年代和一九八〇年代的耶魯大學達到頂峰，那麼它在一九九〇年代中葉之後在「你家附近」的某所大學裡快速衰落。事實上，過去幾年來，為數不少的著作同為此歷程做見證，例如，杜契提（Thomas Docherty）的《理論之後》（*After Theory*, 1996）、哈里斯（Wendell

Harris）的《超越後結構主義》（*Beyond Poststucturalism*, 1996）以及麥奎蘭（Martin McQuillan）的《後理論時代》（*Post-Theory*, 1999）。（Scad 2003: ix-x）

就在斯凱德二〇〇三年出版此書的同一年，也就是在杜契提一九九六年出版《理論之後》七年之後，伊格頓（Terry Eagleton）出版了一本書名相同的書：《理論之後》（*After Theory*）。伊格頓筆鋒諷刺，幽默帶著尖銳。他開門見山地寫道：

> 文化理論的黃金時代早已過去。拉康（Jacques Lacan）、李維史陀（Claude Lévi-Strauss）、阿圖塞（Louis Althusser）、巴特（Roland Barthes）和傅柯等開創性的先鋒著作距離我們已有數十年。威廉姆斯（Raymond Williams）、伊瑞葛來（Luce Irigaray）、布迪厄（Pierre Bourdieu）、克莉斯蒂娃（Julia Kristeva）、德希達、西蘇（Hèlène Cixous）、哈伯馬斯（Jurgen Habermas）、詹明信和薩依德等人劃時代的早期著作亦是如此。其後的著作鮮少能與這些奠基之父、奠基之母的雄心壯志和原創性相提並論。在那之後，這些先驅當中有些人被打倒。不幸的命運使巴特撞上巴黎街頭的洗衣貨車，讓傅柯罹患愛滋病。命運放逐了拉康、威廉姆斯、布迪厄，阿圖塞則因謀殺妻子的罪名被關進精神病院。看來，上帝不是一名結構主義者。（Eagleton 2003: 1）

伊格頓列了一份他不稱讚理論家的名單（他稱為後現代主義者）和一份英雄名單（大多是左翼理論家），然後呼籲回歸經典哲學價值，諸如真理、美德、客觀性、仁愛與道德，同時要人們回到他稱為基進馬克思主義的「唯物主義倫理學」（materialist ethics）。伊格頓甚至把普遍認為是學術界正向發展的研究都扔進他稱為「大寫他者邪派」（Cult of the Other）的垃圾桶裡（2003: 21），如後殖民研究、種族研究、性別研究、文化研究、性別研究和多元文化主義等。難怪辛普森（David Simpson）形容此發言是「滿腔憤怒」、「好爭辯的簡化理論」（2006: 131, 133）。伊格頓把任何歡迎差異性和異質性的論述都視為是一九八〇、一九九〇年代去政治化的病徵。因此，他認為「他者邪派」的各種後現代主義理論因此與全球資本主義成為同謀，帶著喜悅熱忱，將文化主義的差異性和異質性物化並且市場化。在伊格頓看來，「他者邪派」不過是全球資本主義的最終勝利在學術圈裡得到彰顯，而他最重視的古典美德遭到全球資本主義的否決。

在此之外，至少還有另外三個陣營也對大寫理論宣判死亡。其中之一大致可稱為自由派人文主義，包括出自分析哲學傳統的阿皮亞（Anthony Appiah），以及已故的薩依德，他呼籲回歸人文主義和文字學（Appiah 2005; Said 2003）。第二個陣營當屬所謂的後實證理論主義理論家，代表人物為莫漢蒂（Satya Mohanty），他們主張身分和知識有著堅實的基礎，此立場與後結構主義的相對主義恰恰相反，後者低估為了身分認同而承受的掙扎經驗，以及如是經驗對政治的重要性（Moya and Hames-Garcia 2000）。第三個陣營——立場最鮮明也是最善辯的——就是一直強烈反對大寫理論的新保守主義，例如那些聯手出版一本厚重專書的學者，書名是《理論的帝國》（*Theory's Empire*, 2005），收錄了這幾十年的「反理論」（antitheory）的書寫。該書的編者聲稱「對文學有一股熱愛」（affection for literature），目標是「救贖文學研究，使它恢復到本身就是一件值得追求的事物」（Patai and Corral 2005: 14, 13）。對他們來說，大寫理論不僅是多餘且虛無，而且也缺乏邏輯、理性、一致性和證據。大寫理論一方面對文學進行「文字的騷擾」（textual harassment），另一方面捧紅一些「明星」理論家（8），他們滿口「政治話術」（political pretenses, 12）。總之，大寫理論已成為傳道的福音、帝國主義者的教條，因此書名採用了「帝國」一詞。如果把伊格頓（過去曾是大寫理論的支持者，現在則對理論頗有微詞）及其追隨者歸入第四個陣營的話，那麼我們就會看見對大寫理論的四個不同批判立場的歷史匯流——事實上也可能多於四個。即使眾人對這些立場的有效性（validity）有不同程度的詮釋和質疑，但其匯流顯然是時代的重要表徵。

對大寫理論最有力的批判可說是出自左翼批評家，他們的批判視角比伊格頓更傾向歷史唯物主義，對知識生產的政治經濟進行考察。後結構主義，歷來被看作是二十世紀最後四十年間的知識形構（knowledge formation），這也是全球資本主義達到頂峰時候，被批評為全球資本主義的文化症候，及其所代表的新自由主義脈動。此處去中心的（decentered）世界並非權力世界的去中心，而是資本世界的去中心：資本世界是無國界的。然而，在財富、影響力高度分化、分布不均的世界裡，那些被剝奪的常年受壓迫者處境卻非如此。眾所周知，德里克（Arif Dirlik 1997）認為後殖民理論與美國後結構主義轉向之所以密切相關，乃是因為後殖民知識分子進入了第一世界的學術殿堂。德里克（2007）後來又再寫另一篇文章，批評大寫理論的文化是一種消費文化，從理論與基進的政治運動掛鉤的一九六〇年代開始直到現在為止，期間政治推動力的根本退化可見一斑。

周蕾（Rey Chow）發人深省的論文〈歐洲理論在美國〉（European Theory in America），收錄於《世界標靶的時代》（*The Age of the World Target*, 2006）一書，提出了類似的看法，她探討後結構主義理論在美國興起的歷史因素，最後歸因於一九六〇年代區域研究的穩固化過程。對周蕾而言，盛行於美國版本的大寫理論強調自我指涉和意義遞延的轉向，適逢以資訊檢索為導向的區域研究興起和鞏固，對於戰後帝國——美國的崛起和維持地位是十分必要的。周蕾關注的是其所牽涉的「認識論醜聞」（13），即美國學者以全球化英語為媒介，將法國大寫理論全球化並將其應用到「地球上受苦的人們」（11）。儘管我們同意這個發展有其不光彩之處，不過我們將此歷史的合流解讀為帝國意識的雙重運動（double movement）的表現。這種帝國的雙重運動具有自戀傾向，除了表現出自我批判（透過大寫理論），同時也有自我擴張（透過區域研究）的面向。大寫理論內化了「自我反思與（流行的）哀悼／憂鬱姿態」（13），而區域研究學者所蒐集的資料則為外部化的自我擴張所用，裡外互為映鏡。

因此，當一些理論家似乎淹沒在蔚為風氣的憂鬱和哀悼之時，區域研究學者則是受託進行實務及實證研究，易於為策略目的效力——這就是帝國的雙重運動，事實上也是非常有效率的分工：理論家研究理論，區域研究「專家」研究區域。不論是有意或是無心，這兩類學者最終殊途同歸地服膺於推動帝國計畫。但在大學的知識政治中，一般認為理論是較為高深複雜的，而區域研究就算未被當成是純粹的工具主義，往往也被視為是缺乏批判性的。這種涇渭分明的二分法讓不少具有理論思維的區域研究學者苦惱不已，想辦法讓自己的研究可以進入大寫理論的殿堂。若仔細回想，不難發現類似的內外互為映鏡機制在更早之前就已出現：詹明信、威廉姆斯和其他一些人曾經主張，現代主義作為一種內部（interiority）的文學實踐，在某方面可以被理解為對殖民現實的心理轉移作用，以及對殖民暴力的拒絕承認（Jameson 1990; Williams 1989）。後結構主義理論在美國的應用，同樣也與帝國的文化邏輯不可分割；因此，繼德勒茲（Gilles Deleuze）之後，周蕾呼籲「讓文字與事物回到其形構的外部性」（Deleuze 1988: 43; Chow 2006: 10, 23），或者換句話說，揭露那可能構成內部性（後結構主義理論）的外部條件（帝國統治）。

如果區域研究的任務是將不可知的第三世界變成實證分析的對象，藉此將它轉化成一個可認識的實體，那麼種族研究在美國誕生顯然是一九五〇和一九六〇年代民權運動所結出的果子，而後者本身又是受第三世界各國的革命運動所啟發的。有人可能會爭辯說，第三世界的革命運動正是美國情報局支持的區域研究領域努力遏制的，根據難以取得的數據建構一套威脅的論述，雖然其中也不乏學者是懷抱著偏向烏托邦式的第三世界主義進入此領域。[3]例如由美國聯邦教育部資助、根據《一九六四年民權法》第六條而訂定的教育課程，主要旨在培訓學生學習「具有戰略重要性」的語言，特別是那些社會主義鐵幕國家所使用的語言。但事實上是第三世界和美國的民權運動反倒形成重要的時代背景，影響了一九六八年法國學運和世界各地基進運動。詹明信在〈六〇年代斷代〉（Periodizing the 60s）一文中強調了這一點：

> 若以英屬和法屬非洲國家風起雲湧的去殖民運動為起始點，以此作為後來被稱為第三世界的六〇年代的開端，似乎不會引起特別的爭議……。誠然，就政治層面而論，第一世界的六〇年代要感謝第三世界主義，提供了政治文化的模式供借鏡，例如象徵性的毛主義……。新興的黑人政治以及民權運動……也是一種去殖民運動，而且不管怎麼說，美國黑人運動與非洲和加勒比海地區的各種運動持續交流、相互影響，貫穿了這整個時期，未曾停止且難以估量。（Jameson 1988: 180）

那之後發生的事現在已是人們耳熟能詳的故事，包括毛主義熱潮席捲法國的六〇年代，年輕一代拒絕繼續接受沙特（Sean-Paul Sartre）的影響，以及隨後預示後結構主義到來的「語言轉向」(the linguistic turn)。詹明信認為這一刻代表著「哲學」被「理論」所取代（1988: 193）。也唯有在此脈絡下，才可以理解當代法國哲學家巴迪歐（Alain Badiou, 1999）為何呼籲回歸哲學，與他稱為「反哲學」的「大寫理論」形成對立。左翼的批評家多半對大寫理論持負面評價，但正如麥克庫玻（John McCumber 2009）在〈哲學與理論：重塑論戰〉（Philosophy vs. Theory: Reshaping the Debate）一文所指出的，哲學與大寫理論之間的分野最終還沒有定論。

有一點伊格頓的著作說得很明確，詹明信也所見略同，就是他們把後來發生的這些事一律視為去政治化和新自由主義引起的同一症狀，而此二趨勢乃資本主義的空前擴張所致。詹明信認為，後一九六〇年代的「歷史新主體」的生成——去殖民的族群、婦女、黑人和其他弱勢族裔——乃是大寫理論之階級論述逐漸式微而產生的特有現象，因此包含於一個更宏觀的去政治化過程當中。我們的看法與之相反，認為這些新主體在此過程中成為反例或矛盾。

3 越戰期間，許多投入中國研究的學者都非常希望尋找有別於美國主流政治的其他可能，而這批學者中有不少人在親身拜訪中國之後，均對中國社會主義的運作感到幻滅，而後紛紛反對這種偏向烏托邦或是馬克思主義的立場。

伊格頓認為大寫理論產生了「他者邪派」，並將種族研究、婦女研究等歸入此派別；我們的看法亦與之相反，認為大寫理論當中的他者性（Otherness），與族裔研究所推崇或分析的歷史新主體從來都不是完全一致的。族裔研究和大寫理論雖然在同一個年代發生，但不代表它們都該被放進詹明信與伊格頓為一九六〇年代打造的等同之鏈（chain of equivalence）。事實上，大寫理論傳入美國之後的全盛時期裡，研究大寫理論的學者在很多時候對種族和族裔問題頗為輕視，反而是族裔研究對階級分析的立場堅定不移，並與大寫理論的霸權打了一場英勇的戰爭。馬克思主義在民權運動中付出的努力絕不能夠輕忽帶過；不論是族裔研究的基本原則或理想，以及爭取平等的策略上都留下不可磨滅的印記（Noblet 1993; Wieviorka 1998）。因此，族裔研究中的他者性並不等同於大寫理論裡的他者性，因為後者傾向淡化階級的問題。

我們認為，大寫理論中的他者性一直是自我內部的他者，此一歐洲中心的自我遭遇抽象他者性之時發出的顫動，這可能是一種自戀式的探索，在自我內部探索那不可知的面向；一種自我陶醉的沉思，思索著自我的絕對主體性的倫理意涵；又或者是一種年輕一代反叛的表現，不願再臣服於大寫理論的父輩（如沙特，或廣義而言，普遍主義的歐洲哲學傳統）。顯然，這個他者和自我之間的關係複製了拉康式的外密性（extimacy）結構，即他者「對我而言是陌異，卻又在我內心深處」（Lacan 1992: 71）。為自己創造出如是他者的正是這種歐洲中心的無意識，如此一來用「內在排斥」（Balibar 2004: 43）方法，把社會上真正的實體的他者排斥掉，就可以不被質疑了。例如，克莉斯蒂娃解釋說，《我們的異鄉人》（*Strangers to Ourselves*）一書的寫作意圖乃是將康德（Immanuel Kant）的「『宇宙』（cosmic）思想帶進個人的層面」（130），她（概述自己對法國理論的貢獻時）進一步地內化拉康式的他者。克莉斯蒂娃明確地將她的精神分析和治療目標與她所認為的歷史當務之急畫上等號，前者是恢復憂鬱個體的「自戀心理或是理想的自我（ideal ego）」（2008: 129），後者是以提高國家認同來解決社會問題。她感興趣的是重建自豪感（pride）的心理需求，視此為主要手段可以解決當今歐盟面臨之具體且急迫的社會議題，例如差異、移民和全球化等問題。雖然她堅持「文化模式的多元」是「人類的唯一保證」（136），但是不禁也令人懷疑，只關注內在性如何才能達到我們在此所認同之尊重實際的、實體的多元性之目標。[4]

他者（Other）的首字母大寫，無異於將此一語彙高舉至普遍的、理論的範疇，脫鉤於社會、經濟和政治範疇，難以真實地**指涉**歷史的新主體。在德希達的後結構主義中兩個有關他者性的短語經常出現：「永遠已經」（toujours déjà）和「即將到來」（à venir），指向了他者被放逐的地方：到那些永遠已經存在的結構之中，不是背負著無法逃脫的過去，就是與不確定的未來相連，而此未來不過是一個承諾（Lionnet and Shih 2005: 3）。這樣的他者性當然

4 關於克莉斯蒂娃日益「強勢」的深刻批判，參見Braidotti 2009: 102-3。

無法使人聯想到在美國的弱勢族裔，因為結構性的種族或性別歧視而在日常生活中所遭受的壓迫，才是族裔研究的主題；這也不是法國的弱勢族裔所遭遇的他者性，如巴迪歐曾以有力的筆觸描述了他的養子在巴黎如何頻繁地被逮捕，只因他是一名年輕黑人（2006: 111-14）。我們在前一本著作《弱勢族群的跨國主義》（*Minor Transnationalism*）當中已經提到他者作為歷史主體具有「此在性」（hereness），在此我們進一步堅持「即將到來」更適合被理解為一種有限的未來，乃是由實體他者帶出的未來，並且已經臨到我們面前的未來。藉著指出在此地當下所醞釀的未來，以及抽象他者性所隱蔽但卻具體體現的差異性，我們希望能夠向這些特別的主體致意，他們過去曾經——未來也可能仍會——被描述為「沒有歷史的人們」。

然而需要注意的是，族裔研究（也包括一些早期的法語語系研究）顯然到了一九八〇年代中期和一九九〇年代初期仍受大寫理論影響。韓裔美國作家車學敬（Theresa Hak-Kyung Cha）的前衛作品《聽寫》（*Dictée*）一度被貶為對族群關懷無關緊要、不負責任，後來卻被譽為美國亞裔文學研究的經典之作，這中間的轉變大約只有十年時間，大概就是從一九八〇年代末到一九九〇年代這段期間。就年輕一代學者的認知而言，族裔研究以階級為主的研究模式越來越無法說明新型態以及多樣貌的公民身分，亦無法描述變化更加多元的文化形式，再加上族裔研究在學院的日益體制化，也使得族裔研究的學者意識到必須跟上大寫理論的大趨勢，人文學科的族裔研究學者尤為如此。

或許我們可以用以下的著作做為族裔研究企圖和大寫理論對話的例子。如蓋茨（Henry Louis Gates Jr.）和阿皮亞編輯的《「種族」、書寫與差異》（*"Race," Writing, and Difference*）論文集收錄了一九八五年和一九八六年兩期《批評探索》（*Critical Inquiry*）的文章（另收Houston Baker Jr., Mary Louise Pratt, Abdul Jan Mohamed等人論文），堪稱是種族研究的里程碑；一九八四年由蓋茨編輯的《黑人文學與文學理論》（*Black Literature and Literary Theory*）一書（收入Barbara Johnson, Wole Soyinka, Mary Helen Washington等人作品），也堪稱非裔美國文學研究理論化轉向的空前創舉。[5] 一九九五年由歐米（Michael Omi）與丹娜・高木（Dana Takagi）合力編輯的《亞美學刊》（*Amerasia*）特刊，題為〈亞美研究中的理論思索〉（Thinking Theory in Asian America Studies）（收有Lisa Lowe, David Palumbo-Liu, Sau-ling Wong等人文章），也在亞美研究當中締造歷史；而一九九三年由李歐旎和夏福曼（Ronnie Scharfman）編輯的《耶魯法國研究》（*Yale French Studies*）的兩輯特刊（收有Réda Bensmaïa, Maryse Condé, Abdelkebir Khatibi, Mireille Rosello等人文章），亦預告了法語學系對法語語系研究的轉向。在墨西哥裔女性主義研究（Chicana/o feminist studies），一九九〇

---

5 正如蓋茨所指出的，編輯特刊的目的是為了「讓批判理論影響種族的概念」（1986: 18），當時正值差異（*difference*，源自德希達的*différance*）成為備受推崇的批判術語。

年由安莎杜雅（Gloria Anzaldúa）編輯的《造臉，造靈》（*Making Face, Making Soul*）一書則帶動了對認同（identity）的主題進行相關的理論討論。而劉大偉（David Palumbo-Liu）於一九九五年所編輯的《族裔經典》（*The Ethnic Canon*）為弱裔文學理論性研究提供了全面的概述。

在此過程中，族裔研究有各種不同的聲音出現：有些人是徹底反理論的，有些人則主張為特定用途對大寫理論進行再概念化（reconceptualization）。對那些為新主體大聲疾呼的學者而言，後結構主義者宣稱的主體死亡並不適用。自柏拉圖（Plato）以降，主流學者不斷地為「已逝的白人男性作家」（dead white male writers）的作品增加價值，並沒有擴大經典涵蓋弱勢族裔和女性作家。艾倫．布魯姆（Allan Bloom）的《美國精神的封閉》（*The Closing of the American Mind*），以及哈羅德．布魯姆（Harold Bloom）的《西方正典》（*The Western Canon*）皆是如此。[6]非裔美國學者雪倫．霍蘭（Sharon Holland）對此提供的概述因此頗有建樹，她回顧美國非裔研究中有關大寫理論的爭論，與兩位布魯姆的立場形成鮮明對照，從克里斯汀（Barbara Christian）對種族理論的批判，一直追述到巴雷特（Lindon Barrett）、卡比（Hazel Carby）、斯皮勒斯（Hortense Spillers）等人著作，霍蘭強調性別批評必須「心中既有**理論**也有**實踐**」（2000: 335）。

但若族裔研究學者常被置於防守位置，藉著發展自己的理論來談論壓迫與創傷經驗，以此對抗大寫理論，其他人也開始搶著使用有關壓迫的理論，將被殖民的主體的特有傷痕普遍化，以支持反動、懷舊和哀傷的自我表述，包括在美國反卡斯楚（Fidel Castro）的古巴人，以及自阿爾及利亞移民回法國的「黑腳」（*pieds noirs*）們等。這群黑腳法國人一方面肯定自己所繼承的法國—阿爾及利亞文化，卻同時不斷地表達殖民主義的「正面」的影響（Stora 2007; Kimmelman 2009）。在此邏輯中，每個人都遭到另一個身分認同政治的邊緣化或壓迫；每一個人都可以是離散族裔，純粹取決於離散（diaspora）的定義；每個人都為憂鬱所苦；每個人都是混雜、混血的，並且有多重主體位置。後現代或破碎主體的普遍病理化（pathologizing）輕易地覆蓋了種族他者被弱勢化的特殊經歷，前者正是大寫理論協助發動並且合理化的主體。此外，當人們使用**後現代**這個標籤時，他們嚴重忽略了文化克里奧化的現象。文化克里奧化不僅早於後現代，且早已表現出被認為是後現代文化的特色，像是不可預測性、創新、諧擬等創意模式（Haring 2004; Lang 2000）。然而，相較於後現代主義，克里奧化的這些創意模式迄今還未能獲得同樣的認識論優勢。

在此關鍵的連接點上，我們必須提出的問題是：大寫理論、第三世界解放運動、民權運

6 布魯姆後來編輯了一系列叢書，在他人的敦促下，也收入赫斯頓（Zora Neale Hurston）和加勒比海女性作家作品，但是這些作品在整個書系當中不過是象徵性的存在。

動、美國區域研究的鞏固以及族裔研究的興起，該如何看待這些複雜的歷史匯流？如何在這諸多同時冒現的事件之間的糾纏關係當中抽絲剝繭，而如是糾纏關係又可以對不同的小寫理論觀念帶來何等啟示？這種理論呈現何種樣貌，可以從何處覓得？可以支持它的可能資源又是什麼？這不是大寫理論，因為大寫理論藉哀傷的遺棄宣布自身的死訊，將憂鬱變成所有後現代主體都無一倖免的普遍病症。因為社會、經濟、政治和文化境況各有不同，所產生的憂鬱型態必定各不相同（W. Brown 2002; Eng and Kazanjian 2002; Cheng 2001）。所以簡單地說，此一憂鬱症的普遍化實際上反而阻礙種族化或性別化的主體擁有自己的憂鬱。同樣地，因大寫理論之故而流行，且與失落和創傷相關的批評術語也有同樣問題，都導致了某種競爭的受害者學（competitive victimology）或「記憶的戰爭」（wars of memory）（Stora 2007）。然而，正如我們在此所堅持的，關於這些複雜的問題，其實可以有更加清楚的闡述，即為關係的（Glissant 1990）、交織性的（intersectional）（Crenshaw 1989; V. Smith 1998）或多向的（Rothberg 2009）研究方法所得之結果，不少學者運用這些研究方法取得豐碩的成果，他們的理論焦點可以涵蓋各種多元現象。

因此，我們對美國學術界的理論時代有一個完全不同的故事，不只不持續宣告自身的死亡，也不高舉自己成為萬能普遍的神話。

弱勢成為理論

首先，欲理解這些思潮和政治型態交互糾纏的本質，我們或許可以先回想在第一世界六〇年代的美國，受到第三世界解放運動的啟發，促成族裔研究的誕生，其中馬克思主義的階級理論與種族研究獲得創造性的結合，使得種族常被理論化為階級。相比之下，在法國，馬克思主義理論在未被徹底駁斥之前，光環就已開始漸漸褪色。馬克思主義或多或少成為不可說的禁區，除了少數言詞犀利且忠貞愛黨的馬克思主義者，如阿圖塞；或直言不諱但遭邊緣化的後毛主義者，如巴迪歐。他們的理論在德希達去世之後日漸受到重視，而且主要在加州。而德希達在生命最後的時光才寫了《馬克思的幽靈》（*Specters of Marx*）一書，彷彿終於承認了馬克思主義的存在或影響——儘管是幽靈般的影響（Cheah 2003）。

就歷史而言，族裔研究和大寫理論這兩段認識論興起的時期恰好重疊，但或許它們本來就該是相互對立的。我們經常聽到的批評是，族裔研究「理論上不夠複雜嚴謹」，意即它沒有充分引用大寫理論，其實這是因為族裔研究奠基於社會研究的基礎，因此缺少了一種**普遍化的**脈動，而普遍化也是將大寫理論推向死亡深淵的原因。但族裔研究和與種族研究關係密切的法語語系研究並非大寫理論的病徵（symptom）。雖然在一些左翼評論家的眼裡，他們主張原本以階級為基礎的共同體在族裔研究中被分裂為「較小的」分析單位，如性別、種族和弱勢族裔，批評如是現象為巴爾幹化（Balkanization），但是事實上他們卻未能看清楚，階級分析之所以能夠存續乃是拜族裔研究所賜。若說詹明信等馬克思主義理論家在理論上繼續拓展馬克思主義，提供資本主義不同階段的重要理論分析，那麼使馬克思主義與實際社會保持聯繫的卻是族裔研究。另外，保守派對族裔研究的指控也許更廣為人知，也更加盛行普遍：他們認為族裔研究玩弄身分認同的政治，破壞了人類之間共通性（commonalities）的普遍基礎（儘管這些共通性使白人中心主義和歐洲中心主義甚囂塵上）。這類保守派指控也同樣認為族裔研究的熱潮只會造成分裂化（fragmentation）和巴爾幹化。

左派和右翼儘管在其他情況下是意識形態的對立方，此二陣營卻不約而同地貶低族裔研究，不啻追述族裔研究與大寫理論各自相反的思想系譜，就輕易地把兩者連成一塊。他們所指控的認同鬥爭（identitarian struggles）所犯的罪行，其實不是由族裔研究或婦女研究造成的，在最終的分析裡，應該歸罪於全球資本主義及其相對主義所奉行之自由放任（laissez-faire）的意識形態。這種錯置現象或許可以說是左翼批評遭逢當代資本主義的空前勝利時，表現出欲振乏力的病態，或者也可說是新自由主義保守派完全內化資本主義邏輯的表徵。

因此普遍主義的呼聲在這些年來似乎從四面八方湧來；左派、[7]新自由主義保守派、自由人文主義者，甚至有些族裔研究學者亦如此呼籲，他們支持所謂的「後差異倫理」（post-difference ethics），或用吉洛伊（Paul Gilroy）的話來說，一種超越了族裔**憤懣**的「戰略性普遍主義」（2000, 95）。我們現在所處的階段因此標誌著一個新的轉向，或許可以被稱為新的**普遍主義者的轉向**，其政治意涵尚未明朗。

這個現象，其實是誤將大寫理論推崇的延異（*différance*）等同於族裔研究堅持的差異（difference）而來。若此誤解能解開，那麼我們將可以看見另一種理論系譜，與大寫理論有所相關但又有所不同，意思是大寫理論成為弱裔（becoming minor of Theory），同時也是弱裔理論的生成（becoming theory of the minor）。我們可以說這是小寫理論與大寫理論之間的第一個瓜葛。族裔或法語語系研究早在大寫理論盛行之前就成為獨立學科，但在本質上為跨領域的研究，其目標往往被誤解，從而否認其理論地位。同樣情況也發生在法語語系非洲或東南亞研究當中，尤其是那些研究性與性別的理論家，他們的貢獻也被高舉大寫理論者所貶低（Nnaemeka 2004; Ha 2009）。墨裔美國人研究（Chicana/o studies）、原住民研究、非裔美國人研究（African American studies）、拉丁裔美國人研究（Latina/o studies）及亞裔美國人研究沒有稱自己為「理論」，**不是**因為他們的研究缺少理論的嚴謹度，而是因為他們選擇專注於他們認定為更加急迫的要務，這樣的需要比起將方法和研究產出標識為「理論」更加迫切。

7　伊格頓所使用的流行用語是「真正的」（genuine）普遍性（2003: 161）。

第一世界六〇年代的法國不僅受惠於革命的第三世界，如毛澤東思想、非洲與加勒比海地區的反殖民運動，同時也受益於與美國民權運動的彼此促進。[8]眾所周知，法農的著作直接影響了美國的民權運動和黑人權力意識形態（Turner and Alan 1978; Donadey 2004；Young 2005）。當法國思想語言轉向的支持者抑制沙特的影響，他們無形中也壓抑了沙特明確的去殖民關懷（與沙特同輩的知識分子多有這樣的理想性），這時是法農創造性地使用沙特的現象學，以此達到意識的解放，使被殖民者受益。這是大寫理論與小寫理論之間的第二個瓜葛，即美國化的法國後結構主義以及法語語系的去殖民思想的糾葛。如同李歐旎所觀察到的：

> 不少說法語的知識分子在此地〔美國〕有大批讀者，同時又在這個國家非常有影響力，若說他們有什麼特別的共同點——包括從卡繆（Albert Camus）到德希達、從雅貝（Edmond Jabès）到薩洛特（Nathalie Sarraute）、從列維納斯到杜拉斯（Marguerite Duras）、從克莉斯蒂娃到托多洛夫（Tzvetan Todorov）、從塞澤爾到孔戴（Maryse Condé）、從葛里桑（Edouard Glissant）到哈提比（Abdelkebir Khatibi）——那就是他們身上有著多元文化主義的經歷，自「法屬殖民地」或中歐流亡和流離的共同經歷，以及他們雙語或多語的背景，儘管他們選擇以法語寫作，儘管他們在哲思方面的貢獻是奉行世

界主義的「巴黎」的一部分。（Lionnet 1998: 126）

如果說這份理論家的名單稱不上典型，那是因為它顯然不同於主流美國經典版的法國大寫理論，可能只包括這裡提到的半數理論家。倘若在美國的主流大寫理論可以被描述成多數族群對大寫理論的挪用，那麼上述名單表達了少數弱裔的傾向，可謂大寫理論再次成為弱裔、成為小寫理論。誠然，法語語系中塞澤爾、孔戴、葛里桑和哈提比等的作品均對心智的解殖有所企圖，這是他們的共同點，也與族裔研究的議題一致。

事實上，弱裔理論的生成與恢復法國思想的基進根源之需求是吻合的，而長期以來分別被法國與美國的兩個重要歷史進程所迴避。首先是法國的普遍主義（universalism），它將各種形式的文化多樣性吸納入內，化整為一個大寫文化或通識文化（*culture générale*）的概念，隱藏了地域、種族和其他差異（Lionnet 2008）。這主要表現在其拒絕詳述知識生活的內在性，以及思想的具體史地條件。阿爾及利亞戰爭對於法國思想的構建意義仍未受到足夠的關注，而事實上，對二十世紀中葉的多數哲學家而言，這場戰爭帶來重要的塑造經驗。例

8 我們在此所指的六〇年代乃根據Ross (2002) 的說法，不僅是一九六〇至一九六九這十年，而是泛指從一九五〇年代到一九七〇年代這段期間，全球革命運動浪潮興起的時代。

如，羅伯特‧揚（Robert Young 1990）強調，後結構主義的歷史起源於一九五〇、六〇年代的阿爾及利亞戰爭。而眾所周知地，德希達、西蘇和洪席耶（Jacques Rancière）皆出生在阿爾及利亞，但此背景知識與其思想的相關性卻很少被明確地提及；李歐塔（Jean-Fransois Lyotard）在一九五〇年至一九五二年間在阿爾及利亞任教，他在一些政治相關著作中對法國殖民統治提出尖銳批評，只是他的政治書寫讀者較少；傅柯曾在突尼西亞任教，他對「理性的種族中心主義」（ethnocentricity of reason）（Dosse 1998: 142）以及合理化戰爭痛下針砭，其實也應當在法國對阿爾及利亞殖民的批判浪潮脈絡下進行解讀。這一代知識分子而後又參與六八年的五月運動，歷史學家研究了越南戰爭和中國文化大革命對他們所產生的重要意義，但那些自稱是大寫理論專家的美國繼承者卻沒有先做這樣的研究。因此，「法國哲學」到了美國變成去政治的大寫理論的同義詞。

尤其在美國大學體系中的傳播，進一步增強了去政治化的過程。在精神分析法和後結構主義的偽裝之下，法國思想被翻譯成時髦的大寫理論，大寫理論的生產者及其讀者之間不斷地相互誤解，批判力道日漸中和弱化。這裡，我們兜了一大圈，回到了詹明信和伊格頓的指責，挑剔在他們眼中看作是馬克思基進主義的失喪，但實際上卻削弱原本內含的基進根基。如前所述，麥克庫玻（2009）對解決哲學與理論之間的爭論提出一套說法，認為可以闡明法國思想的根源脈絡源自德國哲學，得以了解壓迫的認識論根基，從而在哲學中重置

（resituating）理論的定位理論。當然，並不是所有的大寫理論都需要恢復其「原廠設置」，但麥克庫玻的意見不失為重要提醒，告訴我們應在地緣政治、歷史和系譜中思考理論，而不是把它當成超越和抽象的概念網絡。也就是說，在大寫理論中思考理論的問題。

因此，塞澤爾、法農、哈提比等人的基進著作，都是與黑格爾（G. W. F. Hegel）、尼采（Friedrich Wilhelm Nietzsche）、沙特的思想進行對話的同時，提出他們的理論，要求去除知識的殖民結構（colonial structures of knowledge）。哈提比在一九七七年首次發表的〈另一種思考〉（Pensée-autre, Other Thinking/Thinking Otherwise）一文中，寫下一段深具說服力的文字：

> 當我們與主張差異性的西方思想家（如尼采、海德格〔Martin Heidegger〕，以及與我們幾乎同時代的布朗肖〔Maurice Blanchot〕和德希達）進入對話，我們考慮的不僅是他們的思維方式，也包括他們的策略及其批判路線，以便使他們的思想能為我們自己的境況服務，若我們想透過有效的去殖民過程達到心智的轉化，這是必要之事，是一種關乎差異性的具體思考。（Khatibi 1983, 20）

哈提比是世俗穆斯林思想家，他堅持奠基於關係與對話的思維，利用西方傳統解構西方傳統，從而幫助實現心智的解殖。他討論了幾位出身理性主義背景並批判該傳統的西方哲學家，以及幾位以辯證法對自身傳統產生批判的伊斯蘭思想家（如伊本・赫勒敦〔Ibn Khaldûn〕）。哈提比將這兩邊的思想家放在對立和相互批評的位置上，這就是他所說的「雙重批判」（double critique, 43-111），此概念支持的是邊緣（the margins）。[9]哈提比和德希達一樣，都是邊緣的思想家，但是二人又不完全一樣。哈提比宣稱：「不從自身的貧窮吸取靈感的思維方式，永遠只能被動地闡述支配和羞辱的客體；不轉向**弱勢、邊緣、碎片化或非完整性**的思想最終會被帶向種族文化滅絕思想（une pensée de l'ethnocide）的方向。」（18）因此，他的方法幫助我們拋開延異（或無限遞延），轉而關注真正重要的差異，乃是有限並且是具體的差異：因為殖民主義、不平等與弱裔化（minoritization）的結構原則所造成的差異，米格諾魯（Walter Mignolo）稱此為「殖民化的差異」（2000b及本書）。

若我們能先認識殖民不平等的結構原則，就能開啟積極參與社會變革和革命鬥爭的大門。這關乎在殖民境況中的分辨與再分配的問題。因此，法農投身阿爾及利亞革命、塞澤爾早年致力於島嶼殖民地的去殖民運動，這些都造就了葛里桑能對法國殖民加勒比海地區的殘酷陰險產生複雜深刻的理解。就這一點而言，法農將「行動的」（actional）思維與「反應的」（reactional）思維對立起來，以逃避辯證否定（dialectical negation）的循環，因為那仍然依附在去殖民或去殖民思維欲為努力解除的體系之上（1967: 222; 2008: 197）。換句話說，去殖民需要進行政治、思想和語言三管齊下的革命，而且不僅僅是對殖民主義的反抗。相反地，去殖民是自我主張（self-assertion）和自我創造（self-creation）的行動。因此，當海地革命之後出現的黑人政治與自我肯定卻遭到民主的拒認（disavowal），黑塞（Barnor Hesse）在本書中探討何謂政治的意義。對他來說，種族是統治的殖民化分類，產生了一種政治概念，乃是藉由克里奧化邏輯所形構而成：由殖民糾葛**所產生**的現代民主。黑塞倡議重新定義傳統、重新審視遭性別化的公私領域二元對立邏輯，因為事實上仍存在著遭到拒認的第三元，即「底層群體的領域——奴隸、被殖民者、原住民、**遭種族隔離的他者**」。因此，將種族當作一種政治和理論的類別，即直接向西方的普世概念發出挑戰，並針對民主做出更廣泛的、克里奧化的理解。

在建制方面，此處強調的三種理論糾葛之間的匯流——族裔研究、大寫理論中的理論，以及法語語系研究，一直以來被制式地分為三門各自獨立的學科和學門，其實有必要進一步探討它們在思想和體制上的發展如何相互關聯。如前所述，族裔研究以及堅持去殖民姿態的法語語系思想之間有所關聯，乃是建立在美國民權運動和第三世界解放運動之間的真實歷史

9 薩依德所說的對位思考（contrapuntal thinking）基本上是對哈提比思想的回應，只是他從未明言（Lionnet, forthcoming），並且此一概念也有挪用波娃（Simone de Beauvoir）「模糊性的道德」之嫌（Lionnet 2006）。

關聯之上。美國的黑人運動既是全國性的，也是世界性的，其民權的議程向外延伸成為一種泛非洲的呼籲，要將非洲和加勒比海地區所有黑人從種族主義和殖民主義中解放出來（Turner and Alan 1978; Young 2005; Edwards 2003）。美國亞裔運動深受黑人運動影響（Ho and Mullen 2008），又從非洲和加勒比海地區的政治騷動中獲得啟發，同時再加上特別是在亞洲發動的反帝國主義運動思潮：毛主義、越南共產主義、菲利賓學生反馬可仕（Ferdinand Marcos）的抗爭運動、香港反殖民暴動等等。美國亞裔政治聯盟（Asian American Political Alliance）於一九六九年印製的傳單清楚說明了當中的關聯：

> 第三世界深刻地覺得，西方帝國主義和殖民主義是導致整個亞洲、非洲、拉丁美洲長期受剝奪的罪魁禍首；此外，還包括阿爾及爾、香港、新加坡、加爾各答等殖民地，以及美國內部的殖民地——黑人、黃人、棕色人種的「族裔聚集區」（ghetto）。（Dong 2001: 188）

美國亞裔族群的示威活動在當時有部分原因是反對「越南化」，[10]他們藉此表達反對越戰的立場，以及反抗美國國內種族化的宰制。美國人在越南從事的活動、他們對待國內的亞裔弱勢族群的方式，這兩件事其實是一體的兩面。這份傳單明確地將外部殖民地和內部殖民地搭起關係，而其中的連接點正是聯繫民權運動和第三世界解放運動的歷史基礎。[11]我們認為，這為族裔研究提供了認識論的基礎，是美國亞裔運動的部分過程也是結果，例如美國各校紛紛設立亞裔美國研究學系。

去殖民（其中民權運動是極為重要的一部分）、越南戰爭，以及對西方理性主義和文明的批判，此三者的匯聚掀起政治浪潮，創造知識薈萃，帶來恆久的影響。正如法國思想在美國的接受常有去政治化的問題，而上述的融合匯聚顯示出其與去殖民思想的糾葛。此一時期的思想史缺少的是一種聚合的視角，能夠以互為交織的方式來理解全球的六〇年代，以此強調第三世界的解放運動、民權運動的訴求、反戰示威活動、以及一九六八年的五月風暴其實都是環環相扣的。它們的彼此關聯促成了美國族裔研究和法語語系研究特有的體制化型態。例如，法農的作品原本在法國並未受到廣泛閱讀，直到獲得南非、英國和美國等英語國家社運人士與學者的翻譯與青睞，情況才有所改觀。而法語語系研究，目前在美國乃是一門穩固的學科，其誕生原因乃與學術投入殖民、去殖民和女權主義思想有關；若是在法國，反而不

10 參見一九七一年在紐約發動的「拒絕越南化」（No Vietnamization）反戰遊行的照片（Dong 2001: 190）。

11 《亞裔美國人：運動與歷史時刻》（*Asian Americans: The Movement and the Moment*）一書記錄了這類聯繫，例如亞裔美國社運人士到訪毛澤東主政的中國，深入非洲、越南和拉丁美洲，並投身海內外的解放運動。

太可能出現這樣的學科，因為社會政治的考量不足以大到影響文學研究課程的設立。儘管大寫理論在美國帶有去政治化的傾向，法語語系研究卻能整合其長處：一方面，介紹相關但未受到同等重視的政治人物和思想家（如德勒茲、法農、塞澤爾）；另一方面，與下列領域發展共同基礎或類緣性，包括女性主義、性與性別、族裔研究，或在這些領域的交互表述（interarticulations）當中求類同。[12]

杜納迪（Anne Donadey）在本書中運用女性主義的多元交織性（intersectionality）概念，參照史密斯（Valerie Smith）和克雷蕭（Kimberlé Crenshaw）的作法，分析族裔研究（特別是非裔美國人研究）和後殖民研究（特別是法語語系研究）之間的關係。杜納迪一文應證了我們的理解，即克里奧化是理論的作為，引領著後現代的概念框架，以及理論化須先對社會現象產生深刻的歷史主義：社會領域必須嚴肅看待二十世紀中葉的婦女運動，觀察這些運動如何與族裔研究和法語語系的後殖民思想形成重疊交織（2005）。杜納迪從白人中心主義理論家借來後殖民的理論，重新加以改造挪用，之前她與默多克（H. Adlai Murdoch）合編的《後殖民理論與法語語系文學研究》（*Postcolonial Theory and Francophone Literary Studies*, 2005）一書也採類似作法。

吉坎迪（Simon Gikandi）（2004）也在其他地方曾指出後結構主義和英語世界的後殖民理論之間存在密切聯繫，指出霍米．巴巴（Homi Bhabha）拒絕法農深厚的人文主義，此即為例。印度知識分子基本上主導了後殖民性（postcoloniality）的討論，他們關注的問題包括「擬仿」（mimicry, Bhabha）、「衍生性」（derivativeness, Chatterjee），以及「再現的局限」（Spivak 1988），儘管如此卻也犧牲了其他更具變革的方法。因著強調在殖民權力的強勢與霸權的語言中，描述自我乃是困難之事，他們的著作往往產生一種自我延續的焦慮，也是政治上無所作為的焦慮，幾乎可以說是一種自我陶醉。從歷史的後見之明來看，此等焦慮與前述第一世界理論的哀傷並非沒有相似之處。我們認為，以英語著述的早期後殖民理論的焦慮應歸於反抗型理論，而非法農特別看重的行動型理論。然而，正如我們所盡力說明的，後殖民理論（以英語或其他語言書寫）與大寫理論的交會不應該是軟弱無力的。查卡拉巴提（Dipesh Chakrabarty）的歐洲地方化（the provincialization of Europe）概念、南迪（Ashis Nandy）的印度不再是完全依據西方的標準來定義，史碧娃克對新殖民主義的知識生產提出的犀利批判（1993），這些都是打破焦慮僵局的出路。

上世紀中葉研究中國文學的日本學者竹內好（Takeuchi Yoshimi），在一九六一年寫下影響甚巨的論文〈作為方法的亞洲〉，只是該文之見解仍未見於全球一九六〇年代的社會和思

12 例如，李歐旎一九八九年著作，是首次將此比較與理論化方法應用到法語語系的評論作品。後殖民性與比較文學相關著作，參見Melas 2007；比較的克里奧文學，參見Lang 2000。

想運動的相關討論。竹內好對日本帝國主義提出強烈批判，認為日本帝國主義以歐洲帝國主義為模仿對象，他繼而提出一項重要觀察，即日本思想家樂於採納西方思想，甚至到了自我殖民的程度。他在中國現代作家身上看到全力抵抗殖民知識的精神，尤其是魯迅，並以他作為靈感來源，提出了「作為方法的亞洲」。不是用西方的方法來研究亞洲的問題，而是亞洲成為研究西方的方法。如果不同的現實要求不同的分析工具，那麼亞洲作為一種不同的現實，它提供了不同的分析工具，與其說是提出其他可能，以竹內好的話來說的話，這更像是「進一步提升那些西方產出的普遍價值」（2005: 165）。

亞洲作為方法的反面——「西方作為方法」——其實一直以來在整個亞洲十分常見。對於許多亞洲知識分子來說，整個二十世紀占主導地位的知識範式一直都是西方的。這些亞洲知識分子以西方作為方法，用以評估亞洲自行生產的普遍價值，然而當這些亞洲普遍價值被轉譯成在亞洲地區的霸權行為，那麼這件事本身也需要被批判。因此，我們目前手上所擁有的，是一個非本質主義者的方法概念，或是賦予不同名稱的理論。如果弱勢型態成為方法和理論，那麼新的分析工具將被帶到前台，將我們生活周遭的普遍主義克里奧化，從底層到上層、由內部到外部全面克里奧化。弱勢成為理論的過程，我們亦可稱為克里奧化。

正如謝平（Pheng Cheah）所論證的，後殖民理論本身就是一個克里奧化的理論。然而他認為，法農儘管為佛洛伊德的創傷理論帶來革新的跨位（transposition），但是這可以也應該被批判，如此方能實現對權力範式的具體理解，而不再僅僅是心理動態（mental dynamics）的問題，也不只是**外在**強迫（imposition）的問題。謝平借德希達「自體免疫」（autoimmunity）的概念，解釋何以資本過度流動導致一九九七年的亞洲金融危機（也確實導致今日經濟的災難）。他的主張在康斯塔勃（Liz Constable）的論述中得到回應，後者擴展凱莉・奧立維（Kelly Oliver）對心靈與社會之間張力的分析，以及奧立維關注後殖民境況下的阿爾及利亞人，其生命之情感結構的政治經濟學。康斯塔勃竭力從弱裔的角度重新思考精神分析的概念，在過程中突顯關係的和跨殖民的（transcolonial）面向（Lionnet and Shih 2005: 11, 17），而不僅是看見後殖民境況裡尚未哀悼的失落。因此，她為我們帶來一個清晰的實例，示範如何對這些概念進行本土語言的跨位與克里奧化的跨位。

然此克里奧化方法涵蓋甚廣，是否容易使我們招來過度概括（overgeneralization）的指控？我們在接下來的一節將嘗試解決這個問題，強調如何在今日的背景下，對於知識、學術、政治的工作達到真正民主的理解，以及若欲達此目標將為認識論帶來何等的挑戰。

克里奧化

知名法國語言學家查登遜（Robert Chaudenson）在其一九九二年巨著《語言和文化的混雜化》（*Des iles, des homms, des lanngues: Essai sur la creolisation linguistique et culturelle*）一書中，告誡勿使克里奧化的概念過度概括。他爬梳了克里奧（creole）一詞的詞源，並針對各個法國殖民地發展出複雜的語言克里奧化（creolization）過程提出理論。查登遜也將這一複雜過程進行理論化。查登遜認為有必要區別*creole*和*creolization*這兩個術語在地域性的具體用法，不過他同時也強調當中確實存在基本的共通性。克里奧一詞原本特別用來形容新大陸、印度洋與加勒比海島嶼殖民地的歐洲殖民者後代。該詞源自西班牙語的*criollo*和葡萄牙語的*crioulo*（更早之前拼寫為*creoulo*）。到了18世紀上半葉，法語中的*créole*一詞用以指出生於加勒比海、路易斯安那州或馬斯克林群島的黑人、白人以及黑白混血兒（mulattoes），只是在紐奧良相對於西部路易斯安那州，或在毛里求斯相對於留尼旺島（Réunion）或海地，各地語義的演變略為朝向不同種族含義發展。在當代的毛里求斯，這個字主要指的是非白人，但是在留尼旺島和安的列斯群島，它指的仍是白人、黑人以及黑白混血兒（Chaudenson 2001: 5-8）。該詞的指涉對象不穩定乃是歷史特有的具體動態發展所產生的作用，使概念無法輕易普遍化。[13]

現存許多不同的克里奧語，它們的類型學相當複雜，儘管這些方言多半應是源自歐洲語言，但語言學家對它們起源的看法仍有分歧。而且，舉例來說，以法語為基礎的克里奧語都不盡相同。在不同的語言環境中，*creole*一詞不僅代表不同的族群，也指涉不同的語言系統（歐洲、非洲、南亞、加勒比海）在接觸區域（contact zone）融合，在殖民的熔爐裡煉造出一種通用的語言（lingua franca）。克里奧化最一般的定義是指接觸史產生的影響，以及接觸之後歐洲殖民者本土化或在地化的過程。這個概念強調因為殖民、奴隸和遷徙所帶來的種族和文化的混合。但是，克里奧（*créolie*）、克里奧性（*créolité*/ creoleness）以及克里奧化（*créolisation*）這三個詞也被目的各異的意識形態所挪用：有時用以表示一些認同和語言分歧的類別，強調社會和族群的分裂；有時用以提倡「普世合一」（ecumenicity）的價值，旨在超越前述的分裂（Lionnet 1993）。因此，在討論這些面貌多樣的過程時，一種「道德倫理上的儆醒」（ethics of vigilance）（Enwezor et al. 2003; Ramassamy 2003）顯得尤其重要。帕米耶（Stephen Palmié）在二〇〇六年篇幅頗長的回顧文章〈克里奧化及其不滿〉（"Creolization and Its Discontents"）中，清楚地闡述克里奧化概念的使用焦慮，即過度籠統的用法超過它原本特定脈絡下的用法。帕米耶詳述了這個概念近年來如何在考古學和文化人類學等領域引起

13 語言學和種族問題相關之歷史回顧，另可參見Stewart 2007。

普遍興趣。他強烈懷疑克里奧化的「隱喻」用法，文中對於保持其特殊性和區域主義（regionalist）的必要性有相當多著墨。由於克里奧化是一個在歷史、脈絡和區域等方面都具有特殊性的概念，若要將它作為理論的或文化的隱喻來使用，應當審慎為之。

儘管有此謹慎使用的提醒，我們想指出的是，任何理論概念的發展最初都是區域性的；一開始都僅限於某段歷史或情境，然後才受到廣泛傳播和應用，甚至進一步被認為是普遍適用。一方面，正如帕米耶所指出的，這是一個「概念政治」的問題，有些概念可以跨越本身的特殊性，有些卻無法如此，或是沒有機會如此發展。另一方面，我們認為問題的關鍵也取決於某些理論裝腔作勢（pretentiousness）的程度。我們的直覺是，只要不將理論變成帶著大寫T的理論，那麼理論是能夠以多種方式、不同強度應用在不同的分析對象上。當分析對象不是應證理論的簡單實例和說明，也不是用來迎合理論，那麼這樣的理論就能發揮非常不同的作用。王愛華（Aihwa Ong）和科里爾（Stephen Collier）提出了在中層範圍進行理論化的作法，如此作法乃是建立在實證的基礎之上，在過程中一邊進行理論化、一邊不斷自我修正；德里克（仿效毛澤東）強調理論在任何時候都需要面對具體的真實，所以理論本身是開放給「不同現實考驗下的不同解讀」（2007：15）；拉達克里希南（Radhakrishnan）（仿效薩依德）談到理論具有建立關聯性及共同點的能力，並注意到理論需要扎根於現世性（immanence），同時具有超越性（transcendence）或傳遞性（transitivity）的應許（2003: viii,

178）；藝術史學家布西歐（Nicolas Bourriaud）（仿效阿圖塞）發展出一種關係美學，他所根據的是「相遇的物質主義」（materialism of encounter）概念（受到海德格〈藝術作品的本源〉〔The Origin of the Work of Art〕的啟發），即每一件特定藝術作品都是一個「生活在共享世界的計畫書」，串聯每一個物質和歷史的社會型態各異之個體（2002: 18-22）。這使我們很容易想起其他不同立場學者對理論發出相同呼籲，學者的立場雖然不見得一致，但卻有著共同的整體目標：尋找一個理論，既植根於變動的物質和歷史過程，同時也能對正在發生之事保持相當程度的傳遞性。

我們提出理論的克里奧化時，也有類似的意圖。首先，葛里桑等人區分**克里奧性**（*créolité*）與**克里奧化**（*créolisation*），他們所指出的差異深具意義：克里奧性指的是一種狀態；而克里奧化指的是一個過程。克里奧性是一種狀態和條件，在此狀態和條件之下構成元素可能會固化（hardened）和物化（reified），而使「多語主義或多元族群成為一種教條或模式」（Chanda 2000）。相反地，克里奧化是一個開放式的過程，它可以發生在世界不同地區，而它也確實在世界各地發生：拉丁美洲、加勒比海地區、印度洋、東南亞、新歐洲等。正如李．哈林（Lee Haring）所言：「當文化的涵化（acculturation）、文化互化（transculturation）、混雜化（hybridization）發生頻率夠充分之時，他們便成為了一種規範（norm）。」（2003: 21）又如李歐旎所言，如果要賦予克里奧化一個全面的概念範圍，那麼則需要進一步研究像「克里奧」（Creole）和「世界主義」（cosmopolitan）等概念如何重疊又如何分歧（Lionnet 2009）。

早期的克里奧化過程在殖民和帝國的暴力當中發生；此時此日，全球化的黑暗面則呈現類似的動態。重新刊登於《理論的克里奧化》一書的訪談中，葛里桑把當代的克里奧化與全球化和他稱之為「全世界」（*tout-monde*）的概念聯繫在一起。但正因為克里奧化的過程是完全不可預測的，我們必須強調，克里奧化的「混沌世界」（*chaos-monde*）需要在歷史與地理方面做嚴格的界定。蔡斯（Dominique Chancé）為克里奧化被賦予的意義提供了很好的摘要整理，此外她也批評克里奧化的概念可能朝向烏托邦滑移，對於本章所提及議題的複雜性，葛里桑與蔡斯提供了總結性的提醒。

無定向地使用克里奧化概念，可能使它淪為嬉鬧的拼裝（bricolage）或跨文化主義（transculturalism）。沒有歷史的定錨，克里奧化會變得過度有彈性，就像其他一些容易遭斷章取義的概念，比如說混雜（hybridity）、混合（mixture）、拼裝和跨文化。[14]我們與霍爾（Stuart Hall）或維爾熱（Françoise Vergés）所見略同，都堅持克里奧化概念的力道來自於其歷史的特殊性。作為一個承載了奴隸制、墾殖園文化、殖民、定居、被迫移民（forced migration），以及晚近全球勞動力流通不平均的現象，克里奧化描述的是人們在高度分層的情況下的相遇。因此，它不是普通的跨文化，而是「被迫的跨文化」。就如霍爾指出的：

> 克里奧化乃是在特定的交通、奴隸制度和殖民境況之下被迫發生的文化互化，過去如此，現在亦是如此。當然，這兩個詞所描述的社會中，都有不同的文化被迫建立某種形式的相互關係。但是，克里奧化特別指的是「融合」（fusion）過程發生在權力極為懸殊的情況，以及不同的文化元素之間進行殘酷的文化支配與收編。（Hall 2003a: 186）

這樣的拼裝並不悅納任何形式的混合或後現代的拼湊模仿（pastiche）（Haring 2003, 2004），而是對於「支配與衝突」的情況做出戰略性的回應（Vergés 2003a: 84）。這樣的克里奧化概念防止因為權力動態而產生的無效化和模糊化。霍爾繼續論道：

> 克里奧化**必然**牽涉不平等、階級化、支配與底層性（subalternity）、主宰與奴役、控制與抵抗等議題。**權力**的問題，以及**糾葛**的問題，這些問題始終都牽涉其中。（Hall 2003b, 31）

14 關於混雜（hybridity）概念的局限與前景之綜述，參見Prabhu 2007；關於印度洋民俗與文化混雜的開創性著作，參見Haring 2003及2005。

霍爾強調權力和糾葛的問題，正如葛里桑在所有著作中所反覆強調的，援引「糾葛之點」（*point d'intrication*〔1989, 26〕）的概念，即權力與他者之間、文化與文化之間相遇的時刻。這些術語——**權力**和**糾葛**——代表著一種關鍵的動態關係，這也是我們在使用**克里奧化**一詞時所試圖顯明的。

藉著使用「理論的克里奧化」一詞，我們希望強調該詞所描述的克里奧化過程，包含三個相輔相成的含義——作為理論的克里奧化（creolization as theory），克里奧化的理論（creolized theory），以及理論的克里奧化（creolization of theory），三者均誕生於崎嶇險境中的相遇和糾葛。我們強調理論的必要，正因為我們相信理論具有變革改造的潛力，可以改變我們如何與這個世界，以及我們在這個世界中產生糾葛的方式。西蒙．波娃（Simone de Beauvoir）認為，假設某個理論是具說服力的，那麼它就會改變我們與世界的關係，使我們關於世界的經驗變得多彩，她這個存在主義式的見解在此有高度相關性。[15]對波娃來說，理論對她與其他人的關係有著直接且立即的影響；它不是一個自足的、不及物的活動，而能為我們對世界的經驗「增添顏色」，顛覆動搖固有的看法。就波娃的字面意思而論，一個對我們的時代「有說服力的」的理論應該是將「顏色」納入考慮的理論，乃是勇於承認世界存在著種族結構的理論，能使人懷疑先前的假設、挑戰被奉為大寫理論的現有文化或哲學信仰。歐洲哲學預設思想活動是不分顏色（colorblind）、不受現世性的裁決所制約，波娃的見解幫助我們看見作為理論的克里奧化其實是定錨於現世性的世界。就此意義而言，理論使我們不得不參與抽象思維，當我們面對現實及其再現，理論把我們抽離原本舒適的或習以為常的觀點，同時也清楚呈現，這些抽象思維的生成乃是出自不對等的世界裡，存有所經歷的崎嶇艱難。

據此事實，理論主要是一種抽離的機制，但此處我們可以說有兩種不同形式的抽離：一種抽離是作為概括的大動作，但事實上那是建立在對世界的短視認識之上；另一種抽離是作為必要的機制，促使我們跳脫自身存在的主觀模式，跳脫學術訓練的舒適圈。理論與其可能發生的克里奧化，二者的耦合引發對於概念純淨程度的質疑，即笛卡兒（René Descartes）稱為「第一原理」的清晰明確思想，卻是葛里桑論述模糊性（opacity）概念時所反對的（2000: 111-20, 189-94; Lionnet 2008）。這就是為什麼克里奧化作為一種理論，它可以終止長久以來的對立論戰，包括理論的有用（或無用），以及當方法論與性、性別、種族、階級等存在現實脫節時，該方法論是否仍然切題。左翼和右翼學者不約而同地宣告理論的死亡，顯示出他們亟需保衛辯證思維的現狀，這個方法總是將殖民主義產出的「剩餘」（remainders）排除在外。他們的論點使得唯心主義者和唯物主義者成為同床異夢的枕邊人，前者捍衛「文

15 原文為"Si une théorie me convainquait, elle ne me restait pas extérieure; elle changeait mon rapport au monde, elle colorait mon experience"（Beauvoir 1960: 255）。

學」的保守觀點，後者忠於基進的馬克思主義，二者表面上都主張重新回歸「真正的」方法論或是具有理論基礎的方法論（即使這些方法論的本質使得兩邊互相對立）。然而，這兩位同床異夢的枕邊人之間的親密爭論之中，對於膚色造成的差異卻隻字未提。種族作為世界的一種結構原則，不僅與社會關係緊密結合，也與認識論的形式密切相關；它是一種生活、一種看待世界的方式；它即是理論（Shih 2008）。

吾人可從世界的不同知識體系當中清楚窺見地理造成的差異，這意味著一項重要任務，即認識論的解殖。殖民主義導致的主要後果，無論是海洋殖民主義、定居殖民主義或是大陸殖民主義，皆為桑托斯（Bonaventura de Sousa Santos）所說的「知識屠殺」（epistemicide）（2005: xix）。而種族化的知識屠殺，米格諾魯使用了較為溫和的詞彙稱之為「知識論的種族歧視」（epistemic racism）（Mignolo 2011）。桑托斯主張「全球認知正義」（global cognitive justice），提出在知識領域當中，北半球與南半球存在權力差異，正如北半球的認識論和南半球的認識論存在著差異。哈定（Sandra Harding, 1998）則認為所有的科學皆為「民族科學」（ethnoscience），包括以普世主義自負的西方科學，她之所以提出此說，乃是為了在科學研究領域實現同樣的「知識解殖」。隨著「原住民運動」（IK Movement）在世界各地方興未艾，原住民知識的問題逐漸受到關注，突顯出我們姑且稱之為「定居殖民者的認識論」（settler epistemology）如何掩蓋不同的、非文本的認識世界的方式，關乎哲學、語言、生態、生物多樣性及其他相似的各樣議題。[16]因此，近幾十年來出現了不同的教學法（pedagogies），例如弗萊雷（Paulo Freire）出版於一九六八年的名著《被壓迫者的教育學》（*Pedagogy of the Oppressed*），以及晚近桑多瓦爾（Chela Sandoval）的《被壓迫者的方法論》（*Methodologies of the Oppressed*），又如格蘭德（Sandy Grande）的《紅色教育學》（*Red Pedagogy*）和史密斯（Linda Tuhiwai Smith）的《去殖民方法論》（*Decolonizing Methodologies*）。將這些著作稱為方法論與教學法，強調它們實際參與了社會現實，但它們其實也是知識的理論。

主張認識論的多元和民主不等於主張認識論的相對主義。桑托斯提醒道，相對主義的前提是「缺乏一套評量標準，為不同知識型態的效度進行分級」，因此不是一個站得住腳的立場（2005: xi）。歷史一再證明，人們如何在知識結構當中製造等級，獨尊被誤認為是普遍適用的觀點，在科學和哲學領域尤其如此。我們的目標之一，從非相對論的觀點來辨識其他更為龐大的認識論資源，其次也希望突顯所生產的知識乃是殖民和其他交會所帶來的結果。

因此，我們所說的「作為理論的克里奧化」，指的乃是各種交會，這些境況帶出理論或

16 關於原住民知識運動（indigenous knowledge movement）的概況，參見D. Michael Warren (2001)，他同時介紹了全球各地的原住民知識資源中心及其主要任務與關懷，我們由衷感謝哈定提供此一參考文獻。另可參見Semali and Kincheloe 1999以及 Ellen and Harris 2000。

方法生成的可能，而這樣的理論或方法本身即可被概念化為「克里奧化」。但是，這不意味著理想化所有的交會。海德格後來的「此在」（Dasein）概念，誕生於他與中國道家哲學日譯本的對話，是為兩大哲學傳統知性對話的實例，以「思想共和國」（republic of ideas）的模式進行對話。然而，海德格從未明確承認他的哲學思想受到東亞存有概念的啟發，尤其是他與九鬼周造等京都學派哲學家的交流中所獲益的想法。同樣地，後結構主義思想家如德希達和李歐塔雖然從未涉入阿拉伯思想和語言，但他們對阿爾及利亞的政治文化抱持興趣，確實是解構主義理論發展的一部分。

相比之下，竹內好藉中國文學對日本模仿西方展開批判，源自他為日本在亞洲的帝國主義行徑感到不恥。他觀察到日本對西方在認識論上的明顯屈從，以及二戰結束後美國占領日本的現實。竹內好在二十世紀初帶著謙卑的態度和信念研讀漢語，此時日本反漢化的文化運動已經歷時一個世紀之久（自明治維新開始），日本重新定位自身國力已經超越中國，因此必定能征服中國。這並不是說占主導位置的中國認識論不會壓迫內部的其他認識論，而是在當時，竹內好藉著中國來批判西方，為亞洲自我批判的強烈形式。

然而，荊子馨（Leo Ching）在《理論的克里奧化》中提到，若思考日本在台灣進行的殖民統治，以及日本哲學與殖民主義之共犯結構，那麼竹內好筆下的魯迅仍然偏向浪漫化。其他幾位京都學派哲學家，如高山岩男和高坂正顯，均以深刻的信念批判歐洲中心主義，儘管他們使用的是黑格爾的形上學語言，然而其理論卻透露出允許日本持續侵略亞洲的合理說法，而且是「幾乎不加掩飾」。此處的重點是西方和日本兩種不同帝國主義的差異，而此「帝國主義的差異」（imperial difference）（米格諾魯的用語）忽視日本在台灣殖民的事實。在此等忽視之下，台灣永遠無法被視為理論的場域。因此，關鍵問題並非「台灣為什麼不會產生理論？」，而在於本土歷史和底層知識如何受到壓制，並且關乎全球脈絡下的知識地緣政治。因此，荊子馨的理論運動是橫向串聯的，從台灣文學到拉丁美洲的去殖民思想，反之亦然，使得源自不同地緣政治地點的兩種底層知識得以產生對話——我們稱之為「弱勢族群的跨國」相遇（Lionnet and Shih 2005）。

米格諾魯將笛卡兒的「我思故我在」翻轉為「我在我思之地」，藉此提供了概念性的公式，幫助我們思考知識的地緣政治。哥倫比亞的卡斯特羅—戈麥斯（Santiago Castro-Gómez）、阿根廷的庫施（Rodolfo Kusch）、牙買加的溫特（Sylvia Wynter）、阿爾及利亞的貝納比（Malik Bennabi）等人都是米格諾魯的取徑對象，他認為有必要知道傳記（「我是」）、地理（「我在」）、知識（「我思」）二者間存在密切關係。此過程揭露西方思想佯裝的普遍性，啟動知識民主化的進程，這也是朝向「多樣性」的運動。米格諾魯戳穿殖民者（作為人文意義上的人〔*humanitas*〕）和被殖民者（作為原始人類意義上的人〔*anthropos*〕）的差異是如何被建構出來，以及去殖民化思想如何直接且持續挑戰這種知識的種族主義。這就是為什麼米格諾魯指出，全球殖民思想的矛盾後果，正是世界各地同時興起的去殖民思想。

原殖民地人民、其他底層國家人民、歐洲宗主國的住民各自發起的運動當中，皆蘊含著去殖民思想。巴里巴（Étienne Balibar）反思人們在全球流通遷徙過程中經歷「巨大的不平等」，他思考的對象正是這些在異地重置者的權利。這些人因為經濟生存問題被迫遷移到另一個政體，卻被視為外來者，他們不只是異鄉人，更是居住於新歐洲的敵人。巴里巴從「世界主義」視角出發，呼籲修正歸屬的權利（*droit de cité*），以除去邊界的障礙，因為那徹底強化由外部和內部要件所建構出的不平等結構，而這些要件又構成了國家。因此，他將「離散公民」（diasporic citizenship）重新概念化，我們必須仔細分辨它的含義，有別於失根的或去政治化的離散概念。這樣的新願景使公民身分更具包容力，真實參與知識領域的多元化與民主化，這也是米格諾魯等人投入討論的領域。

同樣地，塔伊布（Fatima El-Tayeb）和廖炳惠分析第二代移民對公眾政體和民主多元性的貢獻。塔伊布分析移民者和第二代有色公民處於不可能的位置，並在方法論上挑戰歐盟的色盲政治意識形態。她批評歐洲中心和性別中立理論，認為如是理論無法對這些不可能的位置提出令人滿意的說法，因此她轉而提出能夠撼動現存類別的酷兒批評，反而使她更徹底地思考種族和公民身分的問題。而廖炳惠則側重於華裔美國劇作家黃哲倫（David Henry

Hwang）作品中文化政治的克里奧化，認為黃哲倫所代表的移民第二代文化書寫能夠在黑格爾辯證法的外部運作，非常類似前述法農的「行動的」（actional）思想。黃哲倫試圖超越「民族風格」（ethnic style），他與格拉斯（Philip Glass）的合作模式可謂既是相互糾葛又能豐富彼此，常見於克里奧化過程中的世界主義。

我們使用「克里奧化的理論」（*creolized theory*）一詞是希望表明，殖民者和被殖民者之間、大寫理論與小寫理論之間，彼此的知識體系都有認識論的糾葛。糾葛是由來已久的存在狀態，在克里奧化的持續過程中以各種不同形式出現。克里奧化的理論不只是反對殖民主義的一種反動式的認識論立場，而是一種向克里奧化過程開放的立場，而這樣的克里奧化（正如我們一直以來所建議的）乃是動態、不綴、持續的現象，發軔於新世界的墾殖園經濟（此處的暴力相遇卻也催生了極具爆發力的接觸形式，成為葛里桑加以理論化的「關係的場面」〔*mises en relation*〕），且今日仍持續以新的形式出現，產生不可知與不可預見的結果。現今世界因為全球化加劇金融風暴與權力極度不對等，全球各地的人們正在經歷類似早期種植園文化所發生的「空間和時間的震驚」（Gallagher 2002）。我們所理解的克里奧化，不僅關懷過去及現在的殖民主義暴力，也重視新的相遇帶來的認識論轉變。正如維爾熱所論：

對於身陷當今全球化漩渦中的人們，克里奧化的進程和實踐可以對他們產生一些啟

> 發……已經有一些策略……用來抵抗、創發、用在藝術、音樂的創作，甚至用在政治話語中，這些策略將給予，或說允許比較，又或促成工具的轉換……促進交流而非霸權統治。（Vergès 2003b: 209）

若有許多人曾抵抗或正在抵抗某些理論的明顯霸權，這些理論不加區別地應用於弱勢族裔或克里奧語境，我們的目標就是發展一種批評的語言，將克里奧化作為理論的基礎。克里奧化的理論向本土語法、方法、詞彙開放，因為克里奧化在原初意義上即為語言學的現象；此外，就另一個層面而言，克里奧化也是一種持續進行的實踐，發生於理論化之前，呼籲理論化的同時也抵制固化。打破常規的比較、不同的分析工具都因為克里奧化的理論而成為可能。因此，它可以使大寫理論更具彈性，不那麼僵硬，以交流和溝通取代霸權主導。若克里奧化旨在表達理論的多中心導向以及各種相遇的多元樣貌，乃是「永不固化且不斷重新調整配置的相遇」（Enwezor et al. 2003, 16），那麼我們認為，在眾多本土習語和語言當中運用小寫理論變得越發迫切，尤其是身為知識的跨國生產者，我們的取向側重或有不同，但這些不同語言的論述卻是與我們一致相通的。

我們努力重新改變學界內外的知識秩序，如此視線的轉移在智性、學科和倫理等方面帶來影響，《理論的克里奧化》一書的多位作者均嚴謹地思考這些影響。我們將本書各章分為兩個部分，並於書後附上兩份附錄。在本導論當中，隨著論述的推演而提到若干理論觀點，我們特別依照此順序討論每一章，以此強調因為這些知識的交流與思想的交織，我們的理論工程才得到前進的動力。

第一部分「克里奧化的方法論」，匯集了政治理論（Hesse）、政治經濟學（Cheah）、精神分析（Cheah, Constable）、女性主義與族裔研究（Donadey）、性別與電影（Constable）、文學與音樂（Liao），這幾篇論文使標題的雙重意義更加具體充實。讀者可將*creolizing*一詞理解為動詞或是形容詞，據此理解推斷，這些作者積極參與理論或學科方法的克里奧化，或是他們所使用的方法本身就是一種克里奧化的實踐。第二部分「認識論的位置」中，幾位作者也是從類似的換位透鏡中正視知識的地緣政治：涵蓋批判性比較思維（Mignolo, Ching）、政治理論（Balibar）、新歐洲種族研究，說明目前迫切的危機既存在於我們生產消費知識的方式，也存在於身為學者與教育者的我們所做的決定，儘管這些理論的決定看似抽象且脫離現實，卻對真實世界帶來影響。最後，附錄提供了葛里桑一九九八年訪談片段（Hiepko），這是該訪談首次英譯，內容描繪了新歐洲群島（European Archipelago）的輪廓，此一概念乃相對於一九八〇年代的保守概念——種族化的歐洲要塞（Fortress Europe）。此外，附錄亦包含由蔡斯對克里奧化概念所進行的考據，從語言學的定義到葛里桑的理論，進一步闡明我們十分重視糾葛的地史獨特性，也強調在不同地域當中相互糾葛的結果不可預測，這些地方不斷經歷克里奧化的過程，從古時到殖民時代，再到全球化時代。

許多學科作為基礎的假設既是為學科主體劃定界線，也是為集體與個人建構具體身分認同。此處所探討分析的各種論述（articulations）顯明了知識結構與全球不平等的政治生態二者之間的共謀程度。因此，我們的《理論的克里奧化》這本書可以作為一種干涉，以強調我們的社會文化現實和知識建構互相生成的本質。

引用文獻

Anzaldúa, Gloría. *Making Face, Making Soul/Haciendo Caras: Creative and Critical Perspectives by Feminists of Color*. San Francisco: Aunt Lute Books, 1995.

Appiah, K. Anthony. *The Ethics of Identity*. Princeton: Princeton University Press, 2005.

Badiou, Alain. *Manifesto for Philosophy*. Translated and edited by Norman Madarasz. New York: State University of New York Press, 1999.

———. "Daily Humiliation." In *Polemics*, translated and edited by Steve Corcoran, London and New York: Verso, 2006.

Balibar, Etienne and Immanuel Wallerstein. *Race, Nation, Class: Ambiguous Identities*. London: Verso, 1992.

Beauvoir, Simone de. *La Force de l'âge I*. Paris: Folio/Gallimard, 1960.

Bhabha, Homi. *The Location of Culture*. New York: Routledge, 1994.

Bourriaud, Nicolas. *Esthétique Relationnelle*. Dijon: Les Presses du réel, 1998.

———. *Relational Aesthetics*. Translated by Simon Pleasance and Fronza Woods with Mathieu Copeland. Dijon: Les Presses du réel, 2002.

Brown, Wendy. "Resisting Left Melancholia." In *Loss: The Politics of Mourning*.

Chakravarty, Dipesh. *Provincializing Europe: Postcolonial Thought and Historical Difference*. Princeton: Princeton University Press, 2000.

Chanda, Tirthankar. "The Cultural Creolization of the World: An Interview with Edouard Glissant." *France Diplomatie* 38 (2000). http://www.diplomatie.gouv.fr/en/article_imprim.php3?id_article=6589. Retrieved March 9, 2009.

Chatterjee, Partha. *Nationalist Thought and the Colonial World: A Derivative Discourse*. Minneapolis: University of Minnesota Press, 1986.

Chaudenson, Robert. *Des îles, des hommes, des langues: essai sur la créolisation linguistique et culturelle*. Paris: L'Harmattan, 1992.

———. *Creolization of Language and Culture*. Revised in collaboration with Salikoko S. Mufwene. Translated by Sheri Pargman et al. London and New York: Routledge, 2001.

Cheah, Pheng. *Spectral Nationalism: Passages of Freedom from Kant to Postcolonial Literatures of*

Liberation. New York: Columbia University Press, 2003.

Cheng, Anne Anlin. *The Melancholy of Race: Psychoanalysis, Assimilation, and Hidden Grief*. Cambridge, MA: Oxford University Press, 2001.

Chow, Rey. *The Age of the World Target: Self-Referentiality in War, Theory, and Comparative Work*. Durham: Duke University Press, 2006.

Crenshaw, Kimberlé W. "Demarginalizing the Intersection of Race and Sex: A Black Feminist Critique of Antidiscrimination Doctrine, Feminist Theory, and Antiracist Politics." In *Feminist Legal Theory*, edited by Katharine Bartlett and Roseanne Kennedy, 57-80. Boulder, CO: Westview Press, 1991.

Deleuze, Gilles. *Foucault*. Translated by Seán Hand. Foreword by Paul Bové. Minneapolis: University of Minnesota Press, 1988.

Dirlik, Arif. *The Postcolonial Aura: Third World Criticism in the Age of Global Capitalism*. Boulder: Westview Press, 1997.

———. "Contemporary Challenges to Marxism: Postmodernism, Postcolonialism, Globalization." *Amerasia* 33, no. 3 (2007): 1-18.

Donadey, Anne and H. Adlai Murdoch, eds. *Postcolonial Theory and Francophone Literary Studies*. Gainesville: University Press of Florida, 2004.

Dong, Harvey. "Transforming Student Elites into Community Activists: A Legacy of Asian American

Activism." In *Asian Americans: The Movement and the Moment*, edited by Steve Louie and Glenn Omatsu, 187-205. Los Angeles: UCLA Asian American Studies Center Press, 2001.

Dosse, François. *History of Structuralism, Vol. 1: The Rising Sign, 1945-1966*. Translated by Deborah Glassman. Minneapolis: University of Minnesota Press, 1998.

Eagleton, Terry. *After Theory*. New York: Basic Books, 2003.

Edwards, Brent Hayes. *The Practice of Diaspora: Literature, Translation, and the Rise of Black Internationalism*. Cambridge: Harvard University Press, 2003.

Ellen, Roy and Holly Harris. "Introduction." In *Indigenous Environmental Knowledge and its Transformations: Critical Anthropological Perspectives*, edited by Roy Ellen, Peter Parks, and Alan Baker, 1-33. Amsterdam: Harwood, 2000.

Eng, David and David Kazanjian, eds. *Loss: The Politics of Mourning*. Berkeley and Los Angeles: University of California Press, 2002.

Enwezor, Okwui, et al., eds. *Créolité and Creolization*. Ostfildern-Ruit: Hatje Cabtze, 2003.

Eriksen, Thomas Hylland. "Tu dimunn pu vini kreol: The Mauritian creole and the concept of creolization." Lecture, Oxford University, December 1999. Working paper from the programme in Transnational Connections, WPTC-99-13. http://www.potomitan.info/ki_nov/moris/creolization.html. Retrieved March 20, 2009.

Fanon, Franz. *Black Skin, White Masks*. Translated by Charles Lam Markham. New York: Grove Press, 1967.

———. *The Wretched of the Earth*. Translated by Richard Philcox. Afterword by Homi Bhabha. New York: Grove Press, 2008.

Freire, Paulo. *Pedagogy of the Oppressed*. New York: Continuum, 2008 (1967).

Gallagher, Mary. *Soundings in French Caribbean Writing Since 1950: The Shock of Space and Time*. Oxford and New York: Oxford University Press, 2002.

Gates, Henry Louis, Jr. "Editor's Introduction: Writing 'Race' and the Difference it Makes." In *"Race," Writing, and Difference*, edited by Henry Louis Gates, Jr. and K. Anthony Appiah, 1-20. Chicago: University of Chicago Press, 1986.

———, ed. *Black Literature and Literary Theory*. New York: Methuen, 1984.

Gikandi, Simon. "Poststructualism and Postcolonial Discourse." In *The Cambridge Companion to Postcolonial Literary Studies*, edited by Neil Lazarus, 97-119. Cambridge: Cambridge University Press, 2004.

Gilroy, Paul. *Against Race: Imagining Political Culture Beyond the Color Line*. Cambridge: Harvard University Press, 2000.

Glissant, Edouard. *Caribbean Discourse: Selected Essays*. Translated by J. Michael Dash. Charlottesville: University Press of Virginia, 1989.

———. *Poetics of Relation*. Translated Betsy Wing. Ann Arbor: The University of Michigan Press, 2000.

Grande, Sandy. *Red Pedagogy: Native American Social and Political Thought*. Lanham, MD: Rowman and Littlefield, 2004.

Ha, Marie-Paule. "Double Trouble: Doing Gender in Hong Kong." *Signs: Journal of Women in Culture and Society* 34, no. 2 (Winter 2009): 423-449.

Hall, Stuart. "Créolité and the Power of Creolization." In *Créolité and Creolization*.

———. "Creolization, Diaspora, and Hybridity in the Context of Globalization." In *Créolité and Creolization*.

Harding, Sandra. *Is Science Multicultural? Postcolonialisms, Feminisms, and Epistemologies*. Bloomington: Indiana University Press, 1998.

Haring, Lee. "Cultural Creolization." *Acta Ethnographica Hungarica* 49, no. 1-2 (2004): 1-38.

Heidegger, Martin. "The Origin of the Work of Art." In *Poetry, Language, Thought*, translated by Albert Hofstadter, 15-86. New York: Harper & Row, 1971.

———. "A Dialogue on Language between a Japanese and an Inquirer." In *On the Way to Language*, translated by Peter D. Hertz, New York: HarperOne, 1982.

Hiepko, Andrea Schwieger. "L'Europe et les Antilles: une interview d'Édouard Glissant." *Mots Pluriels*, no. 8 (October 1998). http://www.arts.uwa.edu.au/MotsPluriels/MP898ash.html. Retrieved March 9, 2009.

Ho, Fred and Bill V. Mullen, eds. *Afro Asia: Revolutionary Political and Cultural Connections between*

African Americans and Asian Americans. Durham and London: Duke University Press, 2008.

Holland, Sharon P. "The Revolution, 'In Theory'." *American Literary History* 12, no. 1-2 (Spring-Summer 2000): 327-336.

Jameson, Fredric. "Periodizing the 60s." In *The Ideologies of Theory: Essays 1971-1986*, vol. 2. *The Syntax of History*, 178-208. Minneapolis: University of Minnesota Press, 1988.

———. "Modernism and Imperialism." In *Nationalism, Colonialism, and Literature*, edited by Fredric Jameson, Edward Said, and Terry Eagleton. Minneapolis: University of Minnesota Press, 1990.

Khatibi, Abdelkebir. *Maghreb pluriel*. Paris: Denoël, 1983.

Kimmelman, Michael. "In France, a War of Memories Over Memories of War." *The New York Times*, March 5, 2009, Section C, pages 1 and 4. http://www.nytimes.com/2009/03/05/arts/design/05abroad.html?emc=eta1. Retrieved March 9, 2009.

Koh, Adeline, and Frieda Ekotto. "Frantz Fanon in Malaysia: Reconfiguring the Ideological Landscape of Negritude in Sepet." In *Land and Landscape in Francographic Literature: Remapping Uncertain Territories*, edited by Magali Compan and Katarzyna Pieprzak, 121-141. Newcastle, U.K.: Cambridge Scholars Publishing, 2007.

Kristeva, Julia. "French Theory." In *World Writing: Poetics, Ethics, Globalization*, edited by Mary Gallagher, 122-137. Toronto: University of Toronto Press, 2008.

Lacan, Jacques. *The Seminar. Book VII. The Ethics of Psychoanalysis, 1959-60*. Translated by Dennis Porter. London: Routledge, 1992.

Lionnet, Françoise. *Autobiographical Voices: Race, Gender, Self-Portraiture*. Ithaca, N. Y.: Cornell University Press, 1989.

———. "Continents and Archipelagoes: From E Pluribus Unum to Creole Solidarities." *PMLA* 123, no. 5 (October 2008): 1503-1515.

———. "Cultivating Mere Gardens? Comparative Francophonies, Postcolonial Studies, and Transnational Feminisms." In *Comparative Literature in an Age of Globalization*, edited by Haun Saussy, 100-113. Baltimore: The Johns Hopkins University Press, 2006.

———. "Créolité in the Indian Ocean: Two Models of Cultural Diversity." *Yale French Studies* 82 (1993): 101-112.

———. "Performative Universalism and Cultural Diversity: French Thought and American Contexts." In *Terror and Consensus: Vicissitudes of French Thought*, edited by Jean-Joseph Goux and Philip R. Wood, 119-132. Stanford: Stanford University Press, 1998.

Lionnet, Françoise and Ronnie Scharfman, eds. "Post/Colonial Conditions: Exiles, Migrations, and Nomadisms." *Yale French Studies* 82 and 83 (1993).

Lionnet, Françoise and Shu-mei Shih, eds. *Minor Transnationalism*. Durham: Duke University Press, 2005.

McCumber, John. "Philosophy vs. Theory: Reshaping the Debate." *Mondes Francophones* (August 2009), online edition. http://mondesfrancophones.com/espaces/philosophies/philosophy-vs-theory-reshaping-the-debate/. Retrieved August 30, 2009.

Mignolo, Walter. *Local Histories/Global Designs*. Princeton: Princeton University Press, 2000.

Moya, Paula and M. Hames-Garcia, eds. *Reclaiming Identity: Realist Theory and the Predicament of Postmodernism*. Berkeley and Los Angeles: University of California Press, 2000.

Nandy, Ashis. *The Intimate Enemy: Loss and Recovery of Self under Colonialism*. Delhi: Oxford University Press, 1989.

Nnaemeka, Obioma. "Nego-Feminism: Theorizing, Practicing, and Pruning Africa's Way." *Signs: Journal of Women in Culture and Society* 29, no. 2 (Winter 2004): 357-386.

Noblet, Pascal. *L'Amérique des minorités: Les politiques d'intégration*. Paris: L'Harmattan, 1993.

Omi, Michael and Dana Takagi, eds. "Thinking Theory in Asian American Studies," special issue of *Amerasia* 21, no. 1-2 (1995).

Ortiz, Simon J. *from Sand Creek*. Tucson: The University of Arizona Press, 1981.

Ong, Aihwa and Stephen J. Collier, eds. *Global Assemblages: Technology, Politics, and Ethics as Anthropological Problems*. Oxford: Blackwell, 2004.

Palumbo-Liu, David, ed. *The Ethnic Canon: Histories, Institutions, Interventions*. Minneapolis: The

University of Minnesota Press, 1995.

Palmié, Stephan. "Creolization and Its Discontents." *The Annual Review of Anthropology* 35 (October 2006): 433-456.

Patai, Daphne and Will H. Corral. "Introduction." In *Theory's Empire: An Anthology of Dissent*, edited by Daphne Patai and Will H. Corral, 1-18. New York: Columbia University Press, 2005.

Prabhu, Anjali. *Hybridity: Limits, Transformations, Prospects*. Albany: SUNY Press, 2007.

Radhakrishnan, R. *Theory in an Uneven World*. Oxford: Blackwell, 2003.

Ramassamy, Ginette. "Which 'Ethics of Vigilance' to Put Into Place?" In *Créolité and Creolization*.

Ross, Kristin. *May '68 and Its Afterlives*. Chicago: University of Chicago Press, 2002.

Rothberg, Michael. *Multidirectional Memory: Remembering the Holocaust in the Age of Decolonization*. Stanford: Stanford University Press, 2009.

Sandoval, Chela. *Methodology of the Oppressed*. Foreword by Angela Y. Davis. Minneapolis: University of Minnesota Press, 2000.

Santos, Bonaventura de Sousa. "General Introduction." In *Democratizing Democracy: Beyond the Liberal Democratic Canon*, edited by Bonaventura de Sousa Santos, xvii-xxxiii. London: Verso, 2005.

Said, Edward. *Humanism and Democratic Criticism*. New York: Columbia University Press, 2003.

Scad, John. "Preface." In *Life After Theory*, edited by Michael Payne and John Scad, ix-x. London:

Continuum, 2003.

Semali, Ladislaus and Joe L. Kincheloe, eds. *What is Indigenous Knowledge?* London: Taylor & Francis, 1999.

Shih, Shu-mei. "Comparative Racialization: An Introduction." *PMLA* 123, no. 5 (November 2008): 1347-1362.

Simpson, David. "Theory in the Time of Death." *Critical Quarterly* 48, no. 1 (Spring 2006): 126-135.

Smith, Linda Tuhiwai. *Decolonizing Methodologies: Research and Indigenous Peoples*. London: Zed Books, 1999.

Smith, Valerie. *Not Just Race, Not Just Gender: Black Feminist Readings*. New York: Routledge, 1989.

Spivak, Gayatri. "Can the Subaltern Speak?" In *Marxism and the Interpretation of Culture*, edited by Cary Nelson and Lawrence Grossberg, 271-313. Urbana: University of Illinois Press, 1988.

———. *Outside in the Teaching Machine*. London and New York: Routledge, 1993.

Stora, Benjamin. *La guerre des mémoires - La France face à son passé colonial* (interview with T. Leclère). Paris: éditions de l'aube, 2007.

Takeuchi, Yoshimi. "Asia as Method." In *What is Modernity: Writings of Takeuchi Yoshimi*, edited and translated by Richard F. Calichman, 149-165. New York: Columbia University Press, 2005.

Turner, Lou and John Alan. *Franz Fanon, Soweto and American Black Thought*. Detroit: News and Letters,

June 1978.

Vergès, Françoise. "Open Session." In *Créolité and Creolization*, 199-211.

———. "Kiltir Kreol: Processes and Practices of Créolité and Creolization." In *Créolité and Creolization*, 179-184.

Warren, Michael, D. "The Role of the Global Network of Indigenous Knowledge Resource Centers in the Conservation of Cultural and Biological Diversity." In *On Biocultural Diversity: Linking Language, Knowledge, and the Environment*, edited by Luisa Maffi, 446-461. Washington and London: Smithsonian Institution Press, 200.

Wieviorka, Michel. "Is Multiculturalism The Solution?" *Ethnic and Racial Studies* 21, no. 5 (September 1998): 881-910.

———. *Le racisme: une introduction*. Paris: La Découverte, 1998.

Williams, Raymond. *The Politics of Modernism*. London: Verso, 1989.

Young, Robert J. C. *White Mythologies: Writing History and the West*. London and New York: Routledge, 1990.

———. "Fanon and the Turn to Armed Struggle in Africa." *Wasafari* 44 (Spring 2005): 33-41.

第四章

立足台灣的批判理論*

我們先以一個假設出發：台灣沒有理論。對於這個假設，有人也許忿忿不平，有人也許悲觀默認，總之大部份台灣學界人文和社會各學科的學者們，以及國外的台灣學研究者們，都可能會有一些反應。本論文針對這個假設，希望在盡可能的範圍內做一個初步的、按部就班的分析和應對。

何謂理論？這可能是我們在思考這個假設時第一應該考慮的問題。從最基本的觀點來看，在人文社會各學科中，所謂理論指的是思維和分析的方法、工具或框架，應用於文化和社會文本的分析。理論因此擁有某個程度的普遍性，可以運用在不同的文本上，跨越不同的社會歷史脈絡或語境。也就是說，理論是普遍的，而文本和語境是特殊的。如此看來，**理論有別於文本和語境；它超越文本和語境而存在**。在這個理解下，台灣可以是一個文本或是一個語境，但不是理論。台灣既然一般被認為不能代表普遍性，台灣就不能生產理論，不是理論自然生成之地，只能是可以將理論從其他地方借用或應用之地。因此，台灣沒有理論，而理論又基本上是歐美的，或者更確切地說，是歐洲的思想經由美國學術界翻譯、改寫之後才形成的「理論」。如我們常用的比較晚近的批判理論、後殖民理論、理性選擇理論、新自由主義理論、晚期資本主義理論、全球化理論、跨國主義理論等，大部分都由美國傳來，包括對德國和法國的一些思想加工之後、藉著世界英語也就是美國英語的媒介傳到世界各地的歐美理論。

我覺得我們應該對理論和歐美的關係進行分析，因為這個「歐美」，也就是我們以前所謂的「西方」，事實上是近兩個世紀的建構，它與所謂的西方的崛起，亦即西方殖民主義和帝國主義的歷史有密切的關係。西方之所以成為普遍性的能指，其實正是由於殖民和帝國主義的擴張下知識／權力相輔相成的產物。也就是說，帝國也許是我們大家可以認可的理論生產的必要條件之一。當中國在前現代時期為帝國時，也曾是東亞（如日本和朝鮮）以及東南亞（如越南）等一些國家的理論中心以及普遍性的能指。如此說來，如果只有帝國才有資格生產理論，那是因為它們的理論有政經權力支撐出的普遍性，帝國的邊緣則只能運用或消費理論，不能生產理論。**在帝國的時代，包括我們當前的全球的帝國時代，國際分工因此不僅是經濟和政治上的，也一直都是理論上的**。有人有資格生產理論，拿來表現他們的文化優異與主動權，而有人只能被動地消費理論或「套」理論。對於這樣不平等的境況，美國拉美裔學者米格諾曾經提出「知識論的種族主義」（epistemic racism）的說法，認為西方之外的所謂的他者，因為一直被看作是次於自以為是文明人（humanitas）的西方人的原始人（anthropos），連他們的知識也被種族主義意識主導下的西方中心的文化優異心態所排斥，

---

* 本章由作者直接用華文寫成，原先題為〈理論台灣初論〉，發表於史書美、梅家玲、陳東升、廖朝陽合編，《知識臺灣：臺灣理論的可能性》（台北：麥田，2016），55-94。

不被納入正堂（2011: 174-75）。另一位葡萄牙學者桑托斯（Boaventura de Sousa Santos）則更大膽地說這其實是一種知識屠殺（epistemicide），他者的知識和知識學，為了撐起西方知識的霸權而被屠殺了（2014）。他們認為，事實上，世界各地都有知識，但它們不但不被認可和尊重，甚而被積極地屠殺了。

既然理論是一種知識形式，按照這兩位學者的看法，那世界各地也都可以生產理論，或自有自己的理論。我們也許可以就此引申，台灣沒有理論或不能是理論生產地的看法，是知識屠殺下的產物；這裡的問題是全球境況下知識／權力掛鉤之後的邊緣地區的理論不被認可且被排斥的問題，而不是台灣到底有沒有理論的問題。這樣看來，台灣必然自有理論，如果我們用心去找台灣理論，那我們應該會找到屬於台灣的或台灣製造的理論，台灣沒有理論的說法因此是錯誤的。然而，情況果真是如此嗎？如果不是，那我們肯定地回答了原初的假設，即台灣沒有理論。那我們就和往常一樣，大家坐在一起嘆息台灣沒有自創的理論，台灣缺乏理論式的思維，全部都是舶來品，或全部都是模仿人家的，台灣是知識殖民的客體，台灣喪失了知識主權，甚或從沒有擁有知識主權，在一連串地被外來人殖民的情況下，已命中注定喪失了獨立理論思維的可能，那本章可能處理的範圍就是探討台灣知識被殖民的來龍去脈，接受這種殖民的過去、現在和未來，就達成了全面回答原來的假設的工作了。

相反地，如果我們同意以上兩位學者的批判，認為台灣自有理論，其知識不被認可和甚或被屠殺了，那我們應該繼續探討的問題就很多，而有關知識殖民的問題也必須納入討論。如：台灣理論在哪裡，怎麼找，而其內容又是甚什呢？又，台灣理論的情境為何？它的可能條件是哪些？它面臨的挑戰為哪些？

為了回答這一連串相關的問題，我想先以所謂的西方理論為例子，回顧一下所謂的西方理論之所以可能的歷史情境，來進入台灣理論相關的諸問題。近來由於後殖民理論的廣泛流傳，大家都熟悉，西方知識之所以變成普遍性典範的特權，基本上是經由殖民統治來獲得的，而殖民教育向來是普遍性建構的最好媒介。台灣之所以沒有自己的理論，一方面是因為日本和滿清殖民，一方面是西方的各個不同層面上的新殖民等，所有普遍性的資源都被別人壟斷，台灣因此只能是特殊性的載體，無法有自己的理論。普遍性和特殊性的關係，如上所述，是一種權力的關係，西方理論的普遍性，事實上是西方中心的普遍性。正如後殖民學者們提出的，這個普遍性事實上也是一個特殊性經由權力包裝之後提升出來的普遍性。這樣看來，西方理論產生於西方語境，本身也應該是特殊性的知識，因此**理論並不超然於語境和文本，事實上與語境和文本有密切且有機的關係**。我的這個論點部分呼應陳瑞麟對理論之區域性的討論。[1]依此類推，我們在揭櫫並解構西方理論的特權之後，本地的理論是不是在我們

1 陳瑞麟，〈可以有臺灣理論嗎？如何可能？〉，《知識臺灣》，15-54。

的注視和重視下，就可以清楚地被看到，也可以被我們自己以及別人認可？我覺得，僅是解構理論的西方中心主義，只是第一步，到找到或建構台灣理論的地步還相距很遠。我們很難說只要看到普遍性為特殊性的提升，台灣的特殊性就自然而然地可以被理論化，或被提升為有普遍性的理論。尤其是在沒有相對的軍事、經濟、文化權力的境況下，不但別人不認可台灣有理論，即使台灣的知識界可能自己都覺得台灣沒有理論或不認可台灣的理論。更何況，西方世界兩百年來對非西方的榨取，使之擁有優越的條件，有餘裕發展各種深度的思維，西方理論的深度和厚度，確實也有它實質的內涵。沒有餘裕的國度，所能發展的思想可能有它的局限。不過，這種局限本身並不構成台灣理論貧困的必然條件。我們只要瞭望一下殖民地的加勒比海諸小國，就會發現二十世紀後半葉最主要的思想家當中不乏加勒比海出身的思想家，如馬提尼克的法農和葛里桑等，或二十世紀早期古巴的歐提茲（Fernando Ortiz）等。

為了比較有力地回答以上的各問題，我在此提出一個世界史的角度，就理論與世界史的關係，來探索台灣理論的可能性以及其已有的、可能的內容，或預想其未來的內容。我提出這樣的研究方法和角度，是希望我們對所謂理論的認知本身採取一個不同的方式，也就是重新認識我們所謂的理論這個東西。所有理論的來龍去脈，不僅是它本身的內容如某些概念而已，因為，如上提及，所有的理論內容都和其歷史情境有密不切分的關係。例如，西方自由主義的理論和資本主義的形成有非常密切的關係，所有啟蒙思想，又和西方殖民擴張有相輔相成的關係等。在此，我再舉一個我們比較熟悉的例子，也就是我們比較公認為非常重要的西方的批判理論（critical theory），或為後結構理論或解構理論。我們一般都把它看作是歐陸的理論，是歐陸所獨創的。即使歐洲的殖民王朝的時代已經過去了，由於其深刻的思維，獲得了相當程度的普遍性，後來傳到世界各地，被很多人所納用。如德希達（Jacques Derrida）的解構主義，一般被看作是他繼承德國和法國哲學傳統並對其形而上學加以解構的法國哲學。就因為法國已經不是殖民大國了，所以好像這樣的法國生產的理論更是純粹的法國思想深厚的最好例證。但是，很多人都知道，德希達不是所謂「正統」的法國人，他的思想是否可以簡單歸納為屬於法國的非常值得質疑。我們知道德希達的背景其實很複雜。他是從西班牙移民到阿爾及利亞的猶太人的後裔，年少時，因為法國殖民下的阿爾及利亞政府反猶太人的種族歧視政策而被學校開除，後來到法國讀書，也到美國研究。在反抗法國殖民的阿爾及利亞的戰爭中，他雖然沒有到前線打仗，但曾以教育軍人的小孩們英語和法語的方式參戰反抗法國，所以並沒有站在法國那一邊。戰後，他的父母舉家移民到法國，因為在阿拉伯人當政的阿爾及利亞，身為猶太人留不下去了。因此，他到法國發展的原因與阿爾及利亞反抗法國殖民的戰爭有密切的關係，他先是站在阿爾及利亞這一邊，後來不得不在法國這一邊。身為猶太人的複雜身分，處處影響了他的人生。這個關係不只是自傳層面的，也是思想層面的。我與我同事合寫的《弱勢族群的跨國主義》的引言中，就有提到，德希達的《論文字學》（*Of Grammatology*）一書中，他先提到對族裔中心主義的批判，之後才提到對羅格斯中心主義的批判（Lionnet and Shih, 2005；即本書的第六章）。而阿爾及利亞的反殖運動，又是我們所謂的全球的六〇年代（通指前世紀大約五〇年代到七〇年代）的世界性的反殖運動的一部分。這個廣泛的反殖運動，事實上包括了美國的公民權運動、法國的學生運動、亞洲和拉美的學生運動與反殖運動、非洲的反殖運動、東歐的反蘇運動如布拉格的春天等，是世界史重要的一頁歷史，所有事件都是互相影響和牽扯的，不是各自孤立發生的。當他到美國去研讀胡塞爾（Edmund Husserl）檔案時，正是美國公民權運動如火如荼的一九五四年。如此看來，德希達的思想絕對不是只屬於法國的思想，而是在這樣糾葛交錯的世界史的經驗下衍生出來的。他對他的身分的歷史境況的無奈，導致他後來避免對這個問題著墨，只有在近年的傳記中，這些關聯漸漸被發覺和討論（Peeters 2012）。另外，大家所公認的二十世紀法國思想界的各大家們，事實上原先也都是不同程度的法國的他者或占據非主流的位置：除了德希達之外，西蘇和洪席耶（Jacques Rancière）也是阿爾及利亞出生的、李歐塔（François Lyotard）曾在阿爾及利亞教書、巴里巴曾在阿爾及利亞志願服務、傅柯曾在突尼西亞教書、克莉斯蒂娃和托多洛夫（Tzevetan Todorov）都是保加利亞人等。

正如本書第三章所述，這個所謂的法國思想受到全球的六〇年代的影響是不容質疑的，而它也正是這個時代的一部分，或是它的產物。那麼，這個情形和台灣有什麼關係呢？我之所以用法國理論為例子，是因為我覺得這個法國理論事實上和台灣有關係，而世界史是這裡關鍵的一個概念，幫助我們理解這個關係。也許很多人會以為法國的批判理論和台灣沒有什麼關係，所以我這種說法，也許是不著邊際的。容我以世界史的角度說明：眾所周知，全球的六〇年代與資本主義國家和共產主義國家對立的冷戰時代是同時的。更確切地說，全球的六〇年代是對於西方資本主義殖民主義在內以及在外的反抗，和共產主義國家的立場有相當程度的共鳴，如中國的毛澤東思想在此時的風行即是一例。而以上提到的洪席耶或是當今正紅的法國哲學家巴迪歐（Alain Badiou）當時也都是毛派知識分子，而後者至今好像都沒有放棄毛主義。台灣當時在國民黨政權下，是以美國為首的資本主義區塊的「自由世界」的重要的一員，冷戰時期美國對抗紅色中國的防衛鏈上主要的一環，因此台灣的哲學思想，即使是反國民黨的，也是以自由主義的形式和內容出現，而馬克思思想的成分相對地非常薄弱。國民黨的冷戰思維對左派思想的打壓是大家都有目共睹的歷史事實，左派的知識分子不是被殺絕就是被囚禁。而自由主義的主導地位，不僅表現在自胡適以降獲得政府認可的思潮，也表現在反對政府的陣營上，如《自由中國》雜誌，誠然是當時的主要思維。

台灣的自由主義思想的蓬勃，和台灣當時在世界格局中扮演的反共陣線上的角色相關。如果我們暫且回顧台灣的自由主義思想，可以說自由主義在台灣的兩個主要脈絡也都和世界史有密切的關係。其一可以說是中華民國二十世紀早期起端然後到台灣的思想家如胡適和極其重要的殷海光的自由主義思潮，包括上面提到的胡適與雷震等人創辦的《自由中國》等，一戰結束與五四啟蒙運動的大環境被冷戰接替下，這個思潮在台灣的華人社會裡有非常重要的社會及歷史意義。胡適在一九二九年就曾經批評過國民黨，後來也曾拒絕接受國民黨要他擔任中華民國駐美大使的指派，一生秉持「個人說話自由」以及民主、法治、學術自由的信念，堅決呵護中研院的學術自由氛圍等（余英時，22，110；胡適2013），都對於台灣的學術界自由主義主流的形成有非常深遠的影響。而殷海光的邏輯實證論（參見陳瑞麟），對普遍主義、「沒有顏色的思想」、與個人的尊嚴與價值的追求，以及對於極權主義的對抗等，在台灣的思想界有著非比尋常的地位（參見錢永祥、劉季倫）。台灣自由主義的第二個脈絡，為日據時期蔣渭水和陳逢源的反殖的自由主義思潮，吳叡人在這一方面的討論，指出它是一種積極的自由主義，與外省人的自由主義比較趨近消極的不同說法，也是台灣思想不可或缺的一個傳統，和他們所面對的不同的歷史境況有關（參見吳叡人）。外省人的自由主義是對抗冷戰時期的威權政治，而日據時期的自由主義是對殖民主義的反抗政治。冷戰是全球的，而日本殖民主義也是世界性的：日本模仿西方的殖民政策，又要脫亞，又要在大東亞共榮圈的藉口下占領亞洲以抵禦西方，是一場世界性的事件。台灣的知識境況因此和世界史的進程息息相關。又如台灣的反共小說，因此竟然和中國當時的所謂的革命小說相似到像是鏡子的兩面，只是好人壞人的意識形態相互顛倒罷了。而這種所謂的革命小說，當時世界各地都有，有的地方英雄是左派的、反殖的，有的地方是右派的、反共產黨的，都是革命加上愛情的模式，只是革命的是不同的命。

因此，到哪裡去找台灣的理論的問題，事實上是世界史的問題，是台灣為世界史構成的一分子的問題。這樣看來，台灣在當時全球左傾思想相對的缺席，也正是台灣參與全球的六〇年代的方式。我們可以簡單把這一部分的討論總結為四點：一、冷戰是全球革命和反殖民的六〇年代的動因之一，因此，台灣也是歐洲批判理論之所以形成的可能條件之一。二、台灣在冷戰中扮演的角色，並不是一個能動者，比較像是**美國的延長線**。這就是為甚麼批判理論必定是經過美國的中介和翻譯之後，才能輸入到台灣。台灣學者甚少直接讀法語或德語接觸批判理論，基本是以英語為媒介，而這個英語是美國英語，不是英國英語。三、批判理論到了美國之後，就慢慢失去了它的政治性，和激進的六〇年代漸行漸遠。如我們熟悉的社會學家列斐伏（Henri Lefebre）本來是學生運動的領袖，他的有關空間實踐的理論，到了美國，就變得沒有太多的政治意義了。以上提到的所有批判理論家，也在美國學術界的轉換過程中變得去政治化了。也正是因為如此，去政治化了的原先左傾的思想可以通行無阻地到達台灣，在台灣受到廣泛的歡迎，因為它對於台灣的反共現狀不構成任何威脅。四、以上我希望我已經揭露了批判理論或任何理論為超越文本和語境的抽象思維的謬論，讓我們重新認識理論，幫助我們重新思考台灣的理論問題，從世界史的角度出發，去探討台灣理論的可能境況有哪些，台灣的理論到底可能是什麼樣子和內容。

如上所述，我覺得非常關鍵的觀點，即是世界史的觀點。而這個世界史的觀點事實上非常簡單：台灣是世界的一部分，在世界史中扮演一個角色，因此世界的知識和理論形成不僅牽涉台灣、包括台灣，而台灣對世界有其身為一員的存在、參與和貢獻。我們可以進一步從三個層次、由大至小的範圍去理解這個世界史觀：

一、第一個層次，也就是最廣泛的層次，就是說因為世界上發生的所有的事都牽涉到其他地方，因此台灣的存在就是一種關係性的存在，絕對不是獨自的存在。物理學裡面的各種相關的混沌理論、量子力學、六度分隔理論，數學裡的隨機圖和複雜系統論，社會學和經濟學裡的全球化理論，世界史中的世界經濟體系論，有關網路的複雜系統論等，都在指明一個現象：即地球一直都是一村，我們的一切和其他的一切都有有形無形的關係。因此所有理論的建構或書寫，必然都是在這樣的關係網下發生的。

二、第二個層次：我們談西方殖民史，通常是指十九世紀或至多十八世紀以降的歷史。但是，這樣看西方殖民史，事實上是錯誤的。在華勒斯坦所說的世界體系形成之時，也就是十五世紀末十六世紀初，西方的海洋殖民擴張已經開始。一四九二年即是一個經典的標誌。當學者們談到現代性時，很少顧及到這一段前史。這裡有兩個原因，不外是西方中心意識的產物：一是十六世紀的殖民擴張牽涉西班牙、葡萄牙和荷蘭而不是西歐，因此被忽略了。二是西班牙和葡萄牙殖民者到了美洲之後，定居下來不走，把原住民趕盡殺絕，這些地方變成了定居殖民地（settler colony），和十九世紀以來的西歐殖民模式不同。因此有學者提出，這一段殖民前史，我們應該稱作是第一波的現代性，而西歐殖民的現代性，則應該看作是第二波的現代性（Mignolo 2000）。荷蘭在台灣的殖民、西班牙在台灣的角逐勢力，即屬於第一波的現代性，就是因為西歐中心觀點對第二波現代性的獨鍾而在世界史上被忽略，因此我們必須對第一波現代性有更深刻的了解和分析。而就在第一波現代性時期，正是有關海洋探險和開墾定居的相關國際法得以刊定的時期，提供以後西歐擴張的法律根據。而這一段有關國際法的歷史和台灣有著密切的關係，我們甚或可以說，台灣在這一段世界史上扮演了一個非常重要的角色，而這一部分的歷史，從來沒有人談過。這一點，我在以下談到荷蘭殖民在台灣，以及台灣為漢人的定居殖民地的問題時，會加以闡述。除了台灣的經驗和國際法的關係之外，在這個世界體系形成的時代，台灣在全球經濟中扮演了一定的角色，為當時世界經濟網不可或缺的一部分。墨西哥白銀經由台灣傳到亞洲大陸，台灣特產如樟腦等運輸到世界各地等，研究「海洋台灣」的學者們，都已經給予了我們當時全球經濟網中的台灣的實證。[2] 因此，台灣為世界史一部分的看法，是一個事實，不是空想的。

2　請參照曹永和、蔡石山等人在這一方面重要的著作。

三、第三個層次：到了第二波的現代性，即近二百多年的西歐殖民、後來的日本帝國主義、冷戰及後冷戰、中國崛起等的世界史上重要的事件，都牽涉台灣。如：近年來許多新清史學者們指出，和西歐殖民稍早或同時的滿清帝國，事實上也是一個現代意義上的殖民大國。而台灣正是在這個時期被納入滿清帝國，所以這是現代殖民史的一部分。只是由於學者們獨鍾西歐海洋殖民的模式，忽略了滿清大陸殖民的模式，如滿清擴張版圖到西藏、新疆、蒙古等。更何況，台灣是一個島嶼，滿清占領台灣，不是更符合西方海洋殖民的模式嗎？這也是西歐中心的弊端之一，好像非西歐的殖民就不算是現代殖民似地，連這個風光也要搶盡。因此，只要是非西歐的帝國，好像還不夠格當帝國似地，所以連日本在亞洲各國的殖民史，大部分也被西方的學界所忽略。加上日本是二次大戰的戰敗國，還被炸了原子彈，從侵略者竟然一夕間變成了犧牲者，所以更不夠格在現代殖民史上占有一席之地，在西方學界不被重視。台灣的日本殖民史因此很少人知道，只有台灣研究領域的部分學者們關注，根本沒法和其他如英語語系和法語語系等的後殖民研究的學者們享有一樣的學術地位或發聲權。我因此常常諷刺地說，如果法國人到了台灣之後沒有走掉，或是留久一點，也許台灣就可以理直氣壯地參與有關法語語系研究的討論。很不幸法國人沒有留下來，英國人也沒有留下來，只有荷蘭（屬於被忽略的第一波現代性）、滿清和日本（屬於被忽略的非西方殖民）留了比較有分量的時段，台灣由此免不了被邊緣化，而這樣在世界殖民史的邊緣化的情形，在理論生產層次上的意義非常重大。革命的六〇年代是後殖民理論的直接動因，且是大多限制於西歐殖民，因此在美國帝國庇蔭下的台灣，沒能直接扮演舉足輕重的角色，而法屬和英屬殖民地的加勒比海各小島，都比台灣小，卻出了那麼多的理論家和思想家，甚至多位諾貝爾獎得主。英國殖民地印度，更是後殖民理論當初最關注的對象，那更不用提，遠在殖民時期就已經產生了諾貝爾獎得主泰戈爾。在美國帝國的反共前線，台灣處於最不時興的政治境況，扮演最不受歡迎的角色，失之於西方學界尤其是人文社會各學科的左傾思維。[3] 因此，台灣學術思維文化的邊緣化可想而知了。很長時間以來，台灣自己的學術界也不重視台灣，因此才有八〇年代崛起的台灣意識，解嚴後台灣研究的興起，不斷需要重新「看見台灣」，至今不衰。

3 簡單說來，由於美國是一個高度資本主義的國家，馬克思主義是最有效的批判理論，因此，幾乎所有有批判力的學者都是馬克思主義論者，或運用馬克思主義為其理論根基。由於台灣被看作是美國右派所支持的對象，美國學院中有批判力的學者因此根本就不要和台灣沾上邊，這也是為什麼台灣研究在美國學術界被邊緣化的原因之一。而這也是為什麼雖然中國已經不再是共產主義了，還是被美國和西方的批判知識分子所推崇和關注。西方的媒體越抹黑中國，他們越覺得他們需要辯護中國。因此很多左派的理論家和中國研究的學者不斷感覺有使命感替中國說話，因為他們掃不走的對中國共產主義的浪漫情懷（也是革命的六〇年代的產物），只能牢牢把持他們的戀物對象：他們想像中的中國。

總的說來，談到台灣理論的語境、脈絡和淵源，我們應該牽涉到的主題很多，如定居殖民主義、美國主義、中國主義或中國意識、自由主義以及日本主義等等。但是由於個人知識的有限以及篇幅之限，本文以下提出以世界史的眼光了解理論台灣，僅提出兩個語境或境況，或兩種了解的方式，並不代表所有可能的方式。經由以下兩個觸角，希望可以「看見」部分台灣的理論，也可以初步引申台灣理論的不同的可能性。

一、定居殖民主義

雖然近年來台灣的學術界和文化界，對原住民問題的關注有明顯的提高，我覺得最基本的一個層面，也就是所有原住民問題中最關鍵的問題，在台灣華人的學術圈裡，似乎尚無深入的探討。在大家熱情地討論台灣的後殖民境況時，卻好像忘記了一群永遠都無法獲得後殖民性的一群人，即原住民。如果我們從原住民的生存境況來看，在這一片原先是他們居住的土地上，一波一波的人過來，有的走了，有的留下，而留下的人基本上享有所有政經權力。這些留下來的人之間也許不斷有衝突，如所謂的本省人和外省人、福佬人和其他的殖民者如荷蘭人或日本人之間等，但是，原住民卻永遠是被殖民而無法擺脫這個生存境況的。這種形式的殖民主義，在台灣很少有人討論。這種形式的殖民主義一般在美國、加拿大、澳洲、紐西蘭等有原住民的國家討論得比較多，即我在前面提到的定居殖民主義（settler colonialism），有別於我們一貫討論的各種正式的或非正式的殖民主義或新殖民主義。

定居殖民主義，顧名思義，指的是外來的人到來之後，定居下來，不回去了，長期以來，不但掌握所有權力，並企圖和他們原來的母國斷絕臣屬關係。如美國和英國打了一場獨立戰爭，加拿大、澳洲、紐西蘭等國也用各種方式從英國獲得獨立，自成一國。南美洲諸國也都是由西班牙和葡萄牙殖民地脫身為獨立國的，當地的原住民和在北美洲或澳洲、紐西蘭等地的原住民一樣，不同程度地被趕盡殺絕，和台灣的情況有其相似處。

住在澳洲學者韋拉契尼（Lorenzo Veracini）名為《定居殖民主義：理論性的概論》的小書，為有關定居殖民主義特徵提供了很好的引介，我希望我們可以沿著他整理出來的定居殖民理論對台灣是否適合進行分析：

（1）定居殖民者到來並定居下來不走；

（2）他們占人口多數；

（3）定居殖民者進而試圖從之前賦予他們宗主權（suzerainty）的母國獲得主權（sovereignty），變成獨立國；

（4）他們在建立他們的主權的同時，意圖使原住民在當地消失，並用各式各樣的名義侵占土地；

（5）定居殖民主義和一般殖民主義可以同時共存；

（6）定居殖民主要的關係結構通常是三角的，包括原住民、定居殖民者和宗主國，不是殖民者和被殖民者之間的二元關係。（2010）

以上六點，每一點都似乎符合台灣的情況：

（1）漢人在台灣，不管是所謂的福佬人、客家人或外省人，他們在台灣定居沒有離開的最多，和荷蘭人、日本人在殖民結束時離開的情況不同；

（2）他們在台灣繁殖變成台灣人口的大多數，幾乎是絕大多數。一般認為台灣的原住民目前只有台灣人口的二％而已；

（3）台灣的漢人原先從中國而來，但是自日據時期就有意獨立自成一國；

（4）原住民被消失掉的方法很多，其中如不把平埔族算進去的人口統計法，又如用各種方式把他們逼上高山，包括種族歧視下原住民在平地就業的困難。法律上所有權的概念維護著漢人的土地擁有權，而原住民可用之地，包括打獵的森林，都被管制。由於所有的歧視結構的無所不在，人們在街上看見原住民的機會很少，除非到原住民的部落或是觀光區。以上只是小部分讓原住民消失的方法，我在此沒有辦法一一列舉。

（5）及（6）：日據時期，日本的殖民主義統治和漢族的定居殖民主義當時是同時存在，形成另外一種三元結構，即原住民、台灣漢人、日本人，和原先的三元結構（原住民、台灣漢人、中國宗主國）同時存在，形成複雜的權力和認同關係。霧社事件代表了日本殖民貫徹進入高山而引起的原住民的反抗，漢人是不是旁觀者，在這裡扮演的角色，必須進行分析。日本殖民政府組織的「討蕃隊」除了日本人，還包括了很多漢人，是大家都知道的事實。而同樣地，國民黨在戒嚴時期壓制台灣漢人，我們如果把它看作是某種殖民形式，那又和原住民形成三元關係。而原住民在這些三元結構中永遠是在最低等的地位，其被殖民境況不得改變。

另一本有關定居者殖民主義的重要著作是澳洲人類學者沃爾夫（Patrick Wolfe）的《定居殖民主義和人類學的轉型》（*Settler Colonialism and the Transformation of Anthropology*）一書。他的一些總結，對我們研究台灣的定居殖民主義也有相當的啟發性：

（1）定居殖民主義的目標不是獲取資源和勞動力，而是要取代原住民並使他們消失：這一點和以上的第四點相似，定居殖民者用各式各樣的方式使原住民消失。如果原住民消失了，那所有資源理所當然就屬於定居殖民者，因此也不要依賴原住民的勞動力，以免他們變成經濟生產的主要一環。

（2）入侵是一個結構，而不是一個事件。定居殖民者不會離開，因此殖民境況永不結束：這個情形在所有定居殖民地都一樣，台灣也不例外，漢人到了台灣，對原住民是一種入侵，但是這種情況不是一時的，而是永久且結構性的。除非，台灣所有擁有部分原住民血統的人認同自己身體裡流著的原住民血液，把台灣改建成一個或回歸到一個南島語系國家，推翻漢文化的主宰性。如果這樣，台灣在血緣、語言、文化上都是和中國不一樣的，不是就更有了台灣為獨立國的理由嗎？國民黨無法放棄其宗主國，而台灣漢人一般也無法放棄中國文明（雖然台灣的中國文明已經不是所謂的「中國文明」了），在這樣的曖昧當中，台灣的主權意識也變得游離不定，則是理所當然的了。

（3）它採取族群（文化）滅絕（ethnocide），而不是種族滅絕（genocide）的方式，其目標是摧毀原住民的集體身分認同，而不是殺死所有原住民，所以原住民可以留下來：因此有些台灣的原住民隱蔽自己的身分認同，有部分原住民血統的人也有很多以漢人自居，是這種漢人中心的文化滅絕政策下的產物。而原住民文化與語言瀕臨滅絕，或被選擇性地觀光化、異域化、奇觀化等都已經司空見慣。近年來原住民意識慢慢崛起，台灣政府也策略性地運用原住民文化為台灣文化獨特性的象徵（如在對外的文宣中），但是已經流失了的某些原住民傳統恐怕很難再找回來了。

（4）它運用無主地（terra nullius）的概念占領土地。這是歐洲中心的國際法當中重要的一項，用來辯護為什麼定居殖民者可以擁有土地權。原住民沒有在土地上耕耘，荒廢土地資源，因此他們不夠格也從未擁有這片土地，這些土地想當然耳是無主的或空白的。誰在空地上勞作誰就可以聲稱擁有那些土地。漢人在台灣當初也是占領了他們認為空白或無主的土地，即使不是用國際法的概念，實質上的效果卻是一樣的。

（5）原住民被排除在生產關係和生產工具關係之外。因此需要從別的地方進口勞動力：為什麼原住民找不到工作的原因，關鍵在此。在大部分的定居殖民地，殖民者寧願動用外來的勞力，也不願雇用本地的原住民，這是其定居殖民主義心理結構的一大特色。如美國雇用黑奴和華工，而不用原住民開發西部。如台灣近年來大量雇用外勞，而原住民就業還是困難重重。

（6）同化主義的實施：這也是讓原住民消失的方式之一，如淡化原住民的血液，使平埔族變成漢族，是一個「後邊疆」的文化邏輯。原來的「蕃界」線，越來越推到遠處，超越了族裔的邊疆，大家都變成漢族。而如同所有的種族歧視主義的運作模式一樣，原住民什麼時候可以變成漢人、什麼時候不能變成漢人，哪些人可以變成漢人、哪些人不可以等，遵循的都是漢人中心的各種邏輯。[4]

如果以上的定居殖民主義理論的討論，讓我們看清台灣是一個定居殖民地的事實，那我們的討論可以進一步，再回到世界史的立場看這個事實。

在此，我想進一步強調的是，台灣不是一個僅僅類似於美國、澳洲、紐西蘭、加拿大和其他地方的定居殖民地。起源於西元十七世紀的有關定居殖民主義的國際法，事實上和台灣有直接關聯。具體而言，這一鏈接的源頭是由荷蘭的東印度公司和荷蘭法學家格勞提斯（Hugo Grotius, 1583-1645）的有關定居和占領的國際法的論述開端的。格勞提斯是最早奠定了國際法基礎的理論家。尤其是通過他有巨大影響力的法律著作《論戰爭法與和平法》（*De Jure Belli ac Pacis libri tres*, 1625, 3Vols）、《自由海洋論》（*Mare Liberum*, 1609）和《論戰利品法》（*De Jure Praedae*，寫於一六〇四—〇五，發表於一八六四）為海外擴張和定居確立了法律依據，明確奠定了以上討論的「無主地」的概念並宣傳相關的法律（占有無主地被認為符合自然法則）。他捍衛了征服和驅趕土著的權利、懲治罪犯的權利，包括進行正義戰爭（just war）的權利（針對野獸，包括「像野獸一樣的人」），而且也包括「私人戰爭」（private war）的權利等。[5]從格勞提斯，我們可以直接連接到英國哲學家洛克（John Locke, 1632-1704）和其他國際法理論家的相關論述。

台灣為荷蘭殖民地時期，正是格勞提斯的論述獲得國際認可的時期。曾是美國政治學學會會長的著名學者卡蘿・佩特曼（Carol Pateman）就曾一針見血地指出這種論述和殖民的關係：格勞提斯本人，就有「擔任荷蘭東印度公司董事的親屬，而洛克曾是皇家非洲公司與一個在巴哈馬的貿易公司的投資者」（Pateman, 47-48）。如此看來，他們兩位的法學觀都直接源自他們親身參與的殖民的經濟活動，為的是給予殖民主義法律上的名義和認可。

當時，荷蘭東印度公司獲得由荷蘭國會兩院授權，自一六〇二年開始，擁有在亞洲進行殖民活動的二十一年的壟斷權，而其管制下的殖民地之一便是台灣，稱作荷屬台灣（1624-1662）。這段在台灣的殖民歷史因此與國際法中有關定居殖民的法規有密切的聯繫；它是一個世界性的歷史事件，我們也應當如此處理。

在有關定居和占領的國際法基礎上，引用由洛克及霍布斯（Thomas Hobbes）等奠定的歐洲自由主義思想當中的社會契約論（social contract theory），佩特曼更進一步發展出「定居契約」（settler contract）的概念。這一契約是定居殖民者之間簽署的，並不一定是書面形式的，殖民宗主國和當地土著／原住民都被排除在外，以保障定居殖民者的權益，而當地土

4 以上Wolfe的論點部分，取自*Settler Colonialism and the Transformation of Anthropology*, 1-33。

5 以上有關國際法的討論，參見Carole Pateman (2007)。

著/原住民被迫按照契約的設計規約行事，並由定居殖民者執行監管。土著／原住民並不是契約的簽字方，但卻受契約管制和主宰。這份漢族台灣人（不論是客家人還是福佬人）之間簽訂的定居契約是台灣理論和知識問題的關鍵因素，是思考任何台灣理論最基本的出發點。我們不理解台灣漢人的定居殖民主義，就很難理解台灣的中國情結為什麼那麼深，台灣的美國情結為什麼那麼根深蒂固，台灣漢人為什麼不往台灣的裡面看，而往台灣的外面看。因為台灣的裡面是原住民，而台灣漢人必須面對本身為殖民者的這一個事實，原來福佬人不一直都是被殖民或被壓迫的，他們也是壓迫別人的。福佬人的悲情，雖然確實有歷史原因，卻是站在更無法超越的原住民的悲情上的。當福佬人和外省人之間的衝突不斷被渲染時，大家都忘記了原住民才是絕對的被殖民者。

以上的討論顯示了台灣的後殖民論述為什麼是有局限的，因為它作為一種解放的論述，其效用只限於漢族台灣人。所謂的福佬人的悲情當然是需要面對的，但是它不免有本身就是一個滔滔邏輯（tautology，為張系國「諧音雙關」的翻譯，見下）的嫌疑，以福佬人的悲情掩蓋了原住民的悲情，在對內的語境中，到頭來也是定居殖民者為自身的利益服務的一種說法。顧名思義，滔滔邏輯以自身的預設為預設，以自身的目標為目標，是「一個將自我提升為顯著真理的藉口」（維基百科）。這個滔滔邏輯所錯置掉的現實是：原住民從來沒有進入後殖民時代，因此談台灣的後殖民，可能為時尚早。真正的去殖民，必須至少包括對定居殖民結構的批判。由於定居殖民主義不是一個事件而是一個結構（如沃爾夫所言），並且永遠不能被徹底推翻，那麼台灣的漢人知識的本質，雖然困於帝國（日本、中國、美國）之間，仍然是定居殖民主義的知識。而對這一知識形構的批評將是實現真正的去殖民化，包括全體台灣人民在內的去殖民化的第一步。而這正是台灣的理論思維的關鍵之處。

我們暫且可以基於以上的討論作出如下推斷：台灣的定居殖民境況類似於其他定居殖民地，可以和其他地方的定居殖民理論互相參照。但其獨特性除了歷史、地理、經濟、政治等必然的特定因素外，在於它是非歐洲的定居殖民地，由不同浪潮的漢人，如福佬人、客家人、新一波的中國來台的外省人等所鞏固，因此和中國這一個原先的宗主國，現在為籠罩台灣的大國的中國，形成複雜的關係。因此，我們所能夠發展的台灣的定居殖民理論，在已存的定居殖民理論的基礎下，可能另外可以包括以下的內涵：

（1）滔滔邏輯論：如前所述，定居殖民主義的知識的運作模式是一種滔滔邏輯，以一個虛假的前提，帶出保障自我的結論，以自我提升為真理，本身不一定有實質性的內容，容易淪為形式主義。也許正是因為內核空虛，因此也容易被日本殖民或被西方，尤其是美國，心理或知識殖民。滔滔邏輯一方面把自己為殖民者的現實掩蓋住了，結果空出來的中心地方，卻到頭來變成被西方相當程度上知識殖民的空間。廖朝陽提到台灣為空白主體的論點，我覺得和這種情形也有關係。[6]由於在根本上捨棄了最關鍵的自我批判力，也許因此很容易喪失批判的能源，而相對地容易變成開放給別人充占的空白主體。在壓迫原住民的情況下，卻也同時將空間留給更有權力的西方，被動地接受理論。因此，台灣批判理論的缺乏，可能原因在此。也就是說，台灣批判理論的缺乏，和台灣的定居殖民主義有著知識結構上的密切關係。

（2）摹仿論：由於內核虛空，必須不斷從西方引進新的理論。引進之後，不一定就深入並建樹自己的理論。一般傾向是引進、運用（通常沒有辦法超越摹仿的形式）、然後拋棄，再引進新的理論。這個快速消費西方理論的現象本身，我覺得值得理論化，如在南美的學界（如巴西的蕭瓦滋〔Roberto Schwarz〕）和日本的知識界（如竹內好）都有相關的討論。台灣的摹仿論，由於台灣為定居殖民地的原由，可能更至極端，因此我認為我們更應該將這個問題理論化，發展出一套完整的摹仿論批判。

（3）原住民的幽靈化：讓原住民消失的方式之中，在美國有學者提到一種方法，就是巧妙地將原住民轉換成定居著的祖先。雖然原住民與定居殖民者同時存在，他們卻變成定居者的祖先，把他們歸到過去的結果，使定居者很理所當然地變成了一切的繼承者。一方面是將他們原始化，另一方面是正當化定居者「繼承」／占領這片土地的現狀。我覺得台灣確實也有這樣的說法，但是除了這樣的方式之外，在台灣的情形更多是將原住民幽靈化。他們不一定是台灣漢人的祖先，但是他們的實質存在通常被忽略，只是偶然冒出一個歌星、一部電影或一個作家。不然我們只有看原住民的表演等時才看見他們，其他時間，原住民的存在似乎是幽靈般地沒有實質性。幽靈化的優點，一方面是可以視而不見原住民的各種問題，好像這些問題並不存在。另一方面，也可以無視平埔族為原住民的歷史原由。「幽靈化」和「祖先化」因此在機制上有稍微的差異，但是基本上都是讓原住民消失的方法，有相通又相輔相成之處。

（4）大陸心態論：除了以上三個特色之外，定居殖民的台灣漢人雖然居住在島嶼上，卻一直無法擺脫大陸心態，和前面提到的中國為宗主國相關。雖然最早到達台灣的漢人是經由海洋渡船而來，應該是充滿海洋心態，更何況其中某些是海盜等。但是在台灣定居下來的漢人，似乎沒有放棄大陸心態（自居中原人），與海水的關係淺顯，沒有深入的海洋論述，直至近年學者對台灣海洋史的回顧才有一點起色。這當然和冷戰時期國民黨根深蒂固的大陸心態有關，其「反攻大陸」的終極目標、其以大陸自居的幻覺等，都一直加深了台灣漢人的大陸心態。反觀原住民的海洋心態，如達悟族作家夏曼．藍波安的海洋書寫，才更能表現在台灣的人和海的密切關係。

6　廖朝陽空白主體的概念，請看《知識臺灣》一書裡的相關論文。

（5）知識正義論：這一點牽涉的是原住民的知識被幾乎完全邊緣化的現象，正如同台灣的知識在全球的格局邊緣化一樣，台灣的理論應該是非常關注知識正義的，並且更需進一步提出有力的知識正義論。如陳張培倫在知識／臺灣學群的工作坊中提出，原住民的「族群知識復振」是一個非常迫切的問題，原住民「知識主權」的重構，有賴原住民的生存和解殖。而其目的不是博物館式的陳列和本質主義化，而是作為一種實踐與方法，幫助所有住在台灣的人，更加了解台灣。在全球原住民知識運動（indigenous knowledge movement，或簡稱IK）正在興起的當今，台灣的學術界真的已經沒有任何藉口不關注原住民知識。更何況，南島語系各民族之間的論述串聯，處處需要台灣原住民論述的參與。相較與紐西蘭的同樣是南島語系的毛利人，台灣的原住民的發聲機會與文化空間對他們的開放度，是非常小的。台灣的漢人學者如何逃脫先前從日本人以降的殖民角度認識原住民，也是目前非常迫切的問題。人類學與殖民主義的關係，在台灣也需要多一些的公開討論。在這個意義上，我們可以說，從原住民知識開始，到漢人的知識，其實是互相糾葛的，都有共同的知識正義問題，因此更需要能夠將心比心，共同創造知識權力的轉型，以達到比較全面的解殖。筆者個人在這一方面的努力，可參見我和蔡林縉合編的《原住民知識在台灣及其外》（*Indigenous Knowledge in Taiwan and Beyond*）一書。

以上五點，只是初步的建議台灣的定居殖民理論的可能內涵和面向，它的全面的討論，需要更多的學者們一起思考和辯論，必須由漢人和原住民共同深入探討才可。

二、美國主義

一八九四年四月，羅斯福（Theodore Roosevelt）在《論壇雜誌》（*Forum Magazine*）發表了一篇題為〈真正的美國主義〉的文章，其中美國主義被定義為一個美國人作為美國人所擁有的「精神、信念和宗旨」。作為美國人的必要品質，一個主要的特徵就是要放棄「對歐洲觀點的殖民式的依賴，以及誇張的尊重」，以避免成為一個「愚蠢的和不受歡迎的公民」，當然還包括要愛國並願意為美國而戰等等。真正的美國主義是作為一個真正的美國人的品質，而一個真正的美國人應是有著「強烈和熾熱的美國主義」的人。它們同義反覆，定義了彼此，也是一個滔滔邏輯。在此，我們也可以一窺美國作為一個定居殖民地，即使當時已經從英國獲得了獨立，在文化意識形態上也急欲從英國等歐洲各國的影響力下解放出來，這和台灣獨立於中國之外的渴望可以平行視之。

在一九二九年和一九三五年之間的某個時候，義大利馬克思主義者葛蘭西（Antonio Gramsci）在獄中寫了一篇長長的，雖然零碎的，題為〈美國主義和福特主義〉的文章，後來出版在他的《獄中札記》（*Quaderni*）中。在文章的結尾，他引用了劇作家皮藍德羅（Luigi Pirandello）的話宣稱「美國主義正淹沒我們。我認為，一個文明的新的燈塔已經在那裡點燃」。對皮藍德羅來說，這個美國主義的燈塔，在歐洲，尤其是巴黎看來，也許如同「一個正在老去的社交名媛臉上的妝容那樣刺目和不和諧」（316）。葛蘭西不同意這樣的評價。他的觀點是，美國主義，正如它的一個範例福特主義所彰顯的那樣，標誌著生產關係上的一個變化，是「歐洲文明的一個有機的延伸和強化」(318)。美國主義和歐洲主義之間的區別「不是本質上的，而是程度上的」。美國主義代表了反封建的一支生力軍，摧毀了那些「在生產的世界沒有實際功用」的寄生階級，是一種新型的自由主義國家，並最終實現了生產和工作的合理化。歐洲對美國主義的防禦性反應，僅僅是寄生階級試圖「掌控社會恐慌和絕望的浪潮」（317）的迴光返照。葛蘭西也指出，美國主義當然並不全然是玫瑰色的，它監管了工人們的生活和休閒（包括性生活），對他們剝削更甚，並體現出更強的「由國家和社會行使的道德脅迫」，導致了整個社會趨近「病態的危機」（280）。如只有富人可以離婚（他們有錢可以離婚），而工人被鎖定在一夫一妻制中，從而更有利於獻身工作。這一時期精神分析法的盛行，反映了對工人的剝削和道德脅迫的加劇。

黃春明一九七二年出版的短篇小說〈蘋果的滋味〉，情節始於一場車禍，一個棚戶區的工人被一輛載有美國人的車撞了。這個可憐的人很快被送到美國醫院，而那個美國人堅持拜訪他家，準備把他的家人接到醫院。在工人的家裡，他遇到的是一個震驚且悲痛的妻子和五個小孩，其中一個是個啞巴女孩。工人的家人聽到這個消息非常傷心，不僅只是因為這位工人是這個家庭的唯一經濟支柱。但是當他們被引領著進入了等在那裡的美國人的汽車——雖然正是這車子早些時候壓壞了家中唯一的經濟支柱——他們感到進入了一個未知的、嶄新的世界。坐在這樣的豪華汽車裡是如此新奇的一種體驗，令他們難以抑制激動的心情，孩子們在到醫院的一路上都咯咯地笑著。當他們進入雅緻的、白色的、消毒的醫院，他們更覺得緊張、忐忑，擔心做錯事情，比如說話時不該發出大的聲響。孩子們探索了新奇的浴室，偷拿了一些高品質的潔白衛生紙，最終他們見到了他們的父親，兩個斷腿裹滿繃帶。當這個家庭正感到傷心和困惑的時候，一位會說福佬話的美國白人護士進了房間。她的熱情和友善，讓他們想到在賀卡上見過的帶翅膀的天使。當那個車子壓了工人的美國人進入房間，他給了這個家庭一個裝著現金的厚厚的信封，並提出把他們的啞巴女兒送到美國的一所特殊學校。在不安和困惑中，他們聽到陪同他們和那個美國人一起到醫院的警察突然開口說：「這次你運氣好，」他說，「被美國車撞到，要是給別的撞到了，現在你恐怕躺在路旁，用草蓆蓋著哪！」而被壓到的工人慌恐地、感動涕零地說：「謝謝！謝謝！對不起，對不起，……」（224）

這家人現在籠罩在一片歡樂的氣氛，都開心地笑著，慶祝自家的好運氣。由於孩子們盯著美國人帶給他們的蘋果，父親就告訴他們一個蘋果的錢抵四斤米。

> 經阿發這麼一說，小孩、阿桂都開始咬起蘋果來了。房子裡一點聲音都沒有，只聽到咬蘋果的清脆聲，帶著怯怕地一下一下此起彼落。咬到蘋果的人，一時也說不出什麼，總覺得沒有想像那麼甜美，酸酸澀澀，嚼起來泡泡的有點假假的感覺。但是一想到爸爸的話，說一只蘋果可以買四斤米，突然味道又變好了似的，大家咬第二口的時候，就變得起勁而又大口地嚼起來，噗喳噗喳的聲音馬上充塞了整個病房。（226）

我個人有一個在一九七〇年代吃到從美國進口的紅香蘋果（red delicious，現譯蛇果）的淡淡的記憶（這種蘋果被稱為「紅香蘋果」，但眾所周知，它是所有蘋果中最不好吃的）。小說題為〈蘋果的滋味〉，當然不是指蘋果作為現實中的水果的滋味，而是蘋果所代表的一切，也就是一種美國主義：蘋果代表的財富和階級觀，汽車和醫院代表的技術現代化，而做錯事的美國人竟然通過一種扭曲的邏輯變成了恩人。蘋果的真正滋味並不重要；它的美味源自其象徵功能。因此，美國主義是關乎慾望的，在比喻層次上如此，而字面層次上也如此：被車撞到好像是撞上了新的運氣，這對夫妻頓時發現彼此比以往任何時候都可愛，竟然更為恩愛了。王禎和一九八四年的小說《玫瑰玫瑰我愛你》，以越南戰爭為背景，美國主義在此也是慾望的化身。小說中，花蓮的妓女們正在接受培訓並準備接待到來的美國大兵，這裡指的「玫瑰」，是「美國」的諧音，也委婉地指梅毒。

以上我舉出有關美國主義的三個觀點，分別來自美國（羅斯福）、義大利（葛蘭西）和台灣（黃春明）。對於羅斯福而言，美國主義是一個移民（相對原住民而言的殖民定居者）國家的公民性的基礎，主要需要與歐洲人區別開來；對於葛蘭西而言，它預示著一種新的生產關係；對於黃春明筆下的人物而言，意味著對於美國「恩人」可能提供的對現代化、財富和階級流動性的慾望。我覺得這三種觀點，都在一定程度上描述了台灣的美國主義的不同方面。

這是為什麼呢？在此，我必須簡單回顧美國主義在台灣的政治經濟，包括美國在八年抗戰及國共內戰中支持國民黨，國民黨「撤退」到台灣（或國民黨的流放的中國政權對台灣的再殖民和再中國化），和在隨後幾十年冷戰時期美國的經濟和軍事援助。國民黨到台之後，美國主義尤為明顯且全面：一九四九年至一九五三年的土地改革由美國人和一些接受了美國培訓的專家，以農村復興聯合委員會（農復會）的形式牽頭，將土地分配給了二百萬失地農民，並使農民的收入增加了一倍（Brown 60-63; Roy 99-102）。從一九五八年到一九六五年，美國的援助，以現金補助的形式帶給台灣每年一億美元，推動台灣向自由市場資本主義轉型，而這個金額占當時台灣整個資本構成的四十%。台灣因此能夠快速地工業化，而且其經濟由向美國的出口貿易推動。台灣對美國在冷戰時期的戰略利益，也體現在共二十四億美元的軍事援助和在台灣海峽巡邏的第七艦隊。直到一九七九年美國與中華人民共和國建立外交關係，並斷絕與台灣的外交關係之前，台灣一直是「一個箝制共產主義陣營的島鏈」中的重要一環。縱觀那些年來，台灣一共只有兩次反對美國的示威遊行：一次是在一九五七年，當時一個美軍中士開槍打死了一個台灣人卻被判無罪釋放，而另一次是在一九七八年十二月，在美國切斷與台灣的外交關係之前，抗議美國的這一決定。第一次遊行發出的信號是美國人在台灣的法律豁免權（或用舊的語言來說，治外法權），第二次則是不被美國拋棄的願望：事實上，台灣居民寫了不少於二十萬封信給卡特總統要求美國不要放棄台灣（Roy, 98-151）。我還記得一九七九年初籠罩著整個台灣的悲傷和焦慮，學生們朝美國大使館扔雞蛋，我坐在我的大學宿舍裡，收音機裡反覆播放著劉家昌的那首〈梅花〉以及「把悲憤化為力量」的各種口號。雖然我不是在台灣長大的，這仍是我個人歷史中重要的一部分。

回到羅斯福所說的作為美國人的公民性或「精神、信念和宗旨」的問題：就所有的實際情況而言，台灣一直是美國的一個保護國。所謂的「保護國」的定義之一，就是一個主權國家，在外交或軍事上被一個更強大的國家保護著以抵抗第三方。我們不必像周恩來在冷戰期間多次表示的那樣，認為美國在台灣是以「占領」的形式存在（Roy 121-123），但是我們可以從黃春明的故事看到美國如何扮演了恩人的角色。台灣是一個主權國家，但是到什麼程度？公民性在台灣意味著什麼？是否它也有成為美國公民的願望？台灣到美國的移民浪潮，擁有雙重公民身分的人數，由五一俱樂部成員向美國國會遞交的讓台灣成為美國的第五十一個州的請願書等，很多人入籍美國的願望一直都存在：電影導演李安就曾經說過，台灣人雖然生活在台灣，但他們是美國的心理移民。在整個冷戰時期直至現在，美國通過早前將台灣置於聯合國託管的建議，或者戰略上模糊地堅持「兩個中國」到目前「一個中國」立場的政策，很大程度上左右了台灣的政局。如果台灣的公民在國籍上不是美國公民，他們的「精神、信念和宗旨」某些程度上可能是的。例如，是否加入美國免簽證計畫，竟然在顯著程度上影響了二〇一二年台灣總統大選的結果。

回到葛蘭西：美國主義在台灣顯然也指向生產關係的改變，即通過土地改革和工業化的增進、通過福特主義的勞動力合理化和後福特主義的勞動力的國際分工的經濟結構轉型，台灣扮演了一個特定的角色，如台灣從農業社會轉型到出口衣鞋的輕工業社會，到目前國際分工下世界上最大的電腦主機板生產者等。而這種生產關係的演進是由美國的經濟援助起頭的。美國主義是台灣工業化和全球化之重要的因和果的一大部分。但是美國主義在台灣不像美國在非洲的美援或在中東的政治干涉。巧妙的是：台灣可以被視為美國援助產生之最理想的結果的模範案例。在許多方面，台灣好像是美國的一個**模範的少數族裔**（model minority），一個自由市場資本主義和民主轉型的成功故事。在以美國掛帥的全球的多元文化主義（global multiculturalism）當中，是一個模範生（史書美2013）。

再回到黃春明：像他的其他小說一樣，黃春明對美國主義的諷刺，既是對都市化，也是對由其帶來的生產關係之變化的含蓄批評：農業勞動力進入城市，成為低階的賤民，對他們來說，擺脫這一地位只能來自天降的運氣：被一輛美國車輾過。這當然是再黑色不過的黑色幽默。在此，美國主義既是因，也是果；既是問題，也是神奇的解決方法。這是美國主義的滔滔邏輯在台灣的展現。而在王禎和的小說中，針對美國主義的諷刺更是到了極端：「Dorothy」（多蘿西，人名）是倒垃圾，「T. P. Gu」（人名）是踢屁股（出自《美人圖》）；或「morning」（早晨）成為摸奶，「Nation to Nation, People to People」（國家對國家，人民對人民）發音變成內心對內心，屁股對屁股（出自《玫瑰玫瑰我愛你》）。兩位作家發展出了極上乘的諷刺學，讓人啼笑皆非。

這三個美國主義的觀點與台灣的理論生產有什麼關係？首先，當然它是關於知識的。從傅柯開始，我們不再那麼天真地以為知識是真理或信仰，而是與權力互動的產物。因此知識在台灣與美國主義在台灣的性質和內容緊密相連。引申以上對羅斯福觀點的討論，台灣的知識和理論是不是美國主義在台灣的某種展現？也就是說，我們是不是可以說，對於美國的想望影響了台灣的知識及理論內容？引申以上對葛蘭西觀點的討論，台灣為模範民主的資本主義國家，在全球的格局中扮演一個像是少數民族的角色，這又怎樣制約了台灣的理論生產？

又，如果我們用黃春明和王禎和眼中的美國主義為一種新殖民主義（neocolonialism）的看法看台灣的理論與知識，台灣的理論和知識是不是就是新殖民下的產物？

因此，我們也許可以說，台灣已經有和可能發展的理論，一部分是美國主義的具體化，並與新殖民主義、勞動力的國際分工、通過全球多元文化引起的周邊的弱勢化（minoritization）聯繫在一起。台灣學界一波一波的留美學者回來，帶來一波又一波新的理論，在全球知識分工的機制下扮演消費者的角色，正是美國主義的最好例證。每當我在美國的學者朋友們訪台之後，他們都對台灣學術界的入時性感覺非常驚嘆。他們想不到台灣學界對美國各種學術理論的理解竟然如此全面且入時，對話似乎沒有任何文化和語言隔閡，但是他們卻沒有聽說過台灣學術界對西方對話在哪裡，如加勒比海和拉美的思想、日本及印度的思想，都和西方的理論界有一些對話，但是台灣似乎沒有在對話的圈子裡。而這也是台灣為模範生的例子之一。模範生是聰明肯幹的，但是模範生自創的理論在哪裡？或，我們應該對台灣理論為模範生的產物這一現象理論化，發展出在新殖民知識結構下之奇特的模範生的台灣理論之各種論述。

但是，我們在談到台灣與美國的新殖民關係時，必須也同時關照定居殖民主義的問題。台灣在國際上的弱勢，並不減低原住民受壓迫的情形，有時候還會轉移注意力，將原住民的問題更邊緣化。另外中國崛起對台灣的壓力，也可能轉移注意力。由於中國的快速新自由化

（neoliberalization），中國已然也進入了世界強國之列，其在非洲的各種措施，已經有人認為是新殖民的一種形式。如此看來，新殖民的地圖已經在擴散當中，台灣所面臨的一切，是台灣所有人所共同面臨的，因此我們不能只談台灣主流社會面臨的困境，必須包括原住民。目前在台灣相當程度流行的夾在帝國之間的論述，就有這樣的缺點。我們在談到台灣的邊緣化時，需要同時關注原住民的問題。

以下我簡短以華語語系的美國作家張系國出版於二〇〇八年的《帝國和台客》為例，說明帝國夾縫論述的潛在能量以及局限。據張所言，隨著中國的崛起，台灣不再只聽命於美國，而是越來越多地與中國聯繫在一起。在此背景下，台灣需要磨練出像跳恰恰舞那般靈活的生存技能：台灣必須像跳恰恰舞那樣與兩個帝國保持距離和情感上的親密，以營造一個溫馨明亮的世界（從海明威〈一個乾淨明亮的地方〉借來的比喻）。借用魯西迪（Salmon Rushdie）有關逗號的比喻，他建議台灣應該像一個句子中的逗號，連接起東方（中國）和西方（美國），永遠在一個連接過程中，永遠未完成，也永遠不會結束，因此不是句點。於是，台灣「既不是中國的也不是西方的，既是中國的也是西方的，有時是中國的有時是西方的」（94）。最後這句話其實很巧妙：它為一個差點變成本質主義（essentialism）的聲明增加了一個時間維度，因此非常巧妙地解構了本質主義。事實上，這本書充滿了對本質主義的解構：台灣文化的特點是做作的、自我解構、人工的和模仿的；就不產生任何具有實質性內容的問題和答案的意義上來說，它是滔滔邏輯，是不合邏輯的，但也是無辜的；它繼承了姿態誇張的，但是靈活、有創造性的至關重要的海盜精神。

在這本犀利又諷刺的書中，原住民唯一被提到的一次是在他對電影《海角七號》有關台灣多元文化的列舉中，作為台客文化的完美體現的一部分而出現。張系國的各種看法，間接反映出帝國夾縫論述基本上是台灣漢人（台客）中心的，同樣地，我們談日據時期台灣人夾在日本帝國和中國祖國之間，如大部分對吳濁流小說《亞細亞的孤兒》男主人公的認同問題的討論時一樣，也完全忽略了原住民問題。不管面對的是哪一個帝國，帝國夾縫論述總是讓原住民消失，這是我們應該警惕的，因為根深蒂固的定居殖民意識，很難去改。我個人先前寫有關台灣的文論也不是例外。這是我們談台灣的美國主義時，應該特別注意的。美國援助台灣的歷史，對原住民來說，可能僅是幫助台灣的漢人鞏固政經權力的歷史，又或和美國人到台灣原住民地區傳教的歷史有關，需要專家研究。

基於以上這一節有關美國主義的討論，我們也許可以發展出以下的一些初步的理論概念：

（1）**諧音雙關翻譯理論**：通過外來語的語詞的創造性，和具有諷刺意味的翻譯表達某種意圖。前面提到，王禎和有創意的翻轉英語詞語的音和義以表達對美國的反殖民的意識，將台灣在越戰時期全球分工中扮演的性勞工的角色，加以徹底的諷刺。張系國翻譯滔滔邏輯的音與義，將之變成台灣的一種文化心態等，都是非常有深意的例子。這樣的翻譯行為，是被殖民文化常有的形態，或正面、或反面地循用殖民者的語言。但是，這裡非常關鍵的不同一點，是基於華語本身的特殊本質，才可能有這種諧音雙關的翻譯法，使得音和義搭配無間。

（2）**全球多元文化理論**：如本書第一章所言，回到世界為一個系統的世界史的觀點，我們可以說，全球為一個經濟系統，文化上則呈多元的現象。每個國家都有多元文化主義，由主流和邊緣族群所構成，那全球系統也有另一個層次的多元文化主義，由不同國家的國族文化所組成，有主流的（如美國）和邊緣的（如台灣）。由於冷戰格局中台灣接近美國的歷史原由，加上延續下來的各種生活或思想層面上的美國主義，台灣在以美國掛帥的全球多元文化系統中，扮演著一個相似於少數民族的角色。這個少數民族，是國際關係層次上的。因此，我們談到台灣如何打入國際、如何出走、如何重新進入聯合國等，都是以不可避免的邊緣小國的角色在進行，如果我們將這種邊緣化和少數民族化連在一起，我覺得我們會對台灣被國際各國認可不認可的問題，有一些新的想法。而同時，就著台灣的歷史經驗，我們也許可以對全球多元文化主義的運作模式等，提出一些可供別國借鑑的批判理論。我覺得全球性的殖民主義已經慢慢被全球性的多元文化主義所取代，因為以前那種暴力式的殖民已經不能用了，所以全球權力的展現用的是文化的形式。而也就因為如此，台灣的文化也正是台灣走出去的契機。

（3）**新的理論旅行論**：台灣的理論經驗，可以對已有的理論旅行論（traveling theory）形成有力的改寫或挑戰。在台灣由於對理論輸入的開放，各種理論以前所未有的速度進入台灣，這裡時間的濃縮度是非常高的。所以我們可以提出理論旅行的快速論，將時間性納入理論旅行論的範圍內。這是一種引進、丟棄，再引進、再丟棄理論的理論；理論碎屑散落到處都是，但新的東西不斷進入，碎片堆積起來，形成像是「理論塚」的東西，理論碎屍滿地，是一種另類的沉澱。美國文學理論的引入——如新批評、讀者反應理論、新歷史主義、精神分析批評法、解構主義、後結構主義、批判理論、後殖民理論等——與本土化通常沒有緊密關係（也許除了後殖民和後現代的辯論之外），而是在高速的演替中的應用、吸收以及丟棄，但是丟棄之後的理論還是有碎片的累積的。台灣學術界吸收西方理論的速度，以及它從一個理論轉向下一個理論的速度本身構成了一種新的理論旅行的理論。在此，我們關注的不再只是理論殖民或反抗的問題，而是有關理論旅行的速度問題，一方面是表面上的，接近後現代理論中有關文化表面化的問題，但是另一方面是有關深度的，因為被拋棄的理論以碎片的形式存在，這些碎片組成的理論地圖到底如何，很耐人探尋。

小結

關於如何找到台灣的理論，基於台灣的理論會是什麼樣子等諸多有關台灣理論的問題，本章主張用世界史的角度，將台灣納入世界的格局中，了解台灣的知識形成以及理論形構。本章僅是初步的嘗試。我希望這樣能夠提供關於台灣如何理論化的概念和實踐的一些方向。自始至終，我的觀點乃是主張把形成理論的外在環境（即歷史）復原，主張理論植根在固有的現實的重要性，強調理論內嵌於本書第三章所提的「社會的深刻的歷史主義」（Shih and Lionnet, 2011:17），其在歷史上與其他論述「糾結或交會的物質基礎」（2011: 23）。最重要的是，我所討論的內在的現實是指定居殖民主義，它是連續的和結構性的。理解定居殖民主義為台灣理論的根本結構，不僅僅只是我們理論化的場景，而是我們最終尋求知識正義與理論的倫理性之必要條件。西方和中國之於台灣，台灣處於邊緣與弱勢；台灣漢人之於原住民，原住民處於邊緣與弱勢。台灣理論因此必然是以弱勢出發的理論，而這個由弱勢出發的理論，正是它的能量、批判性與倫理性的基礎。摩洛哥作家和思想家哈提比（Abdelkebir Khatibi）曾經說：

> 一種不從自己的貧窮汲取靈感的思維方式，它的闡述目的一直都是主宰及羞辱（他

人」；思想如果不能面向少數的、邊緣的、零碎的，或不完整的，則終將導向族群的滅絕。（quoted in Shih and Lionnet, 2011: 17）

因貧窮而不自大或自豪，因邊緣而汲取於各種文化和理論的碰撞，因少數及弱勢而親身體驗權力運作的殺傷力，因不完整而永遠處於活潑的能動過程中。別人以為的缺陷因此可以轉換成創造力的動源，這也許就是台灣理論尚未完全發揮的潛能。

引用文獻：

Brown, Melissa J. *Is Taiwan Chinese? The Impact of Culture, Power, and Migration on Changing Identities.* Berkeley and Los Angeles: University of California Press, 2004.

De Sousa Santos, Bonaventura, ed. *Epistemologies of the South: Justice Against Epistemicide.* Boulder, Colo.: Paradigm Publishers, 2014.

Gramsci, Antonio. "Americanism and Fordism." In *Selections from the Prison Notebooks*, edited and translated by Quentin Hoare and Geoffrey Nowell Smith, 279-318. New York: International Publishers, 1971.

Khatibi, Abdelkebir. *Maghreb pluriel.* Paris: Denoël, 1983.

Lionnet, Francoise, and Shu-mei Shih. “Thinking through the Minor, Transnationally.” In *Minor Transnationalism*, edited by Francoise Lionnet and Shu-mei Shih, 1-23. Durham: Duke University Press, 2005. (華文翻譯版可見於：李歐旎、史書美著〈由弱裔出發，進行跨國思考〉，沈尚玉譯，蘇榕校譯，《中外文學》36：2（2007年6月），頁19-49。即本書第六章。)

Mignolo, Walter. *Local Histories/Global Designs: Coloniality, Subaltern Knowledges, and Border Thinking*. Princeton: Princeton University Press, 2000.

———. “I Am Where I Think: Remapping the Order of Knowledge.” In *The Creolization of Theory*, edited by Françoise Lionnet and Shu-mei Shih, 159-192. Durham: Duke University Press, 2011.

Pateman, Carole. “The Settler Contract.” In *Contract and Domination*, by Carole Pateman and Charles Mills, 35-78. Cambridge, UK: Polity Press, 2007.

Peeters, Denoit. *Derrida: A Biography*. Translated by Andre Brown. Cambridge: Polity, 2012.

Roosevelt, Theodore. “True Americanism.” Downloaded from www.whatsoproudlywehail.org, August 22, 2014.

Roy, Denny. *Taiwan: A Political History*. Ithaca: Cornell University Press, 2003.

Shih, Shu-mei, and Françoise Lionnet. “Introduction: The Creolization of Theory.” In *Creolization of Theory*, edited by Françoise Lionnet and Shu-mei Shih, 1-33. Durham, NC: Duke University Press, 2011. 即本書第三章。

Shih, shu-mei, and Lin-chin Tsai, eds. Indigeneous Knowledge in *Taiwan and Begond*. Singapore: Springer, 2021.

Veracini, Lorenzo. *Settler Colonialism: A Theoretical Overview*. London: Palgrave Macmillan, 2010.

Wolfe, Patrick. *Settler Colonialism and the Transformation of Anthropology*. London and New York: Cassell, 1999.

史書美作，楊華慶譯，《視覺與認同：跨太平洋華語語系呈現・表述》。台北：聯經，2013。

余英時，《重尋胡適歷程：胡適生平與思想再認識》。台北：中央研究院、聯經，2004。

吳叡人，〈自由的兩個概念：戰前台灣民族運動與戰後「自由中國」集團政治論述中關於「自由」之理念的初步比較〉。收錄於殷海光基金會主編，《自由主義與新世紀台灣》。台北：允晨出版，2007。

胡適，《問題與主義》。北京：北京大學出版社，2013。

陳瑞麟，〈邏輯實證論在台灣：透過殷海掛個對思想與文化產生的影響〉，《台灣社會研究季刊》3月（2011）：281-319。

張系國，《帝國與台客》。台北：天下文化，2008。

黃春明，《瞎子阿木——黃春明選集》。香港：文藝風出版社，1998。

錢永祥，〈道德人與自由社會：從林毓生先生對中國自由主義的一項批評說起〉。收錄於殷海光基金會主編，《自由主義與新世紀台灣》。
劉季倫，〈知識與信念：論殷海光的價值依據〉。收錄於殷海光基金會主編，《自由主義與新世紀台灣》。

第五章

女性主義的翻譯可能

史碧娃克，台灣，阿媽*

在茶館的相遇

這個故事，開始於世界著名後殖民理論家史碧娃克（Gayatri Spivak）和一群台灣當地女性主義者在台北一間傳統茶館的相遇。那是二〇〇二年的一個早上。在四十分鐘左右隨意而友好的寒暄過後，史碧娃克建議大家應該開始討論，把確立討論基調的機會讓給當地學者。一位當地女性主義者插進來，希望史碧娃克對她早先隨意但極為謙虛的關於她不確定自己是不是根本就一無所知的說法詳加說明一下。史碧娃克回應說，她不介意用問答形式的討論，並開始從她的包包中取出一篇又一篇列印好的文章，每篇都代表著來自一個不同的地理文化位置出發的女性主義的課題。最後一個被她拿出來的，是羅馬歷史學家李維（Livy）的《羅馬史》（*History of Rome*）。她問她的聽眾有沒有人知道她為什麼在討論女性主義時拿出這篇。因為沒有人回答，尷尬的沉默四周蔓延，於是她開始解釋她的想法，不過被一個進入房間的遲到的人打斷了。經過再一番介紹寒暄，她耐心地向新來的人重又解釋了一遍之後，又開始進入了論述的口吻和模式。就在這時，一個女性學者坐立不安的樣子，史碧娃克問有什麼事。那個學者擔心茶水服務太慢了，史碧娃克回應說，她不介意等那個問題解決再開始她的論述。當她再次準備開始論述之時，結果再次被一些人的竊竊私語或一些這樣那樣的小事擾亂，她愣了一下，表情僵住了，聲音暴躁地說道，「你們是想讓我談另外一個問題嗎？」

隨之而來的是史碧娃克長達三分鐘的發脾氣，批評在場的人對她正在談論並希望他們能夠「認真傾聽」的「重要的問題」毫不尊重。她稱不斷有人「竊竊私語之類」的這種狀況「令人抓狂」。他們應該在「一位老人家正講述她的人生經歷」的時候保持「絕對的安靜」。她說，通過成為教授（所有出席的都是當地的學者和研究生），亞洲人已經失去了他們過去所知道的基本態度，比如說，尊敬長輩的態度。這時，所有人都愣住了，聽眾們至少花了一分鐘才意識到究竟發生了什麼事，因為當她正在指責他們的時候，仍不時有輕快的笑聲傳出。

第一段錄影有意無意地恰好在此處停止。在這種情況下，攝影師無疑對是否再放入一捲新的影帶以便繼續錄影感到無所適從。當我在那個夏天回台灣的時候，不斷有人很憤慨地對我講述這件事情，彷彿一個固定的模式：傲慢的西方女性主義大家們如朱迪・芝加哥（Judy Chicago），早先路過台灣並在當地接待者那裡留下態度惡劣的口碑。多年來一直關注女性主義學者跨國相遇的道德原則及行為準繩問題的筆者（Shih 2002），也許可以算是西方的女性

---

* 本章譯者為楊露，再由作者校改，在此向譯者致謝。原先發表題為Translating Feminism: Taiwan, Spivak, A-Wu，在筆者與廖炳惠合編的*Comparatizing Taiwan*一書，由Routledge於二〇一五年出版精裝版，二〇一七年出版平裝版。本章的西班牙語版出版於*Lectora: revista de dones I textualitat* 16 (2010): 35-57。我在此感謝廖炳惠提供給我二〇〇二年六月四日史碧娃克和台灣當地的女性主義學者會面的錄影帶的副本。我還要特別感謝林怡君、林芳玫、邱貴芬、劉亮雅和簡瑛瑛，這些我長期與之對話的台灣內外的女性主義學者。

主義學者之一。我的論述立場雖然有點模糊，因為我既不夠本土，也不夠西化，還曾被一位本土的女性主義學者批評，因為之前在一個本地大學舉辦的關於第三世界女性主義的學術講座中，我使用了英語而不是華語。當時我在美國待了很久之後才剛開始回到台灣參與學術活動，所以我感覺講華語不太順，而當時英語確實是我唯一的學術語言，而講稿也是英文寫的。因為是在外文系作報告，所以以為用英語沒有關係，沒想到會被批評。因此，台灣在地的女性主義者跟我抱怨史碧娃克，我心裡想這裡有多處潛藏的地雷等待爆發，我不便即時反應。當我對本土的女性主義學者說，如果她們對史碧娃克這事感覺如此強烈，她們就應該寫點什麼回應的時候，沒有一個人站出來或打算這麼做，寧願私下抱怨但在公開場合卻保持沉默。

我的論述立場困於語境轉換之中，這一轉換既是時間的轉換（關係著時間同步或不同步的問題），也是跨文化和跨國的翻譯和交流必須「旅行」才能生產意義的空間上的轉換（不但關係著實際上的地理，也關係著抽象的空間）。此外，自我定義為台美人的我自然而然地會同情台灣的訴求，但我又曾從史碧娃克的著作中獲益良多，也同意她的某些觀點。由於這樣的雙重現實，我把這個事件看作是當可譯性（translatability）和不可通約性（incommensurability）急急忙忙地跑向對方時「碰」（bang）地撞在了一起，再次顯示了儘管雙方可能都本著最好的意願，但女性主義者的跨國相遇可能還是會產生很深的誤解。雙方看上去本是假定有一個共同的知識視域，因為她們都能夠用英語談笑風生。在相互介紹的過程中，很明顯大部分的本地學者都是在美國或英國拿到的學位，而那些不是在這兩個地方受過教育的則是前者的學生們。一個共同的可譯的預設——她們都在美國或英國受教，她們都講英語，她們都是致力於婦女和性別問題的女性主義者，她們應該也都讀過史碧娃克的著作（其中當然包括史碧娃克本人）——暫時擱置了那些由地理、歷史、文化等方面的差異所產生的不可通約性。但後來，她們很快會發現，這竟然只是一個假象。

之前，史碧娃克煞費苦心地讓每個人介紹她自己或他自己（兩位男性的女性主義者當時也有在場），一絲不苟地記下對她來說十分拗口的每個人名字的羅馬字拼音，同時友好地交談著，在他們對婦女研究（women's studies）、弱勢話語（minority discourse）、美國文學等等的興趣中建立聯繫。人們喝著茶，聊著天，顯得很輕鬆愉快。在場的人中有一個是她以前在哥倫比亞大學的學生，這似乎也增強了這個聚會直至此刻的熟悉和輕鬆的基調。然而，仔細觀察的話，從錄影帶中可以清楚地看出，在認知和情感上，兩者之間存在著很深的斷層。

更具體地說，當史碧娃克從隨性的寒暄交流轉向嚴肅的、知識分子的論述的時候，問題出現了：她的聽眾沒有注意到這一轉換，因而沒有與她**同時**進行這一轉換。儘管她／他們都在**同地**，但是有一個明顯的時間的滯後。時空的脫軌，標誌著女性主義者的跨國相遇如何不可避免地伴隨著多樣的和不穩定的時空交接——既是文本意義上的，也是比喻意義上的。雖然她的聽眾還沉浸在隨性的氛圍中，史碧娃克卻已轉向了論述的模式，並為她聽眾無意的不尊重而感到被冒犯了。而她的聽眾似乎還完全不知道出了什麼事。在她長於三分鐘的責罵中，她把她的論述比作在音樂廳演奏樂器，並以她在紐約參加音樂會的經歷作為比喻，覺得她的聽眾應該完全無聲地專注聽她的論述。但是，無論是認知還是情感上，她的聽眾都沒能立刻捕捉到她希望他們捕捉到的這一語氣的轉換，於是當他們終於意識到發生了什麼事，他們感到猝不及防（他們還在說笑聊天），並為史碧娃克的反應徹底驚呆了。由於他們沒有注意到她的轉換，他們不知道自己被希望像坐在音樂廳裡那樣寧靜地聆聽，尤其事實上他們是坐在台北一家茶館的榻榻米地板上隨意喝著茶的時候。

他們也沒料到史碧娃克會用亞洲文化價值這張牌——尊重長輩——當所有人都以為自己是一個共同的世界性的英語文化圈的一員的時候。但即使把這個相遇的情形，放在英語文化圈裡，各種隔閡也隨處可見。例如，每個人都以不同程度和類型的口音（姿勢的、知識的和文化的）說著不同樣子的英語。另外，也沒有跡象顯示史碧娃克這面，是否為這次聚會讀過有關台灣婦女或台灣女性主義的東西。給史碧娃克早先稍有那麼一點幽默感的言論準備好的笑聲，似乎是他們的禮貌和客氣，而非默契。此外，對台灣茶館的文化禮儀，雙方的理解也有一個嚴重的鴻溝。傳統的台灣華人茶道，使用很小的茶杯，用小茶壺細細地泡著茶，而需要不斷地往壺裡加入熱水。因為茶壺和茶杯都特別小，所以總是要不斷地忙碌：煮熱水、把熱水倒入小茶壺，然後再把熱茶倒入小小的茶杯，然後幾乎立刻就要再重複一遍這個過程。

最重要的是，從隨性轉向嚴肅的模式的時間滯後顯然體現了跨文化溝通的難度，**即使**那些人看上去很精通西方的文化規範和能講同樣的語言：英語和西方女性主義的術語。

當發洩結束，好像史碧瓦克整理好了她的情緒，錄影帶又開始滾動，她又繼續從她的包裡拿出一篇又一篇的文章。這些文章是討論或關於世界不同地理文化區域的女性的，而她注意到了它們不「具有普遍性」，這就是她為什麼不確定她是否根本就一無所知的原因。「對於知識的生產，你需要的是概括的思維方式」，但是當你面對「差異的宇宙」的現實，你怎麼概括？隨之而來的另一個問題是，一個人到底如何生產知識呢？她的結論是，世界上有不同的知識或知識體系，因為從一個差異的宇宙的基礎上進行概括，注定是失敗的。換句話說，普遍性的知識是不可能的。

使用史碧娃克這一謙虛和自我反思的觀察來分析房間裡的尷尬局面，可能就更加諷刺了。但我們不得不問這樣一個問題：史碧娃克何以生產出這樣的知識／得出這樣的結論——即她的觀眾不尊重她——當情況顯然不可能如此？「我們亞洲人」的說辭，在精神上是與「差異的宇宙」的觀念相反的。與其說對差異敏感，不如說一方面史碧娃克假定亞洲文明的話語有一定程度的共性，另一方面，都說英語和同為女性主義者的親近感，恰好阻礙了她在其他情況下支持、在知識的局限方面之必要的自我反思。

史碧娃克顯然沒有考慮過台灣幾乎就是一個美國的保護國的地位（Anderson 2004）。保護國的意思是說，美國作為強大的國家，在軍事和外交上理應保護台灣對抗第三者。如本書第四章所述，在超過半個世紀的美國主義至上的統治中，台灣在一九五八至一九六五年間獲得美國每年一億美元的現金支持，以及在冷戰期間共計二十四億美元的軍事援助。台灣讓史碧娃克感到熟悉，其實是美國主義在台灣的特定歷史的後果：大量的學者在美國接受教育並緊跟美國的學術潮流，欣欣向榮的翻譯行業的存在，以及美國的學者幾乎是過於頻繁地被邀請來台訪問。台灣和美國學術界之間的親密關係在很大程度上是單方面的，並且其中夾雜著新殖民主義和本土之間複雜的辯證關係。即使是後殖民理論，這一理應是非白人、非歐洲中心論的理論，也不能免除這一層的關係。美國的研究機構發展出來的後殖民理論，沿著美利堅帝國向世界其他角落推進的一樣路線傳播，與早先美國化的法國批判理論，及更早的美國新批評理論並無任何不同。它本身就是知識的新殖民主義傳播的一部分。如果說後殖民理論，沒有在美國學術界將其神聖化，而是純粹的南亞的產物，就不會有這樣的全球影響力或重要性，尤其是當我們考慮到東亞各國對南亞歷來的偏見時。

即使有最好的意圖和同心的精神，如果不注意那些不可避免的東西，我們仍可能盲從於新殖民主義知識的生產和流通，而我希望能夠思考跨國相遇中知識的生產和不可通約性。翻譯不意味著可譯；同心也不是通約性（commensurability）的充分理由。正是可譯和不可譯之間、通約和不可通約之間永無止息的辯證，推動了溝通的可能和對自身知識形成的自我批判意識。如果沒有這種辯證，所有的知識都將只局限於本土絕對性，而陷入相對主義的陷阱。這充其量只會生產出我將其稱之為「相對主義式的包容主義」（relativist inclusionism），而這是自由主義的相對主義之一種。在哈定（Sandra Harding）的著作中，她極力反對這種相對主義，因為儘管所有的知識都有一定的情境，「這些知識的情境，總是同時開啟和限制了人們的所知」。因此，追求和努力實現「強客觀性」（strong objectivity）十分重要，其中研究應該「符合現實經驗」並「對數據和其嚴厲的批評者保持公正和負責的態度」（Harding, Ch. 2）。

我自己對相對主義的批判，如本書第二章所述，是基於對世界的一種關係性的理解：台灣女性主義本身並不是本質性的，而是如本文稍後將會詳細闡述的那樣，是多個跨國相遇脈絡下的產物，正如史碧娃克與台灣女性主義學者的相遇所彰顯的一樣。關係性的理解是相對主義的對立面，因為相對主義的前提是文化的簡化理解和假定的文化本質主義，彷彿每一種文化都有一個潛在的邊界，是另一種文化不能跨越的。由於權力是關係性的一種形式，進入到所有跨國相遇的原本強大的差異都有必要放棄相對主義。我們都毫不例外。

我的建議是以關係性來思考不可通約性。女性主義哲學家舒特（Ofelia Schutte）將不可通約性定義為「兩個或多個語言—文化符號系統之間缺乏多樣表達或意義群的完整的可譯性」（Schutte 66）。注意這裡的措辭，「缺乏完整的可譯性」——這預示著一定程度的可譯性。正是通過不可通約性，自我才「在由差異標識的不對等的特定關係中，認識到自己視野的局限」（Schutte 46）。事實上，史碧娃克自己也曾以相似的術語討論了他者性（alterity），認為他者不應該被視為「自我的純粹的、可以用同一標準衡量的對立面」（Spivak 2006: 108）。但在她與台灣女性主義者們的相遇中，在等式中被消滅的恰是這種隱藏在可通約性的假象之下的不可通約性，好像因為我們都是說英語的人，我們都是女性主義者，我們都是亞洲人，因此應該沒有不可通約性。繼舒特之後，我要說，不可通約性是在相遇的那一刻產生出來的；它是關係性的，同時涉及和牽連雙方，迫使他們轉換和改變知識的假設，這本身就是認知和了解的根本；它實際上內在於「理性化過程本身」（process of reasoning itself)（Schutte 55）。

從關係性的角度思考，我想提出台灣原住民女性主義學者阿[女烏]的著作，對於思考我所說的族群、地區、次國家、國家和跨國的多重領域中的批判性的互惠（critical reciprocity）頗有啟發性。這種多重性為台灣的女性主義學者的清晰表達設定了一定的難度，就像台灣中產階級漢族女性主義者——那些我上文稱之為「本土女性主義者」的人——為清晰表達而掙扎，從圍繞著與史碧娃克的不愉快相遇的公開的沉默可見一斑。當台灣中產階級漢族女性主義者在跨國的背景下選擇沉默，他們自己在南島的台灣卻是主流的、甚至霸權的女性主義者，以及定居殖民者。在這樣的情況下，阿[女烏]的著作提供了一個茶館當天出席各方本可以採取之批評互惠的務實模型。因此，這章的小標題看似未加選擇地將台灣、史碧娃克和阿媯作為相等並置並列，但像這樣看似曖昧的並置，實際上是將三個詞帶入關係性中。我認為這是一個力圖跨越語言、文化和知識系統的比較文學學者的責任之一。

以史碧娃克開頭的故事幫助我們將有關台灣女性主義的討論建構為一個跨國的形式，以便我下文中將會提供的簡短系譜。這個簡短的系譜由於原住民性（indigeneity）而有所斷裂，本文因而還會有一個主人公的改變：我會論及兩個相遇——以上描述的史碧娃克和台灣主流漢族女性主義者的相遇，以及台灣主流女性主義者和台灣原住民女性主義者的相遇——最後會將史碧娃克和阿媯帶入關係性之中，從而批判性地反思女性主義者的相遇的道德原則及倫理。

翻譯「台灣」

本章關注的兩個術語，「台灣」和「女性主義」，都不是三言兩語可以說清其淵源的詞。「台灣」是一個距離中國東海岸只有一百英里的島國的能指，而中國堅持宣稱台灣屬於中國。「女性主義」是一套出現在西方有特定歷史限定的能指，並在非西方的地區被廣泛採用的同時也被嚴重質疑著。這兩個詞都有其帝國的意圖和歷史：中國間歇性地宣稱台灣是它的一個邊緣的「省份」，並由於中國作為世界舞台上一個新的帝國的出現而進一步加強。而附著於西方政治和經濟實力的西方文化帝國主義，為西方女性主義的傳播提供了便利。可以肯定的是，這兩個帝國的意圖是根本不同的，前者以明確的軍事威脅要拿下台灣，後者的普遍化姿態則嚴重制約著本土問題的跨國呈現和辯論的語彙。因此，要開始談論「台灣的女性主義」，就要面對台灣沒有這兩個術語的所有權，所以不正統、不真實的潛在指控。這兩個詞都被認為是為另外的更加強大、因而也顯得更加合法的一方所「擁有」。

對於任何研究台灣這樣的弱勢國家（minor country）的學者來說，「台灣」的不正統性參雜著我曾描述過的，在全球主義的意義、政治、學術和其他領域台灣如何「（不）重要」的嘲諷（Shih 2003）。因為「台灣」這個符號在世界語境的隱晦，每每談到台灣，就面對需要將台灣歷史在最基本的層面重複交代的沉重負擔，無法像一個純文學學者那樣可以去沉浸於優雅的文本分析中，例如早先的新批評或者那些後來者，如巴特（Roland Barthes）的極度細節的、文本的詮釋學，或是令人愉悅的德希達式的解讀，不斷自我解構並產生更多和更複雜的意義。對研究台灣的學者來說，如果這不是完全不可能的話，也一直是一種奢侈。對於美國一般的學術社群來說，台灣的文本始終太過無名，不夠重要。所以就方法論上，美國的台灣研究一直傾向實用的政治學，而文學和文化研究則很大程度上被邊緣化了。當台灣本地的當代各著名的知識分子，採用通過美國媒介獲得的最新理論方法研究台灣文化或文學的時候，美國的台灣研究的實證主義傾向相比之下則是嚴重落後了。我們這些在美國生活、寫作、討論台灣問題的人，換句話說，被無奈地從前沿移除，嚴重受制於根據研究對象的重要性確立的方法論的等級。由於美國學術界普遍缺乏對台灣的基本知識，像台灣這樣「不重要」的國家和地區在世界上需要被一次又一次地「介紹」，學術話語被局限於實證的內容和「介紹」的表層面。我們可以稱這種現象為「基本知識的詛咒」（the curse of rudimentary knowledge）或「被卡在基本知識和實證方法上的案例」（the case of being stuck in rudimentary knowledge and positivistic methods）。在其他方面是以令人欽佩的「深描述」（thick description）進行著區域研究和跨文化研究的學者們，卻完全未察覺在理解台灣的方法上**我們非常落後**的這一奇妙的諷刺現象。因此美國的台灣研究的保守度，更確切地說是我們自身的倒退和無法趕上時代步伐的標誌。台灣的學者們比我們更尖端和更前沿，因為他們不怕成為真正的世界主義者（cosmopolitans），願意在他們對知識的追求中超越種族中心主義（ethnocentrism）。

這一世界主義的台灣絕大多數屬於華語語系（Sinophone），其中大部分人口會說三種不同的華語語系的語言（閩南／福佬話、標準華語和客家話），自十七世紀和十八世紀從中國移民到這個講各種南島語言的南島語族的島嶼。台灣的多元文化、多元種族、多元語言的構成是由於我所謂的「連續殖民主義」（serial colonialism）帶來的連續的歷史巨變決定的，其中一個又一個殖民強權路過或在島上停留或長或短的時間，從歐洲殖民主義（主要是十七世紀的荷蘭，而法國、西班牙和美國也都嘗試過），滿清和日本殖民統治，直至來自中國的流亡的國民黨政權的極權統治。從許多被稱為「台灣人」並是人口的主體的早期定居者的角度來看，以上大部分是殖民政權，包括流亡的國民黨政權；從原住民的角度來看，他們**全部**都是殖民政權，包括一九八〇年代末以來的民主政權，因為他們都是定居殖民者。此外，正如我剛才提到的，現今的台灣，由於其對美國軍事保護的深度依賴，也可以被認為是一個在實際上是美國的保護國。

從今天的台灣人民的角度來看，無論是原住民或定居者，「台灣」是一個需要拯救、需要重新定義的詞，並且最重要的是需要「被所有」、「擁有」或「重新擁有」。在日治時期，皇民化（*kominka*）或帝國化（imperialization）的政策使台灣的主體「變成了日本人」（Ching 2001）。在國民黨時代，中國文化主義的本質主義的建構，被國民黨外省人用來支持他們相對於在地華人的文化優勢的論調，並有力地裹挾了當時日本化的福佬人和客家人「變成中國人」。這種日本和國民黨的強加行動，建立在以下的前提：「台灣人」是一個可操縱的、空白的、可填充指定含義的能指。其次，這些強加行動是殖民主義兩面化說辭的明證——台灣華人需要盡可能地成為日本人或中國人，但他們永遠不能成為真正的日本人或中國人——從而維持著統治群體（分別是日本人和那些一九四〇年代末跟隨國民黨政府來到島上的所謂外省人）的優勢地位。第三，正如「台灣人」是一個被操縱的能指，「台灣」也是如此。對日本帝國來說這是一個殖民主義模型演練的場所，對國民黨政權來說這是一個試圖「光復大陸（中國）」的臨時空間。台灣華人必須「成為日本人」，或者後來「成為中國人」，在這兩個例子中，台灣這個島嶼承擔的是一種象徵功能，一個自上而下的被外來的力量銘刻的空間，而不是以本土和它的居民為中心的日常生活之地。因此，一九八〇年代末由本地華人發起的「重新發現」台灣與台灣意識的興起，是在地實體化（emplacement）——讓地方變成實體——的一個過程，通過重新命名街道、紀念碑、整治河道、重寫歷史、重學母語、改造建築環境，以及最重要的，重塑台灣性，以便將這一空間之抽象的、殖民的含義扭轉成為一個在地的生活之地。

儘管重新發現和重新命名台灣，在一定程度上結合了對原住民意識的關注，但是原住民和定居者之間的裂痕仍在，其中也有指控其實原住民性無非就是被純粹的操縱而已。定居殖民者們需要挪用原住民性，從而與原先的母國（中國）區別開來，尤其是當中國只相距一百英里而已，並仍在聲稱台灣這片領土是自己的。作為文化、語言和族群認同差異的標誌的原住民，可以被功利地用來說明台灣與中國實際存在的不同，藉此來反駁中國擁有台灣的聲明。但是，這幾乎很難說就意味著本地華人和原住民在所有問題上都立場一致。事實上，相反的情況倒常常出現。高金素梅，一位原住民的社會活動家，曾經聲稱她寧願選中國共產黨政府，因為其對多元文化有明確的政策——例如為不同的「民族」建立自治區[1]——而台灣政府沒有。她的立場不是原住民中流行的立場，她的主要政治目標也和台灣現實不符，她抗議早已結束的日本殖民統治，又奇怪地與中國民族主義，而不是以台灣為中心的原住民民族主義結合在一起。

在我們的論述裡，因此需要嚴格界定原住民和本地人即「台灣華人」之間的區別。我在此部分地採納和修改夏威夷所使用的區別方式。在那裡，好幾代來自亞洲的移民都認為自己是本地人，但他們不能被認為是原住民。在夏威夷，這種區分有時表述為「亞裔本地人」（Asian locals）與「原住民本地人」（Indigenous locals），但我認為簡單地區分為**本地人**和**原住民**也許可以滿足這一區分的目的。在這兩個地方，本地人的訴求與原住民爭取主權的目標都是根本不同的。而原住民只占人口百分之二的台灣，使台灣原住民獲取主權基本是不可能的。這樣看來，如果相比台灣的大多數人口，原住民被看作是「不重要的」，而相比西方或其它更「重要的」亞洲國家，台灣是「不重要的」，那麼原住民女性就是更被邊緣化的一群，其女性主義訴求是更被無視的。因此，我特意在這篇文章的標題中把史碧娃克這樣的西方（西方化）理論家和台灣原住民女性主義者阿媯並置，雖然這看上去也許很不對稱。我假定的西方讀者，如果讀到這篇文章，把他或她的注意力從史碧娃克移向阿媯之前，需要先跨越的固有（錯誤）認識的柵欄很可能是難以逾越的，它需要一個名符其實的信念的飛躍。而這正是本章可以達到的激發的功效。

翻譯「女性主義」

至於「女性主義」這個詞，我只想說任何自稱是「女性主義」的運動或思想必須與這個詞的西方起源相協調，儘管有關女性的能動性（agency）的類似思想早就存在於非西方的很多地方。因此，這個詞的使用，不論是不是有問題，都蘊含與西方女性主義的密切關係。由於西方的認識論特權使它的批評者都促成了它的流傳的不斷擴大，以致這個詞擁有了一定程度的普遍性的價值。和其他任何起源於西方的概念一樣，這個詞的傳播，獲益於西方蒸汽機、飛機、電腦這些東西以及優越的武器裝備的優勢，支撐起其預設的普遍性（universalism）。

「Feminism」一詞在台灣有兩個不同的華語翻譯：女權主義和女性主義。這兩個不同的

1 新疆的種族問題和中國政府限制宗教和文化習俗造成的對那一地區維吾爾穆斯林的壓迫和殖民，以及漢族壓倒性的大規模遷移，形成了最新模式的、正在進行的定居殖民主義，曝露了公認的中國「社會主義」多元文化模式的局限性，即使從社會主義的理論上講，所有的少數民族都是「民族」，應該擁有自決的權利。最終，那也只是理論和口號而已。

翻譯的區別在於每個譯名的第二個字：**權**和**性**。在不同的語境裡，權可以有權利（rights）或權力（power）兩個意思，所以女**權**主義有兩種可能的字面意思，分別為「女性權利主義」或「女性權力主義」。而許多傳播「女性主義」概念的著作和實踐，已經把第二個含義與第一個含義區分開：女性的權利不等於女性的權力，因為權力暗示與男性的權力鬥爭。相反，擁護女性的權利是為了尋求男女之間真正的平等，這也應該是男性們所希望的。另一方面，因為「性」一字多義，可以是性、性質或性別的三重意義，所以女性主義可能意味著「女性的性本身」、「女性的特質」或「女性的社會性別」，強調女性區別於男性的獨特之處，倡導婦女的性自主權和性自由，或者社會性別取向。因此，女性主義在台灣的脈絡中，至少在其一九七〇年代的演繹中，被稱為「新女性主義」，從而擺脫「女性」一詞的三個含義可能導致的各種麻煩。[2]「女性主義」一詞的傳播和本土化在這個例子中是不可預期的。在翻譯的行為中，有兩組差異上演：一方面是原文及譯文之間的差異，另一方面是不同翻譯版本之間的差異。台灣女性主義與西方女性主義之間，不同版本的譯名之間以及這不同的翻譯對台灣的女性意味著什麼，所花的商討之功幾乎一樣多。在許多情況下，不同的本地華語含義之間而非與原文含義之間的不同的探討，往往受到更大更多的警覺性的注意。

由於台灣學術界的女性主義（academic feminism）的興起，被翻譯為女性主義的「feminism」成為二十世紀後期通用的詞彙，而有關性權利的話語與政治權利和財產權利一起越來越受到注意。在通俗的用法中，這個詞在社會上仍然被很多人質疑，有礙於這個詞被誤解為擁有性別極致化的傾向，甚至積極參與女性主義運動的女性都不一定願意稱自己為女性主義者。[3]但在學術界的女性主義，引人注目的卻是缺少在第三世界的脈絡中反對西方女性主義（如莫漢蒂〔Chandra Mohanty〕那樣）的聲音，這是前文描述的史碧娃克和本地女性主義者相遇的重要潛在背景。畢竟，對在場的本地女性主義者來說，史碧娃克並不被看作是印度的女性主義學者，而是一個美國（儘管很多人知道史碧娃克拒絕成為美國公民）或西方的學者，只是剛好把印度作為她研究和學術活動的領域之一。第一，其他任何來自印度的印度女性主義者不太可能被邀請到台灣。第二，台灣的學者並不一定熟悉西方學術界對史碧娃克或任何其他西方女性主義者的著作之批評或抵抗。在所有譯入台灣的西方女性主義理論中，由於史碧娃克對後殖民的注重以及她對另一個「亞洲」（南亞）脈絡的關注，因而也許與台灣的情況更為相關，但我們可以看到台灣女性主義對巴特勒（Judith Butler）、克莉斯蒂

---

2 台灣前任副總統呂秀蓮，在一九七〇年代曾是一個女性主義活動家及政治活動家。她在一九七四年的書中定義了「新女性主義」。

3 盧蕙馨提出，台灣女性認為她們與男性的不同不是二元對立的，而是在社會上的不同位置。因此大多數的女性，作為妻子，明確地抱怨的是「丈夫」，而非廣義的「男性」。她們也擔心被看作是反男性者或仇視男性者。

娃或西蘇之理論的使用也非常的廣泛。例如，一本顧燕翎主編，由九位本地女性主義者起草的女性主義理論的重要教科書《女性主義理論與流變》，其各章節的標題對西方的女性主義者來說毫不陌生，而且好像西方的女性主義被看作是普遍的女性主義：自由主義女性主義、烏托邦社會主義女性主義／馬克思主義女性主義、存在主義女性主義、激進女性主義、精神分析女性主義、社會主義女性主義、女同志理論及酷兒理論、後殖民女性主義和生態女性主義等。

由於台灣連續性的殖民主義，其中包括當代美國的新殖民主義的特殊情況，台灣女性主義的發展是一個斷斷續續的故事。這個故事可以從一些台灣原住民部落，如果不是母系也至少是偏母系的社會之觀察講起。另外，歷史學家們曾經指出，在十七世紀最初漢人來台定居的時候，定居者們不得不充分利用所有可用的勞動力來「開拓」土地，而這誠然是一個典型的定居殖民主義觀點的敘事。同時，這意味著定居者中的女性勞動力受到很大程度的重視，因此當時定居者中女性與男性的地位比之前在中國更為平等。但隨著定居殖民變得更成熟，舊中國的性別觀念不僅開始介入也變得越來越死板（楊翠: 32-37）。這是被稱為「移民泡沫」（immigrant bubble）現象的一個實例，舊日的規範從起源地的語境中脫離，但像殭屍一般殘存，彷彿在時間中凝固了，變得更為死板。這種移民泡沫的去語境化（decontextualized）的本質也使定居者與原住民以及他們母系傳嗣的做法疏離。原住民，當時被稱為「熟番」（指那些生活在平原的「番人」）和「生番」（指那些生活在山區的「番人」），後來被稱為「山地同胞」，成為恆常被壓迫的對象。這種情況歷經島國歷史所有斷斷續續的動盪而持續惡化。[4]

故事接下來的部分是在日據的一九二〇至三〇年代對西方、日本和中國的婦女解放運動的譯介。這些運動被譯介，主要為的是非原住民的漢人提高了女性自我意識。然而，當日本殖民主義統治在一九四五年結束，這一章的歷史在國民黨一心清除日本影響（重新）漢化台灣的極權統治下被徹底抹去。當一個更自覺的女性意識在一九七〇年代初浮出水面的時候，日據時代的先例很大程度上已經被遺忘了。直到一九九〇年代，通過系譜學的方式向日據時期的婦女運動追溯才成為可能，從而將表面上斷斷續續的台灣女性主義的歷史，重新詮釋為另類形式的延續。日本殖民時期婦女解放的努力，現已被看成為台灣定居者女性運動新的系譜的第一波浪潮，作為開拓的努力，為後世的開墾鬆動了原先乾涸的土地。[5]

這段歷史的斷續表明，一方面，在創造本土歷史中缺少本地的能動性，但它也突顯出來某種可以稱之為台灣女性主義中跨國的內涵。日據時期，民眾和思想在台灣、日本和中國之

4　謝世忠提供了對台灣原住民受壓迫的歷史的一個簡要分析，從成為殖民定居點前的自治，到有限的自治權，到一九三〇年完全喪失了自治權（當年發生了霧社起義，原住民奮起反抗日本殖民者）。

5　例如，楊翠指出殖民時期台灣第一波女性主義者提出的那些問題，比如愛情和婚姻自由、契約新娘的取消，以及教育公平等，在一九七〇年代不需要再被提出，是得益於這些女性主義者已經大部分都解決了。

間的流動帶來的經過反覆譯介的西方思想，是這一早期女性主義出現的最基本的條件。為了與後來跨國主義的形式相區分，我們可以把這日據時期的女性主義稱為**殖民跨國主義**（colonial transnationalism）的一個例子。

由於殖民主義和現代性之間矛盾的結合，殖民跨國主義作為一個歷史情境既記錄了殖民主義強加給台灣的、對外國勢力被迫的開放，也記錄了殖民時期漢人居民樂於接觸其他文化。日本殖民主義以殖民現代性的形式為殖民地帶來了某種現代性，這必然導致多重的、矛盾的後果。至少可以這樣說，這兩種接觸——殖民主義和現代性——的關係頗為複雜。馬克思曾錯誤地把前者當作是後者的條件，好像殖民主義幾乎是一個必要之惡，或者說對亞洲歷史的發展有終極性的幫助（見Avineri）。這種觀點，當然是不加掩飾地以歐洲為中心的。還有人認為西方殖民主義造成了被殖民國家文化上更加雜糅因此更加世界主義／大都會，甚至比西方的宗主國本身更甚（Buell）。作為歷史的後見之明，這種觀點的出現主要問題在於它對後殖民世界主義的讚揚不經意間錯置了殖民主義的創傷。此外，它沒有對不同種類的混雜性（hybridity）和世界主義（cosmopolitanism）之間做必要的區分：混雜性和世界主義可以是被強迫的，也可以是自取的特權，和個體的權力地位有關，必須分別清楚。考慮到這點，學者如杜贊奇（Prasenjit Duara）和米格諾魯排斥時髦的後殖民的話語，而主張「去殖民」，旨在重新聚焦於導致了實際的政治和文化後果的殖民地的解放行動和話語的能動性，從而使我們可以遠離那些模棱兩可、並且往往削弱分析的去政治化的混雜之談。

日據時期女性主義思想的跨國流動，曾經是由在日本和中國留學的台灣學生促成的。日本作為台灣女性主義的中介的一個突出例子，是一九二八年的「紅色婦女國際」宣言，這是由一個在上海的台灣知識分子們提供的性別化版的國際馬克思主義。這一宣言的發布恰逢作為日本共產黨的一個分支和團結對象的台灣共產黨在上海成立。其中台灣共產黨的成員包括著名的唯物主義女性主義者謝雪紅。她生於一個貧窮的家庭，在父權體制下一直飽受侮辱，直到她後來在日本接受教育，並活躍在中國和台灣（陳芳明；楊翠 148-149）。這個左翼婦女國際的成立本身就是一個多重調和的結果：馬克思主義是西方的舶來品，但在這一段時間內，日本的馬克思主義者對日本帝國主義是抱有批判態度的。後來許多日本馬克思主義知識分子和作家們很快經歷了意識形態的轉化，聲明放棄馬克思主義而接受日本帝國主義。但一九二〇年代末直至一九三〇年代，卻是見證了一個橫跨日本、台灣和中國的包括女性、男性都在內的國際性的馬克思主義聯盟。同時，台灣有對中國婦女運動的一個相當全面的介紹，而有關西方女性主義的翻譯文章也源源不斷地發表在當時主要的報刊雜誌上。

正如許多被殖民國家的解放運動一樣，在殖民宗主國接受教育，是被殖民者以殖民者自己的規則擊敗他們的一個重要策略，這種思想和政治結構是查特吉（Partha Chatterjee）在印度的背景下提出的民族主義的「衍生話語」（derivative discourse）的潛力和局限的問題之基礎。也就是說，是否人們真的能夠，用洛德（Audre Lorde）的話說，用主人的工具拆掉主人的房子呢？對於台灣本地女性來說，和其他殖民社會一樣，她們在殖民的組織結構和性別等級中，大致被指定了特定的角色，但殖民的性別體系由於原住民女性受到的另一層壓迫而複雜化了。日本殖民政府採用典型的分而治之的策略，建立了由本地漢族女性組成的名稱明確的隊伍「討伐番界隊」，以彰顯漢族女性比原住民女性更文明，並把後者毫不含糊地稱為野蠻人，是需要被征服和鎮壓的對象。這裡漢人女性借著日本殖民主義之勢，或者說被日本殖民主義所利用，更加深了對原住民的壓迫。

在楊翠書寫迄今為止最為全面的日據時期的婦女運動史中，她指出了台灣的殖民主義和民族主義的一貫矛盾，當涉及本地女性時，卻是例外的。她指出，台灣的男性知識分子當時對於本地女性的問題，甚至對她們一些最激進的方面和最具爭議的措辭，都給予了同情的聆聽，並把這些看作是反殖民的現代性工程的重要組成部分。同樣被剝奪了參與政治的權利（除了幫助殖民者管理原住民之外），同樣缺乏甚至最基本的人權，男性和女性的知識分子和活動家認為他們的命運是密切相連的。因此，相較其他第三世界國家的情況，女性主義對本地女性來說，其在廣義上沒有與民族主義的訴求相衝突（楊翠 83-93）。

相較日本、中國和西方的女性主義，台灣女性主義日據時代的殖民跨國主義有幾個明顯的特點。首先，由於在嚴密的殖民管治下沒有參與政治的可能，台灣女性主義者沒有也不能主張政治權利，因為擔心受到迫害。其次，台灣的女性主義由於其邊緣化的位置，多半是中、日女性主義知識的接受者，而這些知識在台灣必然本地化的特質和內涵，並沒有反過來影響其來自或曾通過的地方。第三，由於涉及原住民女性，台灣漢人女性主義無論有何成就，都立刻背上種族不平等和階級不平等的嫌疑。隨著台灣脫離日本殖民主義的統治以及後來的解嚴，女性參與政治逐漸增多，但後面兩個問題繼續存在直至今天。我們不能不注意到，女性主義知識只沿著一個方向旅行，它的循環是不完整的，導致了台灣及其強大的中介載體（日本、中國和西方）之間不平等的認識論情況。見證了這種單向傳播的當代跨國主義因此背負上沉重的新殖民主義性質。此外，我們也注意到由於原住民女性的訴求和主流的女性主義一樣，在台灣的民族主義中不斷被邊緣化，因此基礎上的斷裂也在持續。從這個角度來看，主流民族主義和女性主義，也不能免於定居殖民主義的指控。因此，「主流女性主義」和「原住民女性主義」這個差異的形成，讓我們需要用一種三角辯證法（trialectical）——台灣女性主義在被西方女性主義邊緣化的同時，也邊緣化了原住民女性主義——這樣一個三邊的辯證去分析。這裡參與者有三方，所以需要用多個平面和多種關係的深度模型，而不是一個二元對立的平面或二維模型來觀察這個領域。由原住民女性主義者阿𡠄提出的「樓上樓下」比喻，就是這樣一個深度模型，並提供了一個三角辯證政治的潛力的驚鴻一瞥。

樓上樓下

筆者在這裡提供的台灣女性主義的簡短系譜，接下來帶我們穿過國民黨時代，當時政治壓迫刺激了當地人的抵抗，最終導致一黨統治的消亡。但弔詭的是，也正是在「白色恐怖」這一時期，由於國家支持的美國主義（Americanism），[6]自由主義的女性主義被允許傳播其有限的影響力。中國文化中心主義和宗法專制，以及反共產主義的美國主義暨自由主義構成了國民黨政府的基本思想，直到一九八七年解嚴為止。前者將政治壓迫神聖化，而後者在不威脅前者的前提下有限地自由化。後來成為台灣副總統（2000-2008）的呂秀蓮，她的政治活動和女性主義的著作就利用了這兩種基本意識形態之間的張力。因為反對國民黨的政治活動遭到囚禁，為她後來的政治地位贏得了必要的道德資格，呂同時是新女性主義運動的領袖，該運動致力於將西方女性主義本土化，成為一種有關「權利」而非「權力」的話語。當呂於二〇〇〇年被選為副總統時，女性主義活動家們起初都欣喜若狂，只是後來希望越大失望越大。她並沒有把她的女性主義政治帶入她的政治性政治；相反，對政治權力的追逐當時似乎淹沒了她的女性主義的主張。

在她擔任副總統期間，一個特殊的事件使本地人—原住民的裂痕達到世人矚目的程度。二〇〇四年七月七二水災時，她發表了一個有種族歧視的言論，認為原住民住在受洪水破壞的村莊，如果不滿意，還不如乾脆移民到南美。該言論在原住民和本土活動家中引起軒然大波。對於身擔副總統要職又有政治和女性主義活動背景的人來說，說出這樣觸犯眾怒的話揭示了台灣漢人社會對原住民整體上懷有普遍而根深蒂固的偏見。顯然，台灣福佬人和客家人反對國民黨所訴求的的去殖民化不包括對原住民的去殖民化。從原住民的角度看，權力的過渡只是從一個殖民者（外省的國民黨政權）到另一個殖民者（台灣本省政權）而已。在二〇〇四年權力交接之後，新的國民黨主席馬英九，也就原住民及其文化發表過同樣煽風點火和傲慢的言論。尤其是二〇〇九年八八水災更多原住民村落慘遭洪水之際，同樣的老故事再次重演。如果你是原住民，那太陽底下就沒有新鮮事。因此，在這漫長的系列殖民主義的情境下，原住民女性主義者阿𡝗所提供的思維就更難能可貴，甚至令人驚訝。

阿𡝗，一個排灣族的女人，可以說是長時期以來台灣最主要的南島語系的原住民女性主義者之一。在半漢族半排灣族的家庭長大，阿𡝗沒有上過大學，成年之前，並沒有明顯的原民意識。在她發表的文章和書籍中，她描寫了原住民女性主義面對至少五個不同層次的壓迫是如何艱難。按降序排列，她總結為：

6　請參考本書第四章對「美國主義」比較深入的歷史追溯和分析。

（1）資本主義剝削和商品化；
（2）反原住民的政府政策；
（3）父權的官方政策；
（4）主流的女性主義；
（5）原住民運動中的父權傾向。（2000）

第一層，也就是最廣泛和嚴重的一層，指的是資本主義對原住民原本的交換和生活形式的侵入滲透之深，以致把原住民經濟拖往破產的深淵，導致原住民中的男性酗酒和自殺、原住民女性被迫賣淫等等。由於經濟的崩潰和國家的種族同化政策，鼓勵山地的原住民搬到平原上的縣市「平地化」，越來越多的人背棄了原住民部落和原本的生活方式，這是第二層。這裡我個人更要指出，定居殖民主義徹底的殖民政策，滲透原住民的生命經驗，況且資本主義也是定居殖民者帶來的經濟模式。再下來，政府政策的父權基礎，影響了本地和原住民女性，繼而形成下一層的壓迫。這些措施包括強迫即使是母系部落的兒童也要跟隨父姓，以及對原住民文化的性別化的商品化和消費（1996）。這種形式的壓迫對原住民女性來說更為深重，因為她們受到性別和種族雙重的壓迫。當主流女性主義已經順利通過墮胎合法化、均衡繼承法等法律，並在尋找同等機會、同工同酬以及其他與男性的基本平等這些方面小有成就時，他們的關注點與這些原住民女性是有差別的。最後，即使是原住民的母系部落也受到定居殖民社會父系習俗的影響，以致母系社會原住民男性模仿漢人的父權態度和性別歧視。可以想像，這種傾向在那些本就屬於父系部落的男性那裡則進一步增強了。簡單來說，這些壓迫層層交疊，給原住民女性主義留下的空間非常狹小。

她進而以如下方式解釋了主流（即本地／定居殖民）女性主義和原住民女性主義之間的緊張關係：

> 我常喜歡用樓上樓下的形容來比喻都會區的中產階級運動與原住民的女性運動，原住民的女性就像是住在一樓（受壓迫）的居民，視野窄（學識不足），但是耐性強，韌度夠，而二樓呢，住的是都會區的中產階級女性運動者，有比較好的視野（看得較多、較遠），雖然也被樓上的壓制（指男性），但至少她不是在最底層的一群，樓層不同、需求不同、訴求也當然不同，麻煩的是二樓的居民常自以為是的為二樓以下的人說話，比如說：台灣一千萬的女性需要的是……，同樣的毛病在三樓的住民也有，例如：全台灣的二千萬人民需要的是……，好一個樓上樓下的矛盾情結。（1998: 56）

在此，我想把這一段話和美國少數民族女性主義的情形比較一下，以便分析。乍看之下，阿媳對主流女性主義的挑戰似乎與美國有色女性主義者反對白人女性主義類似——白人女性主義假定自己為全部女性「說話」和「代言」，而不關注有色種族女性的經驗的特殊性。在美國，白人的女性主義幾乎從Sojourner Truth, Angela Davis, Audre Lorde, Gloria Anzaldua, bell hooks, Trinh T. Minh-ha, 到Chandra Mohanty這些有色女性主義者，再加上美國的原住民女性主義者如格蘭德（Sandy Grande），大大挑戰了白人女性主義以白人為準則的普遍主義傾向。於此，美國的原住民問題也是使有色女性的女性主義議程進一步複雜化，並使一種以土地權和自治權為軸心的道德責任上的嚴格界定的呼聲成為必要。

在克雷蕭（Kimberlé Crenshaw）一九八九年奠定了現在經典的交叉性理論（theory of intersectionality）的文章中，有一個讓人驚奇的相似比喻：[7]

試想一個地下室，其中容納了所有性別、階級、性向、年齡和／或體能上的弱勢群體。這些人被堆疊——雙腳站在別人的肩膀上——底部的是受到所有不利因素影響的弱勢者們，一直到最頂端。而所有的弱勢者，不管在下面還是在上面，她們的頭都受到一個因素（天花板）的影響而處於不利地位。天花板實際上是樓上的地板，只有那些沒有任何以上不利因素的人居住著。為了糾正統治的某些方面，這些天花板上面的人承認，天花板下的人，如果沒有那些讓她們弱勢的因素，她們也應該可以居於樓上。於是樓上

> 的人在她們的地板上開了一個口，正處於下方的人立刻就可以爬上來。然而，這個開口通常只提供給那些使得她們弱勢的僅有一個因素的人，和她們相較下面的人的有特權的人，才能爬上來。那些有多重不利因素的人，一般被留在下面，除非她們能以某種方式把自己提升，加入被允許擠過開口的群體。（1989: 151-152）

在阿嫣和克雷蕭的這兩個類比中，樓上樓下的三維空間的比喻分別生動地描繪了原住民女性和黑人女性受到的多重壓迫不僅僅重疊，也有壓力加劇的效果。克雷蕭的比喻，關注的是拒絕黑人女性通過開口前往樓上背後的認可（recognition）和再分配（redistribution）的政治，阿嫣的比喻則非常不同。在她同樣也是交叉性的比喻中，阿嫣表明主流女性主義者與原住民女性的關係的潛在的心理機制，認為這和主流女性主義者自己受壓迫的經驗有關。她在挑戰主流女性主義的同時，也認可主流女性主義者由於與生俱來的階級和種族特權，帶給了她們更廣闊的視野（她們住在二樓上）使她們看得更多、更遠。如果它能夠一併承擔主流女性和

7 我感謝Rachel Lee提醒我這個比喻。交叉性理論認為，引起壓迫人們的不利因素（無論是種族、性別、階級、性向等）不是彼此獨立運作的因素，而是交叉作用的。被種族歧視壓迫和被性別歧視壓迫與同時受兩者壓迫不同，它們的交叉會加重其效應。

原住民女性的訴求，阿媯覺得這種遠見卓識是有價值的，而且可以激發被阿媯稱為「相互的批評」：

台灣原住民的問題由來已久，台灣原住民女性的問題最近剛要發聲，都會區的中產階級女性運動提供了原住民女性一些運動的方向和管道；在經驗上，原住民女性尚待學習，而都會區的中產階級女性運動在過去幾年所扎下的根基也不容忽視，這一點是絕對無庸置疑的；只是，在台灣這麼一個小小的海島上存在著如此多元的文化群像，弱勢被壓迫的情況可能是唯一相同的事實，當性別的壓迫成為原住民和非原住民女性之間跨族群共同的訴求時，我相信「女性的同理心」更能清楚地感受到被壓迫者的心境，畢竟我們之間除了群族差異之外，還存在著階級的問題，因此別讓原住民的女性也成為非原住民女性壓迫的對象，相互的批評是為了讓彼此更堅強茁壯。（1998: 57）

通過簡潔的措辭和優雅的形構，阿媯把主流女性和原住民女性之間的同情（sympathy）變成一個行動的目標——朝向它努力，以防止兩者之間潛在的壓迫。她沒有直接指責中產階級女性主義是壓迫的同謀，而是開闢了建立在「相互的批評」的關係之上的對話空間。相互的批評強制任何一方都不能免受別人的批評和自我批評，不管一個人在運動經驗上是否比別人多，或理論認知上是不是更精密。她沒有被怨恨驅使，認為自己是一個理直氣壯的受害者——由於自身所受的更大的壓迫而認為自己有一定的特權或道德的力量——而是在盡可能的情況下橫向地對話和聯盟。有一個現象是某個特定的群體聲稱相比其他群體受到更多或最多壓迫以獲取更大的道德權威，我將其稱之為「競爭的受害者心理學」（competitive victimology），而她對這樣的遊戲不感興趣。

史碧娃克、阿媯和批評的互惠

誰看到受害者？誰聽到受害者？如果受害者沒有被看到或被聽到呢？史碧娃克把印度女作家德維的短篇小說中的杜洛提（Duloti）這個角色描述為某種絕對的底層人（subaltern）的代表。她令人信服地寫道，因為杜洛提這樣的亞／無產階級，被困在被歧視的最底層，在殖民化和去殖民化的反轉時，無法分享去殖民的果實。對杜洛提來說，（英）帝國和（印度）國家不過是可以互換的名字、帝國主義和獨立之間的一個接力賽，而她只能躺在那裡等著極端被剝削的身體死亡：一個長滿潰瘍的腐爛的身體，滿是膿瘡，在路邊腐壞。她在性別化的和身體化的底層生存，消弭了殖民地和民族國家之間的反轉的意義，因為對她來說這沒什麼不同。她在帝國的、民族的或資本的詞彙中，都無法認知她身為受害者的狀況（Spivak

1992）。

同樣地，對原住民來說，台灣的殖民主義歷史只不過是一個殖民者到另一個殖民者的接力賽。杜洛提感受不到反轉，台灣原住民的處境和她的情況有相似之處。杜洛提不能成為一個「有意抵抗的主體」（111），因為她不知道如何抵抗或抵抗什麼。從被迫賣淫的眾多原住民女性的角度來看，抵抗也是無稽之談，在某種意義上說，這是無法抗拒的。換句話說，抵抗本身就是一種奢侈。對殖民者的怨恨，只有當它可以觸發某種反應或轉化為活躍的抵抗時，才是可識別的。否則它僅僅是一種沒有成形的、抽象的、潛在的情感。當宣稱自己是受害者的能力本身是可望而不可及的特權時，「競爭的受害者心理學」就不是一個可行的策略。阿媯和她的原住民女性同胞就像德維筆下的杜洛提，而史碧娃克並不知道。

儘管阿媯的確認識到了從一個殖民者到另一個殖民者的這種接替，以及在資本主義、民族國家、父權甚至中產階級女性主義的名義下的加劇的壓迫，她為批評的互惠留下了一個空間。回望史碧娃克和本土女性主義者之間的相遇，缺少的恰好就是這種批評的互惠的大度精神，**從可譯性的前提開始，將不可通約性作為一個不完整的翻譯，而不是溝通的終結**。

在連續殖民主義充滿裂痕的疆域裡，反抗的對象也許一直在轉換，但不變的則是在本土的情境中為女性權利進行的鬥爭——無論妳是一個主流的還是原住民女性。其中還存在策略性的架構一個女性主義倫理學的可能，也就是在批評的互惠之基礎上的團結和交流。在地問題的急迫性促使主流和原住民女性主義者都策略性地挪用西方女性主義，但是要構建對它的一個協調一致的抵抗計畫仍是一種奢侈，或者僅僅是理論層次上的錯置。一些第三世界女性主義者集中精力地批評西方女性主義，這樣的努力可以為她們帶來一些關注和名氣，但它分散了更深入地參與原住民和本土問題所需要的時間和精力。這是我被一次又一次告知的，尤其是當我觸及本地女性主義者缺乏對史碧娃克回應的時候。拒絕回應，並不意味著台灣內部正簡單地圍繞女性主義建立一個本土主義的屏蔽。因為非常明顯的是，台灣本土女性主義相當地國際化和富有世界性：它是多語言的；也是緊跟理論前沿的。相反地，它意味著，即使在嚴重缺乏批評的互惠的情況下，一種心靈人度的世界主義是可能的，而這種世界主義可能會打破一直逡巡於等級和統治的關係的認可的政治的惡性循環。[8]這種世界主義可能有意「誇張」的（hyperbolic），如我在別處寫過的有關台灣女性主義藝術家吳瑪悧的討論中一樣（2007, Ch6）。來自弱勢的立場，卻迴避了引人注目的對立或抵抗的姿態，反而支持一種與不可通約性的對談。我認為這是跨國女性主義道德準則的基礎，而這需要大量的工作。在英

8 奧立維（Kelly Oliver）對黑格爾的相互主體性（intersubjectivity）的架構有一個有用的批評。她認為它是在權力不平等的狀況下產生的一種認可政治（politics of recognition）。取而代之的，她提議將見證（witnessing）——聽和看對方講述他們的故事——作為建立在交換和同情前提之上的人的主體性之模型。

文單詞「incommensurability」（不可通約性）中有可通約性（commensurability）包含在內。單詞裡剩下的「in」可以暫時擱置，也可以被激發，導向進一步的可通約性，而這恰恰意味著我們每個人都有很多工作要做。

本書第二章的主題之一，即是這種互惠的倫理的實踐。在張貴興的小說中，對華人定居者祖先的自我批評、對原住民的同情和同感、對雨林生態破壞的批評，以及華人後裔和原住民通婚的在地化過程等，把華人定居的歷史轉換成一個對土地和原住民贖罪的過程。而鮑威爾小說中，對華人苦力災難史的關切和同情，以及描述華人後裔和牙買加的黑人奴隸後裔通婚的在地化過程等，都是對於殖民主義、土地、奴役的反思，企圖在不可通約性中，找到某些可通約性。尤其是黑人奴隸後裔和華人苦力後裔在牙買加的結合，正是下一章所關注的弱勢之間互相聯繫的跨國主義的一個形式。

引用文獻

Anderson, Perry. “Stand-off in Taiwan.” *London Review of Books* 26, no. 11 (June 3, 2004): 12-17.

Avineri, Shlomo, ed. *Karl Marx on Colonialism and Modernization*. Garden City, New York: Doubleday, 1968.

Buell, Frederick. *National Culture and the New Global System*. Baltimore and London: Johns Hopkins University Press, 1994.

Ching, Leo. *Becoming Japanese: Colonial Taiwan and the Politics of Identity*. Durham: Duke University Press, 2001.

Crenshaw, Kimberle. "Demarginalizing the Intersection of Race and Sex: A Black Feminist Critique of Antidiscrimination Doctrine, Feminist Theory, and Antiracist Politics." *The University of Chicago Legal Forum* 1(1989): 139-167.

Duara, Prasenjit, ed. *Decolonization: Perspectives from Now and Then*. London and New York: Routledge, 2003.

Harding, Sandra. *Objectivity and Diversity: Another Logic of Scientific Research*. Chicago: The University of Chicago Press, 2015.

Hsieh, Shih-chung. "From Shanbao to Yuanzhumin: Taiwan Aborigines in Transition." In *The Other Taiwan: 1945 to the Present*, edited by Murray A. Rubinstein, 404-419. Armonk, NY and London, England: M.E. Sharpe, 1994.

Lu, Hwei-syin. "Transcribing Feminism: Taiwanese Women's Experiences." In Women in the New Taiwan, edited by Catherine Farris, Anru Lee, and Murray Rubinstein, 223-243. Armonk, New York, London: M.E. Sharpe, 2004.

Mignolo, Walter. *Local Histories/Global Designs*. Princeton: Princeton University Press, 2000.

Mohanty, Chandra et al., eds. *Third World Women and the Politics of Feminism*. Bloomington: Indiana University Press, 1991.

Oliver, Kelly. *Witnessing: Beyond Recognition*. Minnesota: University of Minnesota Press, 2001.

Shih, Shu-mei. "Towards an Ethics of Transnational Encounter, 'When' Does a 'Chinese' Woman Become a 'Feminist'?" *differences: a journal of feminist cultural studies* 13, no. 2 (Summer 2002): 90-126.

———."Globalization and the (In)significance of Taiwan."*Postcolonial Studies* 6, no. 2 (Summer 2003): 1-12.

———. *Visuality and Identity: Sinophone Articulations across the Pacific*. Los Angeles and Berkeley: University of California Press, 2007.

Shutte, Ofelia. "Cultural Alterity: Cross-cultural Communication and Feminist Theory in North-South Contexts." In *Women of Color and Philosophy*, edited by Naomi Zack, 44-68. London: Blackwell, 2000.

Spivak, Gayatri C. "Woman in Difference: Mahasweta Devi's 'Duloti the Bountiful'." In *Nationalisms and Sexualities*, edited by Andre Parker et al., 96-117. New York and London: Routledge, 1992.

———. "World Systems and the Creole." *Narrative* 14, no. 1 (2006): 102-112.

呂秀蓮，《新女性主義》（1974初版）。第四版。台北：前衛，1994。

利格拉樂・阿𡠄。《誰來穿我織的美麗衣裳》。台北：晨星，1996。

——，《穆莉淡：部落手札》。台北：女書，1998。

——，史書美訪談（2000年11月13日）。台北，台灣。

陳芳明，《謝雪紅評傳》。台北：前衛，1996.

顧燕翎主編，《女性主義理論與流變》。台北：女書，1996。

楊翠，《日據時期台灣婦女解放運動》。台北：時報文化，1993。

第六章

弱勢族群的跨國主義

為 *Minor Transnationalism* 一書所寫的序言*

一九九八年寒冷陰霾的十一月，我們不約而同參加在巴黎盧森堡宮舉行的一次會議。這宮殿位於歐洲大國首都，實屬政治重鎮，有著陰暗迴廊及重重戒備，我們因個人背景聊起了「族裔研究」（ethnic studies）在美國及歐洲學術場域的狀況。隨後我們到了咖啡館，一邊喝著熱甜酒（mulled wine），一邊繼續聊著彼此的個人及學術背景、各自的立場和不滿，直到夜幕降臨。我們發現，我們最主要的不滿是在於將個人局限於自己專業、阻礙彼此對話的學科分界。若我們一直待在原屬研究機構，只會忙著在各自狹隘的學術領域奮鬥，而不可能理解到跨領域合作的可能。一位是法裔模里西斯人，從事法語語系、非洲及非裔美國研究；另一位是生於韓國的華裔，從事華語語系、中文及亞美研究——在某種意義上，我們都在法語及中文研究兩大領域裡被「弱裔化」（minoritized）了。從這兩大領域的主流觀點來看，我們都太過傾向「族裔研究」，但雖同樣身為弱勢，平時卻沒有機會分享共同的關懷及處境。若非透過這樣一個在強權都會的偶然會面，共同的弱裔傾向將永遠不為彼此所知。回想起來，才領悟到：過去我們總是垂直向上奮鬥，而忘記左顧右盼，看看那些較不顯而易見的橫向網絡（lateral networks）。

主流強制中介所有形式的文化生產及弱裔社群之間的相互關係，在這種情況下，我們的偶然相遇是有指示性的（symptomatic）。弱裔主體的自我身分認同往往是相對於主控論述（dominant discourse）而建立，而不是與彼此或其他弱裔團體面對面。我們總是研究中心及邊陲，卻很少細看邊陲與邊陲之間的關係。主控者（the dominant）總被認為是一個強大且普遍化的力量，會抹滅甚或吞噬多元的文化特徵，即使對於反抗它的人也是如此。這樣的普遍主義，隱含著若非同化、收編，則為反抗的政治關係，因此設立了一種要求認可（recognition）及公民權的垂直競爭結構。我們和很多學者相同，都認為普遍主義的理念有所不足，但我們所持的理由卻與位置有關：身為複雜的離散主體（diasporic subject），我們在美國占據著非常獨特的跨國空間。

這樣的普遍主義之一種形式便是法國的共和主義（Republicanism），意圖用一種「法國性」（Frenchness）同化所有移民者及弱裔。官方論述中所宣揚的理想「法國性」，必須透過精通法語和掌握文化符碼（cultural codes）而達成。要成為「法國人」，便是要垂直認同法國之理想形象，而非與同為移民者在「成為法國人」的過程中找尋共同之處。在眾多弱裔團體之間，明顯缺乏相對於彼此的論述，而這正是長期以來殖民意識形態造就的結果：因為強調對立與征服，所以不同弱勢族群之間只能形成競爭關係。在其社會及心理認同過程中，弱勢（minor）看起來總是經過主流／多數（major）的中介（mediate）。

---

* 本章由筆者和與李歐旎合寫，沈尚玉譯，蘇榕校改。*Minor Transnationalism*由兩位作者合編，二〇〇五年美國杜克大學出版社出版，二〇〇九年再版。華文版曾發表於《中外文學》36: 2（2007年7月）。本章最終為筆者校改版。

全球化之後，橫向及非階序式的網絡結構逐漸取得優勢，這也是德勒茲（Gilles Deleuze）及瓜達希（Félix Guattari）二人所說的根莖結構（rhizome）。根莖結構的概念暗示一種無法掌控的、隱而不顯的象徵地理關係，也是一塊創意地，讓弱裔主體能在其中以一種橫向且多產的方式有所行動和互動。然而即使是這樣具有生產力的理論途徑，德、瓜二人提出的「弱裔文學」的概念，仍無法避免落入中心化的模式中。對他們而言，弱裔在文學和政治上的重要性，建立在其內在於強勢／多數且對其反抗的批判功能之上，脫離不了兩者二元對立且垂直的關係：「弱裔文學並不來自弱裔語言；弱裔文學應是弱裔在強勢語言之內建構出來的。」（16）

德勒茲及瓜達希、列維納斯、德希達等法國哲學家已提供我們思考他者性（otherness）的工具，但這些工具也已常被去政治化的挪用。我們不要忘了一個事實：後結構理論的歷史脈絡和政治脈絡，其實是這些思想家所熟悉的解殖民化（decolonization）經驗。德希達在《論文字學》最初幾頁便先提到族裔中心主義（ethonocentrism）一詞，而後才提及今天較為人知的羅格斯中心主義（logocentrism）。但是我們卻很少將德希達解構理論與對族裔中心主義的批判聯想在一起，除了偶然把它當作對差異（difference）和他者性概念的哲學沉思之外。但是，和西蘇一樣，德希達的個人經驗無可避免影響了他的思想：他是在阿爾及利亞解殖過程中長大的猶太人。然而，一直要等到法農從加勒比海來到阿爾及利亞，也就是從一個弱裔空間來到另一個弱裔空間，我們才得以見到一位弱裔跨國知識分子，是如何對各地的空間和抗爭進行橫向的連結。

德希達解構理論在二十世紀中期的歐陸雖然僅占邊緣位置，但在美國卻是法國理論論述中的支配典範。矛盾的是，解構的程序反而強化了歐陸的文哲傳統，使其更加複雜不定，並允許無限的意義戲耍。當批判中心成為目的本身而非只是手段的時候，中心的地位反而提高了；研究的關注力和重心也依舊放在中心之上。解構主義的「中心／邊緣」（center / margin）關係，看似重視後者，其實只是將其收納控制罷了。「邊緣」或是「他者」依然只是哲學概念或指向未來的期待：他者永遠不會抵達此時此地，他或她永遠是「將來的」（「*à venir*」）。這種思考途徑所帶出的倫理學意義是重要的，因為能避開認同政治（identity politics）的危險，讓他者免於被物化。然而他者仍然只存在於期待裡，而不構成事實存在。我們更可直言，這種對「將來的」期待，就像是在共和普遍主義下，對「平等」的虛假承諾一樣。

相較之下，法農的著作較能夠刺激並強化六〇年代的民權運動，進而協助美國的族裔研究持續發展。法農是首位分析壓迫關係中情感面向的思想家，他也「翻譯」黑格爾或沙特式的異化（alienation）概念，使其能為國族運動所用。因此，他的作品影響了許多美洲及非洲國家的解放運動和弱裔抗爭，而這些抗爭通常是為了爭取國族或文化自主性及種族平等。在美國，這些抗爭已讓人不得不承認，弱裔不僅是正要來臨或是「將來的」，而是已經抵達此時此地，而且也構成了「美國」的定義的一部分。所有的弱裔團體皆是美國國族實體的一部分；他們並非只「在黑暗中戲耍」（playing in the dark）（Morrison），也不能只因語言差異，就將他們視為二等的「永遠的異鄉人」（perpetual foreigners）。他們應當獲得全面的公民權，享有應得的權利和義務。這些抗爭最出色的成果之一，就是許多大學成立的族裔研究學程，以及這些學程所促成的重要研究。一直以來，以強烈區隔性語彙定義弱裔身分認同的行為雖只是戰略考量，但不幸地卻使部分不被包含在「官方弱裔」範疇內的主體位置遭受忽視。

族裔研究中的「抵達」（arrival）典範不得不使國家內部的權力和階序關係成為最主要的關注點。一方面，新移民與道地性（authenticity）及文化國族主義（cultural nationalism）兩者之間關係十分矛盾，而這兩者卻是最初促成族裔研究發展的重要概念；另方面，垂直抵抗的模式阻礙了跨族裔連結和跨國弱裔結盟。舉例來說，做族裔研究的學者很少與做法語語系研究的學者溝通或合作，儘管二者常有許多地理和文化上的相同處。同樣地，族裔研究和區域研究之間的緊張關係一直無法獲得舒緩：雖然泛非洲主義能成為非洲學者及美非學者之間一個有限的對話平台，泛亞洲主義在政治意義上卻十分可疑，也因過度具有威脅性而無法發展為一個慣用的概念。因此，族裔研究一直是美國境內的典範，而區域研究則持續推崇過時的洲際疆域。在以國家語言為分野的系所裡，很少對語言和國家之間的換喻關係提出質疑。

然而，人口和文化的跨國移動所造成的壓力，已讓人開始質疑上述以民族國家為基礎的族裔和區域研究。身為位處族裔和區域研究之內和之間的學者，我們不僅期待一方的研究問題能為另一方帶來啟發，也希望對二十世紀跨國議題提出全新提問。我們所共同主持的「加州大學跨國暨跨殖民研究多校研究小組」（Multicampus Research Group on Transnational and Transcolonial Studies at the Unviersity of California），成就了這項計畫。如同我們的研究小組，這本書企圖在各類群體之間建立橋梁：這些群體雖在現存制度的限制下必須各自擁護領地，卻關注相似的議題，也有很多相通處。而我們的成果已證明：從這樣的「弱裔」觀點檢視跨國主義，不僅對理論思考有所助益，在實際面也能多有收穫。為了理解跨文化及跨領域方法的基本邏輯，這樣的觀點是必要的，也才能對將跨國主義視為一種趨同力量的主流想法提出質疑。

弱裔跨國主義

在一九九〇年代，一個新的「跨國研究」領域逐漸浮現。這是受到社會科學界內部流通的跨國理論的助益，而新興的全球化理論，則相對地合理化跨國理論的發展。大體而言，跨國主義被視為最新一波全球化的產物，與全球化有著相同的晚期資本主義的歷史背景，其特色是金融資本的邏輯運作、資本的彈性積累及後福特主義式的國際勞動分工（Hall 23; Harvey）。在我們的認知裡「全球化」的定義源於一套同質且具支配性質的標準，而「跨國」則標示出讓能動者在其中跨界行動的空間和實踐——可能是主流的也可能是邊緣的。全球化的邏輯同時是向心的也是離心的，並且預設了一個普遍的核心或基準，它不僅由內向外擴散，同時也將異質性的文化形式拉進它的漩渦，以它的基準衡量一切。它在所謂的普遍和特殊之間，生產出一套主體與主體之間的階序關係，也相應產生了歐洲中心普遍主義的所有問題。相反地，跨國則可被視作一個可以看見雜種化（hybridization）過程的交易參與空間；在這裡，不同文化不需透過中心的中介，而得以被生產和演現。

我們這樣對於跨國的界定是將跨國主義視為全球化過程的一部分，但同時也能看見：跨國相較於全球化有更大的彈性和分散性。為了展露跨國運作和構成的多樣性，曾有研究者試圖分析其組成要素並追蹤其行跡移動。在一方面，有所謂的「由上而下跨國主義」（transnationalism from above），意指跨國公司、金融資本、全球媒體及其他受菁英階層控制的巨型結構的跨國過程（Mahler）。這種「由上而下跨國主義」受烏托邦式全球化觀點（utopic views of globalization）的影響，強調國家邊界或其他邊界的跨越，並頌揚全球自由市場、文化交混、民主政治和普遍人權等。惡烏托邦式全球化觀點（dystopic visions of globalizaion）則強調全球化的負面影響，譬如對環境及健康的破壞、文化「麥當勞化」、貧富差距的無限擴大、剝削第三世界勞動力、犧牲南半球利益以增加北半球財富等等；換句話說，即是西方資本主義的霸權及史碧娃克所說「不受限制的全球金融化」（untrammeled financialization of the globe）（262）。惡烏托邦觀點組構了一個反抗基點，有人稱之為「由下而上跨國主義」（transnationalism from below），即是所有反霸權、拒絕被既有單一民族國家同化的非菁英階層活動，也包括「一般人的日常實踐」（everyday practices of ordinary people）（Mahler）。這類「由下而上」的觀點，早期有瑟托（Michel de Certeau）的日常生活革命，將每日的平凡事物視為反抗力量的來源；史考特（James Scott）也將隱藏式腳本（hidden scripts）和平日實踐視為總是已經具備反抗性的「弱者的武器」（weapons of the weak）（*Domination and the Arts of Resistance; Weapons of the Weak*）。然而，瑟托和史考特所設想的是局部性政治，並未將跨國納入其構思中的反抗實踐。同樣地，在局部／全球研究裡，局部常被浪漫化，它不一定是純粹的，卻非得是反抗基點不可。已經有人指出，全球化絕非一完整或全面性現象，全球也不必然和局部形成二元對立關係。而真正改變的，卻是國族的組成參數。國族不再必須透過同質性時間和地域化空間定義，而逐漸地被一種暗指在「多樣化時空（無）秩序」（multiple spatiotemporal (dis)orders）交會處的跨國性質所改變（Sassen 221）。因此，跨國不受限於局部／全球的二元對立，而能跨越不同且多樣的空間性和時間性，展現在國族性、局部性或全球性空間之中。

本書企圖將弱裔跨國主義概念化，以多元的方式介入上述各種表述當中。每當採用弱裔或弱裔化的觀點，則必然要對上述主流表述的重點加以挪移，並進行修正。主流在討論跨國主義和全球化時，總是預設了族裔特殊性和弱裔觀點是受制於主控的跨國主義形式，且輕易地被同化。我們同意弱裔和離散者必然參與跨國的過程——但它們可能由上而下也可能由下而上，而且是以自己獨特的方式來參與；我們也同意，弱裔和離散者生活在逐漸整合的全球化空間裡，而這個空間由文化、觀念、資本的全球性流通構成，透過傳播、遷移、資本流動的方式整合起來。然而，即使在束縛之下，弱裔和離散族群總能發展出自己的文化實踐和溝通網絡，超越了這些主流理論的範疇。在上和下、烏托邦／惡烏托邦、全球／局部的二元模型裡，缺乏的是對弱裔化文化在國界之內及之間創意游移的認知或體認。若過於強調對主流的反抗，往往容易忽略弱裔和離散族群的文化表現性；再者，它們與當代大企業的經濟跨國主義的關係往往是多樣、矛盾甚或不敬的，它們在這種關係當中的跨國微型實踐也會因上述因素被掩蓋起來。一般的想像中，反抗主流的方式是藉著強調行動和反動來固化社群之間的邊界，而排除其他雖然在經濟上較為不利，卻能更加積極或更有創意地參與跨國的形式。若將反抗基點抽離出來而將其定義為「由下而上跨國主義」，看來似乎存在著兩種形式的跨國主義，而兩者之間關係為對抗且對立；然而事實上，弱裔和主流兩者的跨國是同時發生在一個由不對等權力關係構成的時空結構裡。

我們認為，主流跨國理論在強調主流力量和反抗力量的關係的同時，也一直在實踐一種「認可政治」（politics of recognition）（請見 Taylor; Fraser）。這種二元模型預設了弱裔必然且持續地與主流文化在垂直面上進行對抗或者被同化。傅柯式分析對於權力的毛細孔運作過度強調，更強化了這個垂直模型，使得弱裔之間在水平面的溝通不可復見。可是，因為傳媒的全球性影響及人口遷移的增多，弱裔文化的跨國性質已成想當然爾，而文化之間的相互溝通也持續強化。弱裔文化是跨國現象的一部分，並非是被物化或彼此隔離的文化風俗囊包，被動等待主控力量選擇性地將其納入所謂「全球性」或是「跨國性質」的定義之內。主流跨國理論家們總是實踐「認可政治」並倡導一個無邊界的世界，但這個無邊界的概念其實只是繼續強化了北／南對立和支配／反抗對上的文化模型，並妨礙我們看到弱裔文化的關鍵力量。

我們關注的是有別於「後國家想像的認同」（arenas of postnational identification）（Joseph 17），以便關注文化橫截面移動。這種文化橫向移動包括了弱裔在其文化表現性上與主流之間所有具意義的關係（可能以各種樣貌、形式或種類出現），也包括弱裔與弱裔之間避開主流的關係網絡。這種文化橫向也生產出新興的認同形式，能與各種國家、族裔、文化邊界進行對話協商，使弱裔內在的複雜度和多樣性浮現。由此，對新式倫理學的需求越發急迫，而歸屬感竟出現在令人驚奇意外的地方；新的知識（literacy）在非正統語言及聲調節奏裡被創造出來；殖民空間、後殖民空間、新殖民空間的並存則在根本上打亂了它們原來的時間順序。如此思考弱裔的跨國，有別於從後國家想像、遊牧式且「彈性」的標準來界定公民權（Appadurai; Joseph; Ong）。後國家想像及遊牧式的身分認同已相對地脫離國家或其他邊界的地域性控制，但弱裔的跨國則指明並突顯國家和跨國之間的多重關係。弱裔的跨國能認清弱裔所面臨的困難：民族國家仍然是分配及規範權力、地位、物質的主要機制，雖然弱裔缺乏在國家體制內同等的公民權利。彈性或遊牧式主體如同自由漂移的意符，對於既定的地理政治空間沒有任何精神上或物質上的寄託。相較之下，所有弱裔的跨國主體則無可避免寄託於各自的地理政治空間上，寄望有一天能被認可為「公民」，以取得全面公民權的相關權利。

後國家想像中預設了國家與國家之間的隱性界線，如此才能再超越這個界線；但我們所構想的弱裔跨國主義是以葛里桑談論關係的理論作為出發點。對葛里桑而言，文化並不是以國家為單位的單一實體或劃界空間：這樣的想法是不論在過去或現在均是一種幻覺。他所定義的文化「克里奧化」，不是指純粹的文化實體在接觸地帶（contact zones）彼此接觸而產生，而是強調文化本來就是從一些出人意料且時而暴力的過程中產生出來，總是已經交混的關係（*Poétique de la relation*）。因此，我們將透過跨國來討論這種本源式的多樣性或克里奧化，以突顯在民族國家界線內外所發生的弱裔構成經驗。雖然跨國企業的出現應該已經消解了民族國家的界線，但民族國家作為控制和主宰的機制依舊十分活躍。弱裔的文化工作者是跨國的，這不是因為他們超越了國家，而是因為他們的文化導向本身就已是葛里桑所說的「克里奧化」。比如說，阿敏（Samir Amin）也已經指出近來的全球化理論是多麼虛偽——它們總是暗指所有國家、文化及語言在過去都是彼此區隔且純粹的實體，但事實並不如此（1997; 1989）。安薩爾（Jean-Loup Amselle）由資訊網絡獲得啟發而發展出「分流」（branchements）理論，也研究西非恩科（N'ko）少數民族的伊斯蘭團體；此兩者皆開展了新的方法，讓我們得以在分析文化交流的同時，也能證明「跨大陸活動」早在當代定義下的全球化出現之前即已存在。若我們跟隨葛里桑、阿敏、安薩爾的腳步，認定克里奧化及混雜本身就是文化的先驗條件，那麼我們便可表明：弱裔的表現力（expressivity）必然是更為混雜化和跨國的。弱裔在民族國家內部的邊緣位置，及他們所經歷的遷移和各種形式的（新）殖民主義經驗，皆使得他們必須在偽裝成獨一無二及原汁原味的主控性文化資源（包括跨國組織所倡導的）之外，尋找其他形式的文化資源。這並不是說，主控性文化資源就一定是獨白式（monological）的，但是主控者針對這些資源所進行的修辭、管理及調度，總是強勢地聲張自身的本尊性，並將其權力加以合理化。而對於弱裔而言，本尊性便是一個「他者化機器」（othering machine; Suleri），一直以來阻礙了他們獲取全面公民權的可能；它也是一個機制，促使弱裔以文化國族主義的形式，來產生對本尊性的反動概念，限制了他們富有創意的能動性。

從我們的觀點來看，本尊性是一個二叉的問題。它既隱含一種「取回政治」（politics of retrieval），也是一種「包含／排他政治」（politics of inclusion and exclusion）。若這種「取回政治」能讓弱勢團體重拾過去所失去或受壓抑的文化認同，它便能賦予他們力量。但當這種「取回政治」本身即預設了對於恢復已逝純粹性的慾望，那麼它將成為一個危險的念頭，可能導致極有問題的文化本質主義或是本尊性迷思。一旦將本尊性喚起或正常化，便會產生一種「包含／排他政治」；武斷而固定的認同範疇將以認同政治的形式出現，並開始管制文化表現和實踐。既有文化弱裔團體內的差異性，將因該團體為了對抗支配者而組成統一的文化陣線而受到壓抑。然而，既有的弱裔文化其實都是跨遷移及多重邂逅的產物；也就是說，它們一定都總是已經混雜、交混及相關的。雖然一直以來，在政治運作上否決這些多樣性是有助益的，但是，策略性操作的弱裔的「本尊性」並非長久之計，因為即使在特定的弱裔團體之內，政治化的焦點也會隨時間而改變。史碧瓦克所說的策略性本質主義絕非意指要僵固不變地主張真理所在。這不是說我們不需要策略性本質主義或本尊性政治，而是說，我們必須認知它們在多變脈絡下的運用是有限制的，而且排他性太強，即使對於團體內部的成員也一樣。

今天，在各式各樣的具體或虛擬接觸空間的構成之中，文化連結（conjunctures）和分裂（disjunctures）的速度、頻率、擴展發生得越來越快。因此，重新從跨國或關係性的觀點來思考本尊性政治便成為當務之急。在跨國脈絡之下可見的本尊性將成為「陌生人拜物」（stranger fetishism）的犧牲品：具本尊性的陌生人成為商品，而握有購買力者則控制並消費其差異性（Ahmed）。因此，新興的全球性多元文化主義形成了，而來自各地的陌生人便成為文化購物單上的項目。當各種國族主義（nationalisms）逐漸隨著跨國而衰退，弱裔身分認同的僵固化將越來越醒目，並且與經濟全球化格格不入，也因此成為全球性多元文化現成的消費對象。在新全球性多元文化主義的構成裡，我們必須重建「弱裔」或「弱勢族群」（minority）的意涵，才能有別於往昔總是以民族國家為基礎的認知模型。當我們並置弱裔與跨國主義時，隨著一系列議題的組合而來的新的意義場域便應運而生了，有別於現存「弱裔論述」（minority discourse）所帶有的意涵。在美國研究裡「弱裔論述」的出現，是來自將「多樣性」理論化的過程。但是這個思考多樣性的途徑卻仍舊是單語式（monolingual）的，儘管在弱裔社群裡，多語經驗是必然的前提。當我們開始要思考非美國式的跨國主義及跨殖民主義時，從「弱裔論述」模型所獲得的協助便十分有限。將世界各地的弱勢族群所弱勢化的，並不見得是同樣的機制；因為根本沒有所謂的普遍性弱勢位置。若觀察在其他國家或地區脈絡下成形的弱勢議題，則似乎可以看出所有的文化表現性論述（譬如音樂、電影、自傳及其他文類）皆受其跨國及跨殖民過程的影響。在此，跨殖民主義暗指的是一個既屬於殖民主義，也屬於新殖民主義的經驗（在相同或不同的殖民者之下）——雖然兩者的經驗必是相異的；這是創傷之地，是跨國的黑暗面。許多歐洲國家如英國、法國、葡萄牙、西班牙，亞洲國家如中國和日本，及美國等，都在歷史上對別人進行殖民與帝國統治。因此，這些帝國的文化、文學及語言也都穿越了國界，傳到其他民族及國家之處。雖然後殖民研究在殖民文化的探索方面為一利器，但自去殖民化以來的社會文化發展，卻逼促我們必須透過跨殖民的觀點，來加強研究的脈絡化。舉例來說，後殖民性的概念所關注的是自獨立以後的歷史，這其實是不足的。它的關懷停留在主控（殖民文化）及被控（被殖民文化）群體的關係，而對於那些實際上還被殖民的文化，或那些受制於全球化、多國資本及相隨而來文化市場的殖民力量的文化而言，則無法提供適當的研究架構。更重要的是，後殖民研究無法突顯弱裔在其跨殖民及跨國經驗當中所獲得的豐碩文化成果。後殖民文化研究一直過度關注在一個民族國家範疇之內的垂直分析——像是英國殖民主義在印度所造成的影響，而研究的主要對象則常是殖民者及被殖民者之間的垂直權力關係。最後，它也再度強化了英語作為論述溝通語言的文化霸權地位。對比之下，我們不僅能認知殖民權力關係的持續性及全球資本的力量，也注意到弱裔表現性文化（expressive cultures）在多樣語域裡的內在複雜性。我們採用水平方法，穿越國家與國家之間的界線，而以富有成效的方式來進行後殖民弱裔文化構成之間的比較；同時，我們也討論多樣語言的構成。以此書而言，這在方法論上意味著要在多樣的層面上進行對話，並牽涉到穿越國界及族裔／區域研究界線的理論、歷史、空間性、文化及學科的問題。在此，以國族為單位的美國族裔研究及區域研究方面，將與傳統他者（如歐洲研究及「理論」的研究）彼此碰撞，並產生火花。比方說，若弱裔的美國主體性在跨國語境被視為代表全球性主體時，我們該如何將它理論化？當國家主體（在出身之地）及族裔主體（在定居之地）兩者已能彼此滲透互動、或說互為主體時，我們該怎麼想像在移民過程中逐漸成形的主體，前者是如何過渡到後者的？移民主體是否在定義上就是後現代的？若既有理論本身即是歐洲中心主義的，「弱勢族群」與「理論」兩者如何能夠彼此影響？那麼，我們又該如何將理論「地域化」（provincialize）——用查卡拉巴提（Dipesh Chakrabarty）的話來說——好讓普遍性的理論回到它們的脈絡，並揭露它們的特殊性？

轉化性實踐

在此，理論、歷史、操演、空間性、文化及學科皆是行動語彙，能由不具本尊性的能動主體，也就是那些被視為「沒有歷史」也「沒有理論」的人，以非傳統慣用方式來運用。所謂「理論化」是一種挑戰歐洲中心主義理論普遍性主張的實踐；而它也不預設真實能被透明地再現，所以不致於演變成為過於天真的經驗主義及記實性質（documentarity）。在這樣定義下的理論，總是已經暗示弱裔化主體的存在，即使這樣的暗示常只是被忽視、誤認及否認。此處的他者便已是理論中的自我（self）的構成分子；他者看似的缺席也時時刻刻在呼喚著它的出現和抵達。如此，我們便是要以多樣的方式來討論理論——包括要批判、重寫及發明它：絕不讓它獨占對跨國世界做出一般化定論的權力。及爾哈特（Suzanne Gearhart）便是依照上述觀點討論弱裔與跨國的交會，並在理論化的過程中勾勒出巴里巴所謂的「內在排他性」（interior exclusion）概念。弱裔作為內在排他性之客體是國家構成的基本要素，在定義國家及公民權時實為不可或缺。當所謂的歐洲自我（European self）對於弱裔他者進行排他活動時，它也同時與他者處在一個「跨個人」或互為主體、內於主體的關係裡面；正如同主體化過程中，主體必須從內部將自我推斥而出一樣。這是一個雙重的過程，而認同（identification）在國家公民權及歸屬感定義之下的曖昧性便是由此產生。同樣地，在跨國的過程裡，移民者及弱勢族群都是既相異又相同、既排他又內括，而跨國便與他們處在這樣一個雙重關係當中。因此，他們正是跨國的基本組成分子，而這裡的跨國可能是「好的」也可能是「壞的」——可能是「由下而上跨國主義」也可能是「由上而下跨國主義」。

在西方世界和非西方世界之間的遷移旅行現象，讓弱裔作為跨國形構過程的組成分子的特質慢慢浮現。主流的西方旅人身處遙遠（或其實沒那麼遙遠）的殖民地或第三世界地點，已有許多相關的評論文章，描繪出其殖民、後殖民及新殖民軌道（trajectories）或路徑

（routes）（Clifford; Kaplan）；然而，卻少有論者討論他者的多向旅行，除非是以移民研究的方式，認為移民者只有在進入西方世界之後，才能獲得主體性——而且還是一個有待商榷（problematic）的主體性。除此之外，論者也分類出第三世界都會人及彈性公民（Ong）等，強調其漂移於國家界定的經濟、政治、文化及公民權之上的能力。但是，如果他者的旅行和移動並不被包括在這些分類之下，那又該怎麼辦呢？

舉例來說：當非白人的西方人橫越全球化的力量，來到非西方世界時；或者，當非白人的非西方人來到西方世界，但並無成為移民意圖，也沒有能力成為第三世界都會人或彈性公民時——如此，曖昧的主體位置便產生了。全球化之後，許多他者找到了家的所在之處，但同時，也有許多他者去到了異地。另類的跨國環行便由此產生，但卻從未被理論化。在《弱勢族群的跨國主義》中，劉大衛（David Palumbo-Liu）與史書美的文章，便針對在跨國脈絡之下的倫理學提問：無論是虛擬的或是面對面，自我與他者之間的接觸往來，都已激增到前所未見的程度。自我對於他者有哪些責任？這些責任該如何被表現、具體化、承擔或是履行？而他者是否也有責任？

劉的論點設立在全球化脈絡裡互為主體情感（intersubjective affect）的跨太平洋流通之上，文章的一開始，劉先對理性選擇理論（rational choice theory）及美國實用主義（American pragmatism）兩個看似無關的論述進行批判，他認為它們皆奉行「自我利益及排他性的邏輯」。在這樣的脈絡裡，文學的角色及功能是什麼？在今天，文學是否可能生產出具倫理學作用的情感（ethical affect），以對抗全球經濟及媒體的去人性化力量？當感性（sentimentality）絲毫不在理性選擇理論的考慮之內，而又被實用主義所操弄時，文學該如何處理它？在此作為典範的文本是日裔美籍作家尾關（Ruth Ozeki）所著的一本小說《食肉之年》（*My Year of Meats*）。雖然此書可被稱為後現代小說，卻殘留了現代性的要素：它為資訊提供了倫理學脈絡，並想像出一些可能存在的社群（雖然在空間上及時間上，這些社群是不連續的，例如網際網路或傳真通信的社群）。在這本小說中，尾關也不害怕施展運用感性，反而將其視為手段，有利於表現或再現對於他者的關心。在此，美國境內所謂的被種族化他者——也就是書中的日裔主角，則具有象徵作用。除了象徵西方人的自我，也象徵其對非西方世界的責任，包括對美國境內其他弱裔種族的責任。

當所謂第三世界土生土長的他者，能克服國族主義與本土主義（nativism）所帶來的反動情感，而脫離認同政治的二元邏輯，那麼，具倫理學作用的情感也可能從非西方世界開始流通。我分析了東方主義（Orientalism）與反東方主義兩種論述當中的二元主義束縛，並討論西方世界抑制文化共時性（coevality）的行為，及他者爭取並堅持文化共時性的努力。前者，是西方自由主義藉其貧乏的想像力來表現他者的方式；而後者則是他者對此想像力的曖昧順從。他者的順從，在文化國族主義及本土主義的論述當中最顯而易見：譬如，要反抗並駁斥東方主義，包括其不公義的整體化論述及其抑制文化共時性的行為。對於中國人而言，其中最重要的表現之一便是深植人心的中國中心主義。中國中心主義在意圖強力對抗西方世界過程中所遭受的挫折，常轉移到其內部或外部的他者：如中國境內的弱裔種族，或是中國境外「不具本尊性」的華裔民族。我認為，中國所擔負的倫理學責任，其中一部分便是要擺脫其對於西方文化霸權反動的中國中心主義；正如西方世界也應擺脫其跋扈的作為，並不再任意操弄相異／相同的論述一樣。我以女性主義橫越中國／西方分界的協商溝通作為例子，並說明這個分界早已被移民、旅行及離散經驗複雜化，所以至少已是一個具備三個部分的建構。我將列維納斯、柄谷行人及李小江的想法綜合起來，提出一個在橫向的可置換政治（transversal and transpositional politics）；在此倫理學的意思是，要能超越第一世界文化霸權及第三世界國族主義的二元邏輯，並將自己的位置置換為他者的位置，甚至是更多的其他他者的位置。

同樣地，寇奚（Susan Koshy）也對於西方全球化理論所設想的普遍主義提出質疑。寇奚指出，普遍主義一直將第三世界視為理論的接受者，刻意掏空了第三世界者的能動力，而忽略他們其實也是建立全球秩序的合著者——她巧妙地將這種能力稱為「轉化性能動力」（transformative agency）。為了能更正確地反應第三世界在全球化裡扮演的角色，寇奚提出「永續普遍主義」（sustainable universalism）的概念。對她而言，弱裔跨國是一些即將冒現的非規範性權力體制（nonnormative regimes）及「實用人文主義」（practical humanism）成形的基地；它為「眾多運動、團體、論述的彙集」提供框架，讓它們能以游擊戰的方式來對抗主流跨國及「跨國社群」的網絡。舉例來說，國家及國際的法律權力體制皆無力監控跨國性的性奴隸（sex slaves）非法交易，而這個法律漏洞則由弱裔的跨國性組織填補起來。這是因為，弱裔的跨國性組織所奉行的各種實用且永續的普遍主義，較能再現後現代底層（postmodern subaltern）——即性奴隸——的特殊脈絡或跨脈絡情形。

有關弱裔主體及其歷史的學術知識，皆需重思學科劃分的原則。因此，對於要重新思考跨國的族裔及遷徙關係的工作而言，如何重新考慮學科的劃分也同樣重要。透過將弱裔論述的生產場域「歷史化」，我們得以呈現，跨學科的學術實踐究竟如何將跨國知識的對象建構出來。由此，也可以轉化原有的詮釋體系及學科習慣，並生產出另類的系譜學（genealogies）及對過去的敘事（narratives of the past）。

司托維爾（Tyler Stovall）的文章則採用歷史性的批判實踐，來進行從弱裔出發的跨國評論。他用一個領域的見解出發，為其他領域的問題帶來啟發，以彰顯傳統的學科典範在理解一九二六年Crutcher謀殺案上的不足。他採用法國、法語語系及美非研究的觀點，透過後殖民及文化研究的途徑，試圖理解這個發生在巴黎的謀殺案——一個法裔的白人女性謀殺了她的美裔黑人丈夫。司托維爾的歷史分析顯示出非白人主體抵達大都會後，對其階級、種族、性、性別及暴力的動力帶來改變，並突顯出法國一九二〇「瘋狂年代」（années folles）所發展出來新的權力關係及「斷層帶」（fault lines）。他讓我們得知，在分析這個案例時必須採用「三個不同的地理及理論觀點」，方能全面性理解它：Crutcher案可視為「後殖民犯罪」（postcolonial criminality）的實例，必須放在都會、殖民及美國三個脈絡之下來理解。他所進行的文化史分析既是跨國的也是跨脈絡的，讓他得以展現出，二戰期間的法國已經逐漸發展出「美國式模式的種族關係」。這樣的解讀結果，證明了當代法國所面臨的種族及多元文化主義問題，其實有著比一般所了解更淵遠的系譜學。

麥克修（Kathleen McHugh）也用類似的方式，將理論、歷史及地理問題放在一起討論，以表現弱裔的電影工作者是如何消解主流的敘事及電影傳統手法——這些傳統手法總是意圖捕捉深植於國族空間及歷史時間的一致性自我（coherent selves）的「真實性」。麥克修讓我們看到，美國的「族裔」電影工作者是如何將「跨國弱裔經驗內在具有的代表性——缺席（absence）及不可見性（invisibility）」展示出來。日裔美籍田尻（Rea Tajiri）的《歷史與記憶》（*History and Memory*），便是透過「歷史性的視覺再現」，為這種缺席留下紀錄；而墨裔美籍奇哥那（Chicano）藝術家樸愛塔（Ramiro Puerta）及維達奇雅（Guillermo Verdecchia）的電影《遊艇／十字路口》（*Crucero / Crossroads*），則透過空間的運用，意圖「打斷主體的一致性」。這些在電影製作及敘事上的實驗性手法所產生的影像，呈現出跨國弱裔經驗的「邊界主體」（border subjects）常具有的破碎意識（fragmented consciousness）；對於他們而言，私人及公眾、個人及歷史、真實及虛構等，皆是交纏不清的。麥克修的細微分析，突顯了弱裔經驗是如何在生活中實踐理論，而這些理論正是活生生地活在所謂後現代的不在場性及不連貫性（incoherence）的經驗而發展出來的。但她指出，透過種族化身體的視覺再現，此處的不在場性被賦予現存性（presence）、過去及可能的未來。這些影像能揭露「民族和國家的裂縫及無力，展現於跨國弱裔主體的身體之上」的無數方法。然而，這些再現影像並非以反抗的方式或本質主義的手法，將弱裔身體視為連貫或同質性的實體；相反地，在其電影實踐當中，電影工作者皆遵照碎片的邏輯（a logic of the fragment），藉此突顯「邊緣」主體總是已經不連續，而以多重編碼進行認同形式。

弱裔身體是重要的：他們（在種族、性上的）可見的差異已在各種論述裡被工具化了。身體是許多有關自我的技術（technologies of the self）辯論的中心。而語言和身體及身體的外觀一樣，也是身分認同及民族性的指標。但是，在非洲的每個人都是多語的，所以對於語言及身分認同的單向式理解便不再可行。阿德鍾莫比（Moradewun Adejunmobi）分別考察在法國及英國殖民政策的同化、間接統治之下，有關語言及識字能力的討論。她認為部分的反殖民作家及評論者在討論語言議題時，用的是與殖民者提倡白話（vernacular）識字能力時「相同的修辭」：如「異化」、「尊重過去」及以各自的語言「與每個社群對話」等。她描述了殖民或「主流」論述在討論白話時，所使用的地域性邏輯（territorial logic）；它們總是將白話視為控制或區隔不同語言社群的藉口——這些語言社群彼此的差異其實是在這個過程中被建構出來的。阿德鍾莫比對白話作為純然本土文化空間的反抗性地位提出質疑，同時也藉此將「弱裔」的語言選擇政治中最常聽到的幾種陳腔濫調去神秘化。白話並不自動存在，也不是一個未受汙染的場域；更確切地說，它要不是被當作殖民官僚控制系統的工具，就是爭取政治上自主的手段之一。對於多數的非洲作家而言，白話幾乎從未是目的；他們的視野已超越歐洲語言及母語的二元對立，而對於跨文化溝通之下的「通用語」（lingua franca）概念更有興趣。因此，在非洲的語言使用似乎可視為弱裔跨國主義真實體現（de facto）的有趣案例：重疊及多重認同的社群之間連結了起來，而它們較重視的是彼此之間的橫向文化連結，而不是以堅稱其純然的族裔特性，來對抗主流經濟全球力量的跨國形式。

在〈閱讀、書寫、操演〉（「Reading, Writing, Performing」）此一部分中，李歐旎為印度洋—非洲地帶的白話使用，提供了新的觀點。她關注於討論維拉沙米（Dev Virahsawmy）的作品：這位有名的模里西斯（Mauritian）劇作家激進地改寫及重新詮釋了許多莎士比亞（William Shakespeare）的戲劇。李歐旎認為，要理解維拉沙米的《風暴》（*Toufann*）一劇最好的方式，不只是要相對於其顯性的互文——即莎士比亞的原作《暴風雨》（*The Tempest*），而是要將其視為一種對權力的跨殖民批判，就像是阿契貝（Chinua Achebe）及坦西（Sony

Labou Tansi）等撒哈拉沙漠以南（sub-Saharan）非洲作家的作品一樣。此劇的英譯版在一九九九年於倫敦上演時相當成功，突顯了對於「弱裔」文化文本的接受裡的內在矛盾。《風暴》對於知識、控制及權力政治等雖有著深刻的反省，但在越洋回到大都會的過程裡，其原本在批判及性上的尖銳度已消磨鈍化，淪落成老掉牙的批判典範眾多的「文化」表現之一，不再是針對這些典範的尖銳批評。

巴戴德（Ali Behdad）所稱「閱讀『弱裔』文學的困境」，突顯了語言、文學及後殖民詮釋閱讀等問題。在此類文學被制度化的過程裡，有什麼樣的風險？弱裔文學裡的流亡、流動性、隱喻式流離（displacement）相對於真實的流離等主題，究竟在何種程度上創造出一個論述場域，讓無家可歸的狀態和僅根植於語言的自由漂移主體性的好處變得理想化？而後殖民知識分子對於此類文學的烏托邦式情懷，使得他們在看待「地理流離的誘惑力量」往往抱持著浪漫的觀點。巴戴德透過對其批判方法的自我反省，分析阿爾及利亞作家什拉伊比（Driss Chraibi）出版於一九五五年的小說《山羊》（*Les boucs*）；巴戴德對這部二戰後時期法國馬格里布（Maghrebian）移民者命運小說的討論使我們得知，若要徹底理解這本小說裡流亡和移民的真實情況及其脈絡，所有在社會、經濟、政治和歷史上的脈絡化皆非常重要。

正如巴戴德指出，我們可在後殖民理論對於流離的美學化裡，看到跨國性質的烏托邦面向，並可將菁英、離散知識分子的跨國主義，解讀為一種由上而下跨國主義。布爾達

（Michael Bourdagh）的文章便試圖處理一種看似縹渺虛幻的跨國形式——乘坐噴射機環遊世界的流行音樂家在兩個大都會之間的移動。然而，布爾達對於坂本九的鄉村搖滾譯介（translations of rockabilly）的解讀，同時也指出非西方表演者及藝術家在美國脈絡之下，在流動性和可譯性兩方面所受到的限制。坂本九雖非美國境內的「弱勢族群」，他的音樂卻在文化上及種族上被轉化，被迫表現所謂的「日本性」（Japaneseness）。強加於他的創作之上的英文歌名〈壽喜燒〉（「Sukiyaki」）具有在料理上可以普遍被理解的弦外之音，使其成為國際性通用語的一部分，卻也因此把坂本九在日本原來的主流聲音瑣碎化。而在翻譯過程中產生的許多差異和階序，彰顯文化從主流形式轉移到弱裔形式旅程的困境。而這位身為日本流行歌手的旅者在一次空難中過世，來不及在好萊塢星光大道上留名。布爾達的批判實踐也讓我們看到，「弱裔」跨國的論述之間的理論借用是富有成效的。的確，布爾達在談論鄉村搖滾時的觀點，正取自《黑色大西洋》理論家吉洛伊（Paul Gilroy）談論黑人音樂的理論。

當我們討論全球化、移民、跨國流動等問題時，總是傾向將全球化與都市的（urban）混為一談，並認為世界上的農村地區皆存在於現代性和全球化之外。在〈空間化〉（「Spatializing」）這一部分裡，夏普（Jenny Sharpe）的文章帶我們來到牙買加（Jamaica）的農村，以另一種方式借用吉洛伊的理論，並且提醒我們，舊有的殖民剝削典範依然持續存在，而且「城市及鄉村之間的距離因此越來越大」。在鄉村，黑人女性的主體性及中介性，其真正的所在地以及象徵物不是網際空間，而是電台廣播。若主流的全球跨國形式總是相對應於一個都市空間組成的虛擬網絡，那麼在牙買加，舞廳文化、電台廣播及杜博詩（dub poetry），便是強而有力的「弱裔」全球化形式；透過它們，鄉村女性得以表現其自身的物質文化，並獲悉全國性及國際性的新聞——新聞中的日常生活的奮鬥，常與她們的景況相呼應。因此，布里茲（Jean「Binta」Breeze）的詩能「讓無名女性的臉浮現出來，否則她們會在我們繪製跨國文化及全球化地圖的過程中，隱然不見」。夏普提醒了我們，在音樂及全球化上其實有許多弱裔的基調和形式，而在女性的操演裡它們則可被看見和聽見。

若主流的跨國主義總要誇耀空間的極度壓縮，或是距離的徹底消滅，那麼，弱裔的跨國主義便是要描繪出一個更為複雜的空間結構及異質性的「空間實踐」（spatial practices）——借用列斐弗爾（Henri Lefebvre）的概念。這些實踐在邊緣或邊界等「非空間」裡進行——它們其實是無限的、充滿可能性的空間。利比特（Seiji Lippit）的文章討論的是國族文化矛盾地將弱裔文化同時視為棄卻（abjection）以及收併（incorporation）的場所，以呈現其概念上的局限性。他思索的是一種具裡面（inside）和外面（outside）的特殊形式——如同洛德曼（Yuri Lotman）的「符號域界」（semiosphere）概念當中，裡面和外面的邊界既有區隔作用也有整合作用。這類的邊界空間之一便是小說家中上健次所使用的「露地」一詞，用來指稱日本主體流連於其內外的賤民村。這類空間與其他具「本尊性」的國族空間有著內在矛盾的關係，既在其外面（被排他和棄卻）也在其裡面（被同化和收併），同樣地，弱裔文化也與國族文化有著內在矛盾的關係。在國族的想像裡，被棄卻者隨時「可能變成神聖的」，因此「露地」才具有「奇妙的力量」，讓中上健次等作家為之著迷。

以同樣的觀點，馬爾嵌特（Elizabeth Marchant）的文章則討論一個具體歷史地點——佩洛里奧（Pelourinho），又稱「黑色羅馬」，是薩爾瓦多（Salvador）的歷史重鎮，並由此考察巴依亞黑人（Afro-Bahians）在巴西國族文化中既是邊緣又是中心的情況。在這種意義上，馬爾嵌特所談的佩洛里奧便是利比特所談的「露地」；後者的「棄卻」呼應了前者的「支配」（subjection），因為佩洛里奧正是黑人苦難及暴力的場所。然而，馬爾嵌特更進一步地揭露，巴西政府為了宣傳該地的觀光，而必須提出種族民主、和諧的浪漫說法，以及宣揚黑人文化。但這種將黑人文化浪漫化的措施並無法改變黑人的階級地位，而只是物化了其族裔性及文化。此浪漫化不在社會經濟層面上發生；文化被抽離其脈絡，為的是承載巴西國族文化定義的修辭，在其中包括了種族民主及文化混合。馬爾嵌特的文章提供了一個重要的視野，讓我們得知當「弱裔」空間被挪用以成就「主流」目的時，其內在所包覆的多重意義；同時，這個空間在歷史及國族上所代表的邊緣性也遭受質疑。

奇哥那／娜（Chicano/a）將阿茲特蘭（Aztlán）建構成具有神話性質的家園，形成一個具備對抗性及另類性的地理空間，以有別於美國的土地分配——這也同樣對於規範性公民權構成挑戰。斐瑞－托魯斯（Rafael Perez-Torres）以激進的態度面對拉美的混雜性概念（mestizaje）及裂縫性（interstitiality）兩個概念，在邊境的跨國空間裡對其進行評估。儘管部分評論者傾向於將邊界地帶（borderland）及混雜性等比喻浪漫化，斐瑞－托魯斯仍意圖證明它們最終不會成為拜物的對象。他認為，對於奇哥那／娜藝術家、詩人及學者而言，混雜性這個比喻既帶給他們力量又使他們憂鬱；它既是反諷的也是歧義的。歷史上的位置錯亂（historical dislocations）既產生了意識形態的斷裂，同時也將個別主體鑲嵌在其所受限的社會關係的物質條件之上。因此，奇哥那表現性文化裡家園的神話性空間，便能持續地形塑出個別的成果，讓反殖民的勝利感和憂鬱感持續交纏，並同時表現出其賦體主體性（embodied subjectivity）的獲得和失去。如此，斐瑞－托魯斯的文章能突顯出美國族裔研究裡一個重要面向：奇哥那／娜有別於亞裔或非裔，因為他們所占據的空間是曖昧的。後者的歷史（不論是移民或是奴隸制）皆是流離的歷史，但奇哥那／娜的跨國並非因其從一個國族脈絡移到另一個國族脈絡，而是由美國西南部國境更迭的歷史事實所造成。斐瑞－托魯斯認為奇哥那／娜藝術參與了美國西南部的空間的社會生產（social production of space），而且對於「既定的美國身分認同……其前提為排除族裔以維護國族」構成挑戰。這一點非常重要，而我們也認為它能為這本談論「弱裔」跨國相遇（encounters）的書，增添一個特殊的角度。在此存在有別於非洲（如阿德鍾莫比所談）或模里西斯（如李歐旎所談）脈絡底下的特性，呈現出一種有趣的混雜形式。雖然在此無法深究，但這種有趣的形式能與許多地理性及政治性議題之間，進行有意義的對比。比如說，法國及西班牙境內的巴斯克人（Basque）在其跨界的多語性文化身分認同及多樣的歧義實踐裡，所面臨的各項議題等。

在當代跨國的條件之下，認同及文化上不斷改變且擾人的地域分野不僅切合上述的特定物質情勢，同時也與邊界上的作家和藝術家以敏銳的感受性所協商溝通出來的精神上認同（psychic identifications）產生呼應。在音樂的意義上，或許邊界這樣的憂鬱基調是最能與「弱裔」音調（「minor」key）產生共鳴的。若音樂上的小調（minor key）有別於大調的狂喜，是內省且悲切的，那麼，或許「弱裔跨國主義」便是一個調式，讓殖民、帝國及全球化文化霸權的創傷（trauma）以及跨殖民團結力（solidarities）的情感層面，能獲得抒解，並產生新的可能性。而在懷舊和憂鬱之後，這些團結力也能主動地參與在地知識（local knowledges）和全球性文化的生產，以提供更多的方式來給予我們轉化現在及未來（transformation）的期待。跨越邊界的友誼、合作及學術研究的成果，具有多樣而活潑的可能性；我們以《弱勢族群的跨國主義》作為見證及範例。

引用文獻

Ahmed, Sara. *Strange Encounters: Embodied Others in Post-Coloniality*. London: Routledge, 2000.

Amin, Samir. *Capitalism in the Age of Globalization: The Management of Contemporary Society*. London: Zed, 1997.

———. *Eurocentricism*. Translated by Russell Moore. New York: Monthly Review, 1989.

Amselle, Jean-Loup. *Branchements: Anthropologie de l'universalité des cultures*. Paris: Flammarion, 2001.

Appadurai, Arjun. *Modernity at Large: Cultural Dimensions of Globalization*. Minneapolis: University of Minnesota Press, 1996.

Chakrabarty, Dipesh. *Provincializing Europe: Postcolonial Thought and Historical Difference*. Princeton: Princeton University Press, 2000.

Clifford, James. *Routes: Travel and Translation in the Late Twentieth Century*. Cambridge: Harvard University Press, 1997.

De Certeau, Michel. *L'invention du quotidien*. 2 vols. Paris: Union générale d'éditions, 1980. Translated by Steven Rendall as *The Practice of Everyday Life*. Berkeley: University of California Press, 1984.

Deleuze, Gilles, and Félix Guattari. *Kafka: Pour une littérature mineure*. Paris: Éditions de Minuit, 1975. Translated by Dana Polan as *Kafka: Toward a Minor Literature*. Forward by Réda Bensmaïa. Minneapolis: University of Minnesota Press, 1986.

Derrida, Jacques. *De la grammatologie. Paris: Éditions de Minuit*, 1967. Translated by Gayatri Chakravorty Spivak as *Of Grammatology*. Baltimore: Johns Hopkins University Press, 1976.

Fanon, Frantz. *Les damnés de la terre*. Preface by Jean-Paul Sartre. Paris: Maspéro, 1961. Translated by Constance Farrington as *The Wretched of the Earth*. New York: Grove, 1965. Translated and foreword by Richard Philcox as *The Wretched of the Earth*. New York: Grove, 2005.

———. *Peau noire, masques blancs*. Paris: Éditions du Seuil, 1952. Translated by Charles Lam Markham as *Black Skin, White Masks*. New York: Grove, 1967.

Fraser, Nancy. "From Redistribution to Recognition? Dilemmas of Justice in a 'Post-Socialist' Age." In *Theorizing Multiculturalism: A Guide to the Current Debate*, edited by Cynthia Willett, 19-49. Oxford: Blackwell, 1998.

Glissant, Edouard. *Le discourse antillais*. Paris: Seuil, 1981. Translated and introduced by J. Michael Dash as *Caribbean Discourse: Selected Essays*. Charlottesville: University Press of Virginia, 1989.

———. *Poétique de la relation*. Paris: Gallimard, 1990. Translated by Betsy Wing as *Poetics of Relation*. Ann Arbor: University of Michigan Press, 1997.

Hall, Stuart. "The Local and the Global: Globalization and Ethnicity." In *Culture, Globalization, and the World System*, edited by Anthony King, 19-39. Minneapolis: University of Minnesota Press, 1997.

Harvey, David. *The Condition of Postmodernity: An Enquiry into the Origins of Cultural Change*. Oxford:

Blackwell, 1989.

Levinas, Emmanuel. *Entre nous: Essais sur le penser-à-l'autre*. Paris: Bernard Grasset, 1991. Translated by Michael B. Smith and Barbara Harshav as *Entre nous: On Thinking-of-the-Other*. New York: Columbia University Press, 1998.

Joseph, May. *Nomadic Identities: The Performance of Citizenship*. Minneapolis: University of Minnesota Press, 1999.

Kaplan, Caren. *Questions of Travel: Postmodern Discourses of Displacement*. Durham: Duke University Press, 1996.

Mahler, Sarah J. "Theoretical and Empirical Contributions toward a Research Agenda for Transnationalism." In *Transnationalism from Below*, edited by Michael Peter Smith and Luis Eduardo Guarnizo, 64-100. London: Transaction, 1998.

Morrison, Toni. *Playing in the Dark: Whiteness and the Literary Imagination*. Cambridge: Harvard University Press, 1992.

Ong, Aihwa. *Flexible Citizenship: The Cultural Logics of Transnationality*. Durham: Duke University Press, 1999.

Suleri, Sara. "Woman Skin Deep: Feminism and the Postcolonial Condition." In *Identities*, edited by Henry Louis Gates Jr. and Anthony Appiah, 133-146. Chicago: University of Chicago Press, 1995.

Sassen, Saskia. "Spatialities and Temporalities of the Global: Elements for a Theorization." *Public Culture* 12, no. 1 (2000): 215-232.

Scott, James. *Domination and the Arts of Resistance: Hidden Transcripts*. New Haven: Yale University Press, 1990.

———. *Weapons of the Weak: Everyday Forms of Peasant Resistance*. New Haven: Yale University Press, 1985.

Spivak, Gayatri. "Diasporas Old and New: Women in the Transnational World." *Textual Practice* 10, no. 2 (1996): 245-269.

Taylor, Charles, and Amy Gutman. *Multiculturalism and "The Politics of Recognition": An Essay*. Princeton: Princeton University Press, 1992

第七章

比較視野的種族論述*

透過跨越時間與空間的比較觀點，我們才能了解「種族化」（racialization）何以是一種過程與機制，「種族」（race）如何因而成為社會、政治和文化等關係的構成原則。只有在進行比較的時候，種族才會成為具有價值判斷的名詞，不管是負面或正面，因為「比較」會產生「我們」和「他們」的差異，以及「自我」和「他者」的差異。因此，種族化也是一種心理的機制和過程。儘管「種族」鮮少獨立於「性別」（gender）、「階級」（class）等差異分類之外，但是種族的工具化，藉著負面比較而產生，而這種負面的、被工具化的種族化早在十五世紀末開始便存在於歐洲殖民運動的核心。雖然歷史上各種不同時期和不同地理脈絡的種族化實例不盡相同，然而西方殖民主義——預示種族成為組構原則來臨的事件——卻為種族思維與種族主義的全球化提供了歷史發展的連貫性。因此，以比較的方式來思考「種族化」，此作為一種研究方法，不只是把不同時空背景的種族化實例當作個案分析，更是細查全球從十五世紀末的「殖民轉向」（colonial turn）如何影響這些個別例子，使得它們彼此產生相關的可能。因此，比較式的思考即是對殖民轉向在世上留下不可磨滅的痕跡的思考，從而讓我們認知種族的「世界性」（worldliness）。

比較的問題

弗朗茲．法農於著作《黑皮膚，白面具》（1952; *Black Skin, White Masks*）一書第七章寫下這一句謎樣的聲明：「黑人就是**比較**。」（The black man is *comparaison*）[1]此處法農指的是兩種比較法，他分別稱之為「阿德勒」（Adlerian）與「安的列斯」（Antillean）比較法。按照阿德勒心理學的說法，「自我」（ego）永遠都會想要超越「他者」（the other），以此補償其所經歷的不公平以及所感受到的自卑情緒。阿德勒比較法把「自我」和「他者」並列，呈現一種二元關係。根據這個理論，黑人是失常行為的極端案例，他們不時地比較自己和其他黑人、試圖矮化對方，甚至希望他們「潰敗」（collapse），把他們變成毫無個性和自由的「客體」（objects），以「我、我、我」（Me, me, me）的自戀情結抬舉辛苦營造的優越感（Fanon 2008: 185-7）。[2]法語和克里奧語（Creole）的「比較」都是comparaison一詞，在克

---

* 本章最初以英文發表，題為"Comparative Racialization," *PMLA* 123: 5 (October 2008), 1347-1362。後來，本文曾被收入*A Dictionary of Cultural and Critical Theory*. Second edition. Eds. Michael Payne and Jessica Rae Barbara (London: Wiley-Blackwell, 2010), 143-149。此華文版翻譯的是二〇一〇年的版本，由鄭惠雯譯成華文。在此向鄭惠雯致謝。

1 此處中譯參考弗朗茲．法農，《黑皮膚，白面具》，陳瑞樺譯（台北：心靈工坊，2005）：312。

2 同上註，頁312-313。

里奧語裡作形容詞使用時，意思是「輕蔑的」或是「可鄙的」，更強調黑人對其他黑人的侮蔑。「比較」是一種鄙視他人的表現。因此，就阿德勒比較法而言，主要機制是個人層面的；是關於一名黑人與其他黑人的比較，一名黑人對其他黑人的鄙視。

但是，法農強調，安的列斯黑人的比較強迫症又比阿德勒模型多了一層複雜性。對法農而言，安的列斯黑人容易把自己當成白人，因此當他拿自己跟其他黑人比較的時候，他的比較乃是在「白人的名義」之下進行的比較。他用白人的眼睛論斷其他黑人，因此這樣的比較牽涉到三元關係，即自我、他者和白人的意識型態。這樣，主要的種族意識因此從個人的變成是社會的。法農解釋說，黑人的精神官能症並非其他黑人造成的，而是殖民社會把黑人教育成從白人觀點看世界。這也是為什麼黑人的精神官能症不是個人的症狀，而是社會的症狀，因為整個安的列斯社會就是一個「精神官能症的社會，是一個『比較』社會」（comparaison society）。因此，三方關係為安的列斯比較法的特色（Fanon 2008: 185-91）。[3]

這裡我們可以看到，法農精湛地把心理分析學一貫對心理的關心，從個人問題轉成為社會問題——這就是他在《黑皮膚，白面具》一書開始的時候稱「社會」為「黑人的實際經驗」（2008: 89）的意思——使得社會進入心理分析的領域。[4]種族之所以是一種心理經驗，因為它是一種社會經驗。拜教育以及空間經歷所賜，安的列斯黑人的意識形態接納了「白人性」（whiteness）。法農以實例說明，描述在法蘭西堡一個黑人走在不同街道時有什麼不同感覺，根據他感覺自己「曝露無遺」（exposed）的程度，或說是被其他黑人瞧不起的感覺，據此「選出最『比較』的」街道（2008: 186）。[5]街道、教室和其他殖民地的空間一樣，皆為這樣的殖民社會物質的、具體的載體，在其中來自白人且充滿輕視的比較意識不斷地產生、運作，由一個黑人運用到其他黑人身上。

以法農的理論來說，「比較」指向被殖民者的心理和社會狀態。殖民地黑人鄙視的對象是其他黑人，比較的主體住在虛構的「白人性」當中，其他黑人也是如此。然而當安的列斯黑人來到殖民「母國」之時，某種戲劇性的變化發生了。簡單來說，他從自以為的白人，馬上「變成」一名「黑人」（negro）了。他不再屬於多數的一方，而且直接遭遇真正的白人凝視——高傲的、藐視的，甚至是病態的——黑人因而被迫放棄他的自戀情結。他自己變成被藐視、被比較的客體，而且輕看他的不只是白人，還包括他自己，因為他現在也從白人的觀點來論斷自己。對這個來到殖民母國的黑人而言，此刻宗主國的比較和鄙視的對象是「自

3 同上註，頁314。

4 同上註，頁193。

5 同上註，頁312。

我」，而非「他者」，因此，一夜間，「自我」竟然變成了他自己的「客體」。

我們可以從法農的理論得出兩個關於「比較」的重點。首先，在殖民地和在宗主國的種族化發展變化不盡相同，這點顯示出個案的特殊性除了是由於地方的不同（殖民地和宗主國），同時也有時間的特定性（造訪宗主國之前和之後），但是在每一個例子裡，「比較」都是種族化過程的必要或構成條件。其次，來自殖民地與去到宗主國的都是同一名黑人，足見兩種不同的種族化過程其實具有連續性。而這連續性也並不是偶然的，而是殖民轉向所導致的歷史結果。由此案例所顯示的，殖民地和宗主國之間的比較是關乎「關係性」（relationality），而非「相對性」（relativism）。如果種族化在本質上就是比較，是一種社會心理、歷史的過程，那意味著我們不希望「比較」被定義為「武斷地並列兩項不同或類似之物」，而是「辨識並且活絡二者以上事物之間所牽涉的關係」。第二種比較形式才能讓原本潛藏或是遭到錯置的關聯性浮現，同時揭示出這些關聯性可以作為一種起點，讓人們更深入了解到種族化是一種比較的過程。

在美國，超越黑白種族二元對立的呼聲，促使學者為「比較種族化」的概念探究更為精細的關係模型。其中韓裔學者克萊爾．金（Claire Jean Kim）提出的「種族三角關係」（racial triangulation）概念頗為實用。她認為美國的黑人、亞裔和白人之間呈現一種明顯的三角關係。在此三角關係中，比之黑人，亞裔美國人被視為有相對價值，但同時在主流白人的公民社會裡遭到排擠。金論證道，種族化並非呈現單一階層制度的形式，也非數個有色人種各自為政的狀態，而是發生於「多數種族位置的場域」（field of racial positions）當中，而這些位置也在彼此的關係之中產生。亞裔美國人被看作是少數民族的典範（model minority），一方面成為黑人要求種族正義的絆腳石，另一方面又因為遭受排擠之故，亞裔美國人永遠無法和白人平起平坐（參考Kim 1999以及Lye 2008）。

筆者認為，種族三角關係的分析不失為有效的詮釋工具，使我們可以重新看見傳統二元模式如何合理化模糊與錯置。當三個互有關係的事物置於三角關係的張力之下，新的洞見就會產生。然而，這其中也牽涉到一些比較倫理的問題，如：該針對哪三個項目進行比較、三者之間呈現何種選擇性的價值判斷關係，以及有色人種之間的種族團結所帶來的利益日益減少時可能造成何種結果。在美國的種族研究，打破黑白種族二元論的意識抬頭之後，關於亞裔美國人和拉丁裔美國人的研究成果較其他有色人種來得比較多，但對美洲原住民的研究卻明顯不足。換句話說，有些人或事物似乎比較容易使用三角關係來進行比較，有些東西或許這樣就消失或隱沒於背景之中，有著和二元模型一樣的問題。因為，可惜的是，打破二元模型的呼聲並未讓美洲原住民進入更有效的三角關係模型而被重視。相反地，如何以美洲原住民權利、土地和文化保存等議題，來撼動弱勢民族議題的框架設定與闡述，卻鮮少獲得關注，人們亦容許這樣的漠視繼續下去。如何結合原住民與少數族裔的議題，學界和政界在這方面所投注的努力至多只能稱為貧乏，號稱種族多元的泱泱大國——美國——如此刻意拖延原民議題的決議。杜波依斯（W. E. B. Du Bois）於一八九七年首度發表著名的「膚色界線」（color line）宣言，而後在一九〇三年出版的《黑人的靈魂》（*The Souls of Black Folk*）一書中亦有所申論，諷刺的是在此之後，紅色人種卻消失於美國的種族想像（Conn 2004），導致學者耶爾·本維茲（Yael Ben-Zvi）嘲諷地質問：「紅人都上哪兒去了？」本維茲論道，美洲原住民被當成美洲白人的「消失的祖先」，如此一來紅色必須消失在白色裡，美洲原住民的文化和歷史被白人社會繼承了。紅色消失的同時，其他不同時期出現的顏色卻越發顯眼：黑、黃和棕色。接著，九一一恐攻之後，伊斯蘭恐懼症的偏見急著要給伊斯蘭教的信徒一個種族和膚色的定型，雖然伊斯蘭教的信徒什麼種族和膚色的都有。夏威夷的亞裔定居殖民者與原住民之間的對立是另一個適用三角關係模型的案例：「非土著白人」（haoles）、亞裔美國人和原住民的關係有待更多關注與分析，然而目前相關研究仍非常有限（Fujikane 2000; Trask 2000）。

以上對原住民的討論顯示，「比較種族化」的方法必須在每一個案例中對自身的假設和結論都抱持批判態度，以免錯置其他被邊緣化的族群，或在洞見與不見、充權（empowerment）和消權（disempowerment）的衝突當中再次建立隱含的階層。或許在此我們可以再回到法農的討論，回到他對於個別種族化情境特殊性的堅持，因為法農一直堅持嚴格地為這樣的情境劃出界線。一般認為寫作《大地上的受苦者》（1961; *The Wretched of the Earth*）的法農是二十世紀最早為「種族化」一詞提出理論的思想家，後來社會學家邦頓（Michael Banton）則於一九七七年《種族的概念》（*The Idea of Race*）一書中也曾詳細分析何謂「種族化」（參考Murji and Solomos 2007: 7）。法農所說的「種族化」和「比較」之間的關係，還有另外一層的意思。在關注非洲被殖民的知識分子的思想時，他提到他們「思想的種族化」（racialization of thought）的傾向，指涉他們如何複製歐洲殖民者的思想，將整個非洲視為一個單位，而非很多不同國家形成的一個複數的地域。儘管被殖民的知識分子使用「黑人性」（negritude）等諸多正面的說法來建立「非洲性」（Africanness），嘗試以此駁斥歐洲中心主義對非洲的偏見，然而他們仍舊複製了殖民者的思想模式，把非洲看作是一體的，不是多元的，因此他們的思想是「思想種族化」的例子。

根據法農的說法，將非洲視為單一單位，不管是文化的或政治的，而非集合了諸多地緣政治上有其特殊性的國家與民族文化的總體，這樣的思想把被殖民知識分子導向一條「死胡同」（dead end）。[6]發明統一的「文化的母體」（cultural matrix）的「非洲」文化不但不能

6 此處專名中譯參考弗朗茲・法農，《大地上的受苦者》，楊碧川譯（台北：心靈工坊，2009）：229。

顛覆殖民者的文化霸權，[7]反而將被殖民知識分子陷入一個反應式的、沒有變革性的舉動當中。法農犀利地稱其為陷在「極度貧乏的陳腔濫調」（terribly sterile clichés）裡，苦苦給非洲尋覓一種「異國情調」（the exotic）的特殊性，[8]或依附「一個逐漸萎縮、越來越沒生氣、日益空洞的核心」。此一文化母體為本質化的文化主義或說是本質主義的「文化化」（culturalized）的過程，如同要讓石化的傳統死灰復燃，而這種思想模式與當下正在發生的真實事件毫無關係。因為具體反殖民的政治工作，必須在每一個國家的層面上運作。文化變革不是洲際的，而必須先是國家的。相對於被本質化的傳統，法農認為一個國家的文化是一個生成（becoming）的文化，由參與其中的所有人民共同創造的。本土知識分子不該讓思想種族化變成一種永恆，那不過是反向複製殖民思想罷了。相反地，本土知識分子應該對非洲境內各個不同國家及其歷史進程嚴肅、詳細地客觀比較，如此一來他們才不會只是在比較那些舊「硬幣」（coins）和「石棺」（sarcophagi）（Fanon 2004: 145-80）一樣的陳腐。種族化的思想只會生產沒有意義的比較，它不具實際目的，只是強化了文化的物化，加劇本土知識分子與一般民眾的疏離。

法農從種族化作為一種比較的心理和社會的過程出發，透過有效地比較、從國家範圍的角度創造性地思考何謂文化，清楚連結「種族化」與殖民主義的密切關係，因為殖民過程也是心理、社會經濟，同時也關乎認識論的殖民過程。因此，解殖不僅需要是「跨學科」

（interdisciplinary），也需是「多學科」（multidisciplinary）的工程，因為世界自從殖民轉向以後，種族思維的肇始也是一種「規訓」（disciplinarity），因為「學科」（discipline）這個詞具有「學科」和「規訓」雙重的意義。

殖民轉向

前面提到的社會學家邦頓為「種族化」提供的定義較為廣泛，認為這是一種歷史過程，「在這個歷史過程中，把種族化的概念發展出一種範疇化的模式，先是歐洲歷史書寫者試驗性的採用該詞，而後更為有自信地把這個定義應用於全球各地」（Banton 1977: 18-19）。種族論述的起源可追溯至十五世紀末歐洲殖民主義出現之初，即華勒斯坦稱之為「資本主義世界體系」（capitalist world system）發軔的年代，自此數個世紀以來的全球化浪潮日漸加劇（Wallerstein 2000）。「種族」的概念大約誕生於這個時期，與西班牙和葡萄牙殖民西非與美洲同時出現（Goldberg 1993: 21-4）。十八世紀，西班牙、葡萄牙兩大帝國式微後，由法國、

7　同上註，頁230。

8　同上註，頁235。

德國和英國取代。學者認為種族論述的發展和啟蒙思想有直接相關，艾曼紐・埃茲（Emmanuel Eze）編著的《種族與啟蒙運動》（*Race and the Enlightenment*）節錄該時期重要思想家的著作中關於種族的部分，顯示啟蒙時代思想家援引各學科的理論來合理化種族階層，這些學科包括自然歷史、氣候學、演化生物學、倫理學、形而上學、歷史哲學、人類學和文化地理學。

學者哥德堡（David Theo Goldberg）和米爾斯（Charles Mills）犀利批判整個歐洲哲學，上至古典自由主義和啟蒙思想，下至當代美國實用主義和新自由主義，認為這些哲學思維催生了符合歷史情境的種族主義思維。哥德堡表示，古典自由主義功利地合理化殖民主義、虛構道德觀、狹隘且追逐私利的理性、選擇性地賦予權利、創造「蠻族」（savage）說法，這種種作法形成一套合理周密的論證，合理化當時與後來的種族主義（Goldberg 1993: 14-40）。米爾斯則指稱，霍布斯、盧梭、洛克和康德等十七世紀中至十八世紀末的思想家發展出來的社會契約（social contract）政治理論，基本上都帶有濃厚的種族思維，傳播白人至上主義的政治主體、認識論、理論和實踐或道德；歐洲殖民主義、美洲原住民大屠殺和黑奴勞力的剝削正是這套思想的實踐——即透過暴力、經濟剝削以及意識形態的箝制達成目的。這套理論將白人以外的有色人種種族化，使之成為次等人種，同時也將非白人的空間種族化，使之成為無知與墮落的空間。總之，這造就了白人至上主義的價值觀。所以，道德和倫理哲學都隱藏著種族化的陰暗面，哲學家卻甘於屈服於「道德認知上的障礙」，藉規避或自欺而默許種族方面的無知（Mills 1997: 95）。根據米爾斯的說法，這樣的社會契約因此是一種「種族契約」（racial contract），啟蒙時代人文主義用以決定誰才是人的契約。米爾斯繼續伸此論點，批評美國實用主義無異於某種形式的「種族自由主義」（racial liberalism），頑固地錯置了種族化過程的物質與社會經驗。在新自由主義主導之下的二十一世紀，「不區分膚色論述」（color-blind discourse）的霸權正是這種族化經驗錯置的遺毒，在在顯示對種族問題的迴避，好像種族差異和種族歧視已經消失了。但是，這不表示種族主義已經消失，而是種族主義作為一種範疇，被白人中心的、看不見種族的主流意識認為它已經沒有了實用性，或已經失去其社會效用（Goldberg 2008; Mills 2008）。社會學家歐米（Michael Omi）和維南特（Howard Winant）（1994）曾將「不區分膚色意識形態」的興起過程給予歷史化，視之為美國境內新保守主義對民權運動得勢的反應，它同時也受到自由主義者的支持，柯林頓總統的政策即為一例。哥德堡（1933: 136-8）進一步揭露，新自由主義中的「理性選擇理論」（rational choice theory）認為，從經濟的角度來看，種族主義是完全合理的，那是人們身為自利的社會行動者所做出的選擇。理性選擇理論因此或許是極端功利主義的當代變體，也是古典自由主義和啟蒙思想的徒子徒孫之一（Palumbo-Liu 2005）。

誕生於今日全球化時代的新種族主義——哥德堡、歐米、維南特、巴里巴等諸多學者分別稱之為「不區分膚色的種族主義」、「沒有種族的種族主義」（racism without races、raceless racism）或「無種族主義的多元種族主義」（racisms without racism）。以法國為例，因為共和主義下的自由主義的影響，人們傾向否認有種族問題存在，不以為「種族」適用於理論分析或是社群的分類範疇，種族不平等的現實也遭到忽視（Lionnet）。後民權運動時代裡，美國的「不區分膚色意識形態」在新自由主義的招牌之下亦作如是否認。自全世界在十五世紀末殖民轉向之後，種族思維越來越深入的全球化，導致不區分膚色的意識形態在世界各地同時發生，產生各種不同形式的對種族問題的否認，因此不能充分掌握受歧視種族所面對的歷史現實之變化。

種族與規訓／學科（discipline）

拜啟蒙思想所賜，使得種族成為一種論述、新學科的建制、精細的學科分立這三件事同步發生。以哲學聞名的康德，其實也是一個著名的業餘人類學家，他常提到種族分類與自然歷史發展關係密切，並且賦予不同地理與氣候環境的種族不同價值，這些說法尤其可見於他離世後收錄於《自然地理學》（*Physische Geographie*）一書的講稿和文章。我們把康德視為人類學「學科」（discipline）成立初期的重要人物，而discipline一詞在康德筆下指的是「規訓」原住民的意思。例如，當他描述不同族群黑人的特徵時，他寫道：「摩爾人跟其他熱帶土著一樣，皮膚非常厚實；若要懲戒他們，不能拿棍子打，必須用藤條鞭打，才能流出血來，不會導致皮下化膿。」（Kant 1995: 61）身體特徵的描述很快就變成規訓方針，來馴化擁有這身厚皮的原住民，彷彿是自然而且必然如此似地，意味著作者和讀者之間的共識，兩者同屬一個社群。根據作者的偽科學，皮綻血流對於該類型皮膚的人是較為體貼的作法，甚至是較為人道的方法，因此必須選用前端分岔的藤條抽打。康德一口氣連結了身體特徵、剝削殖民地勞工以及正確的執行方式——也就是說，秉持道義原則來進行鞭打。康德在合理化這樣的「規訓」時，他注意到住在氣候最熱地區的居民是如此「異常倦怠」，因此必須藉著「規範和力量」來除去他們的惰性（Kant 1995:: 64）。勤奮、理性和美德三者畫上等號的典型啟蒙哲學清楚地在此發揮作用。人類學家康德和哲學家康德是並存並立的，所以不管人們多麼推崇他的哲學思維，他在人類學方面的思維，卻非常需要被批評。難怪學者們指出，他人類學家的面向不僅「前後矛盾」，且「極端偏見」，確實說得很對。他的偏見不禁使人質疑他一貫支持的道德普遍主義和世界主義原則。若將康德的人類學思想與其哲學普遍主義並置對照，後者立刻變為「帶有強烈歧視的法則，卻假冒為普世的善」（Harvey 2001: 210-11; Eze 1995; Bernasconi 2001）。有些學者以更複雜的方式分析康德的種族主義，但最終也不得不承認其「思想中具此不可否認的醜陋面」（Hedrick 2008: 268）。然而，這不表示康德的人類學著作缺乏普遍主義——康德的普遍主義奠基於他相信「一源論」（monogenism）以及人類種族的不可分割性，這些理論認為之所以出現差異並非不同物種使然，而是存在於相同的（人類）物種之內，其差異乃是由地理和氣候所致。這就是巴里巴（2008）所說處於「腐敗」（decomposition）狀態的人類學典範。至此，政治哲學、社會學和其他學科紛紛起而挑戰人類學，這些學科也因為更擅於處理各種社會和政治現實裡的種族問題，而能和人類學相抗衡，甚或取代人類學。如何揭露啟蒙思想及其子孫黨羽的黑暗面，讓他們真正對實現普遍人道主義的應許負責，在今日仍是一大挑戰，而這也是法農認為值得努力的挑戰。法農相信普遍人文主義能夠產生「真正的溝通」，而且普遍的自由也並非遙不可及，這些信念支撐著他對殖民主義精神病理學的分析（Fanon 2008: 206）。[9]心理分析、哲學和文學這三門學科是法農的首選，認為最能在這方面作出貢獻。

然而，這三門學科的根基也都包含著種族的規訓：刊拿（Ranjana Khana）批判心理分析理論對無意識用「黑暗大陸」（dark continent）的隱喻建構，其實是種族化的；布里克曼（Celia Brickman）則批評學界將原住民原始化；德希達批判「政治虛無主義」（apoliticism）以及心理分析的歐洲中心主義。也有其他學者，如薩依德，分析文學如何與種族歧視、殖民主義與東方主義串通共謀（Said 1979, 1993）。此外，與人類學關係密切的攝影術，堪稱重要的殖民科技，被用來產生原住民的某種特定影像，達到易於駕馭控制之目的（Poole

1997），此與哲學、歷史、法律、教育學科等的所為並無二致，其他一般為人所熟知的多數學科亦然。殖民種族主義及其各種現代變體絕對是多重學科領域的共同努力所生。

明白這些學科與殖民意識形態的共謀關係之後，想望解殖民、後殖民或獲得平權的少數族裔知識分子曾經有過兩個選擇。第一個選擇是對思想種族化表達無窮的焦慮，不停止地批判各種學科及其理論的衍生特性。有一段時期，許多後殖民學者作此選擇，在英語世界的後殖民理論界，為理論概念提出重大突破的學者不少是屬於這一派。人類學作為殖民學科的代表，在過去數十年來也開始對自身傳統進行批判，但是取得的成果參差不齊（Said 2003）。法農應該會認為這類做法是「反應的」（reactional），而非「主動的」（actional）（2008: 197）。[10]因此，第二種選擇就是法農投入的做法：他自信沉著地挪用、合成心理分析等不同學科。法農之於心理分析，猶如杜波依斯之於社會學，從象牙塔中將它們解放出來，從個人層次拉到社會層次，使理論同時是在地的和跨界的，對於殖民主義和種族主義提出有革命效用的批判。當學者埋首於汲取這些學科內容，無暇也無力跳脫其框限時，法農和杜波依斯自信地引用、修正和延伸心理分析與社會學，大大地啟發人們去思考如何批判這些學科的種

9 同上註，頁338。
10 同上註，頁327。

族基礎。馬克斯·韋伯（Max Weber）於一九〇四年造訪美國南方時，意識到種族在真實美國社會裡占據著核心位置，難怪他認為杜波依斯實為「美國南方最重要的社會學學者」（Nelson and Gittleman 1973: 312）。筆者的意圖是，以法農和杜波依斯為參考靈感，比較種族化作為一種方法，試圖將各種學科種族化（對其種族意識加以批評），盡可能在不同學科領域之間創造更多對話，並堅持這些對話並非選項，而是必要之作為。蘇珊·巴克莫斯（Susan Buck-Morss）曾寫道：「學科之間的界線，使反證成為別人的故事。」（2000: 822）也就是說，因為學科界線的僵硬，讓這些學科免於反證。若希望各學科保持誠實客觀，那麼我們或許可以讓《美國的種族形成》（*The Racial Formation in the United Sates*）等社會學經典和《「種族」、書寫與差異》（*"Race," Writing, and Difference*）等文學批評經典之間，產生批判性的對話。

筆者認為，法農和杜波依斯的著作不失為強而有力的典範，揭示如何將種族的議題帶進不同學科、如何進行種族研究，以及種族本身如何成為一種認識論：種族是一種生活方式，也是一種觀看方式。被種族化者或許能夠擁有受壓制者在認識論上的特權——他們比其他人更能看清種族壓制的真貌，因為他們直接感同身受；但當整個社會都注意到種族的問題，也在這樣的認識論上取得共識時，那就是種族本身成為理論的時候。當黑格爾關注法屬聖多明哥的黑奴起義，並將這層體悟放進他的主奴辯證中，在那個電光火石的時刻裡，從一八〇五至一八〇六這一年間，黑格爾確實是不折不扣的普遍的人文主義者（Buck-Morss 2000）。這就是寫下《精神現象學》（*The Phenomenology of Mind*, 1807）的黑格爾，是法農所欽佩欣賞的黑格爾。黑格爾在書中並未直接提及的黑奴起義，法農將它寫進《黑皮膚，白面具》的最後幾頁裡（201）。法農看見黑格爾將哲學種族化的一瞬，他抓住這個瞬間，用以強調黑格爾辯證法的「絕對的相互性」（absolute reciprocity）基礎，就是真正普遍人文主義的根本與希望（191）。這麼一來，種族作為一種理論或將學科種族化，就是想像從這種真正的相互觀點來看世界。因此，這樣的相互觀點最終也是比較（comparison）的倫理實踐。

引用文獻

Alcoff, Linda Martin. "Is Latina/o Identity a Racial Identity?" In *Hispanics/Latinos in the United States: Ethnicity, Race, and Rights*, edited by Jorge J. E. Garcia and Pablo de Greiff, 23–44. New York: Routledge, 2000.

Bakhtin, Mikhail. *The Dialogic Imagination*. Edited by Michael Holquist. Translated by Caryl Emerson and Holquist. Austin: University of Texas Press, 1981.

Balibar, Étienne. "Toward a Diasporic Citizen? From Internationalism to Cosmopolitics." In *Creolization of Theory*.

Balibar, Étienne, and Immanuel Wallerstein. *Race, Nation, Class: Ambiguous Identities*. London: Verso, 1991.

Banton, Michael. *The Idea of Race*. London: Tavistock, 1977.

Ben-zvi, Yael. "Where Did Red Go? Lewis Henry Morgan's Evolutionary Inheritance and U. S. Racial Imagination." *New Centennial Review* 7, no. 2 (2007): 201–229.

Bernasconi, Robert. "Who Invented the Concept of Race? Kant's Role in the Enlightenment Construction of Race." In *Race*, edited by Robert Bernasconi, 11–36. Malden: Blackwell, 2001.

Brickman, Celia. *Aboriginal Populations in the Mind: Race and Primitivity in Psychoanalysis*. New York: Columbia University Press, 2003.

Buck-Morss, Susan. "Hegel and Haiti." *Critical Inquiry* 26 (2000): 821–862.

Champagne, Duane. "From Sovereignty to Minority: As American as Apple Pie." *Wicazo Sa Review* 20, no. 2 (2005): 21–36.

Cherki, Alice. *Frantz Fanon: A Portrait*. Translated by Nadia Benabid. Ithaca: Cornell University Press, 2006.

Conn, Steven. *History's Shadow: Native Americans and Historical Consciousness in the Nineteenth Century*. Chicago: University of Chicago Press, 2004.

Derrida, Jacques. "Geopsychoanalysis: '... And the Rest of the World." In *The Psychoanalysis of Race*, edited by Christopher Lane, 65–90. New York: Columbia University Press, 1998.

Eze, Emmanuel Chukwudi. "The Color of Reason: The Idea of 'Race' in Kant's Anthropology." *Bucknell*

Review 38 (1995): 200–241.

Eze, Emmanuel Chukwudi, ed. *Race and the Enlightenment: A Reader*. Oxford: Blackwell, 1997.

Fanon, Frantz. *Black Skin, White Masks*. Translated by Charles Lam Markmann. New York: Grove, 1967.

———. *Black Skin, White Masks*. Translated by Richard Philcox. New York: Grove, 2008.

———. *Les damnés de la terre*. Paris: Maspero, 1961.

———. *Peau noire, masques blancs*. 1952. Paris: Seuil, 1965.

———. *The Wretched of the Earth*. Translated by Richard Philcox. New York: Grove, 2004.

Fujikane, Candace. "Asian Settler Colonialism in Hawai'i." *Amerasia* 26, no. 2 (2000): xv–xxii.

Goldberg, David Theo. "Racial Europeanization." *Ethnic and Racial Studies* 29 (2006): 331–364.

———. *Racist Culture: Philosophy and the Politics of Meaning*. Oxford: Blackwell, 1993.

Harvey, David. *Spaces of Capital*. New York: Routledge, 2001.

Hedrick, Todd. "Race, Difference, and Anthropology in Kant's Cosmopolitanism." *Journal of the History of Philosophy* 46 (2008): 245–268.

Kant, Immanuel. "From Physical Geography." In *Race*, 58–64. Edited by Emmanuel Chukwudi Eze. Oxford: Blackwell, 1997.

Khana, Ranjana. *Dark Continents: Psychoanalysis and Colonialism*. Durham: Duke University Press, 2003.

Kim, Claire Jean. "The Racial Triangulation of Asian Americans." *Politics and Society* 27 (1999): 105–138.

Memmi, Albert. *Racism*. Translated by Steve Martinot. Minneapolis: University of Minnesota Press, 2000.

Mills, Charles. *The Racial Contract*. Ithaca: Cornell University Press, 1997.

Murji, Karim, and John Solomos. "Introduction: Racialization in Theory and Practice." In *Racialization: Studies in Theory and Practice*, edited by Karim Murji and John Solomos, 1–27. Oxford: Oxford University Press, 2005.

Nelson, Benjamin, and Jerome Gittleman, trans. "Max Weber, Dr. Alfred Ploetz, and W. E. B. Du Bois (Max Weber on Race and Society II)." *Sociological Analysis* 34 (1973): 308–312.

Omi, Michael, and Howard Winant. *Racial Formation in the United States: From the 1960s to the 1990s*. 2nd ed. New York: Routledge, 1994.

Palumbo-Liu, David. "Rational and Irrational Choices: Form, Affect, and Ethics." In *Minor Transnationalism*, edited by Françoise Lionnet and Shu-mei Shih, 41–72. Durham: Duke University Press, 2005.

Philcox, Richard. "On Retranslating Fanon, Retrieving a Lost Voice." Postface. In *The Wretched of the Earth*, by Frantz Fanon, translated by Richard Philcox, 241–251. New York: Grove, 2004.

Poole, Debra. *Vision, Race, and Modernity: A Visual Economy of the Andean Image World*. Princeton: Princeton University Press, 1997.

Posnock, Ross. "How It Feels to Be a Problem: Du Bois, Fanon, and the 'Impossible Life' of the Black Intellectual." *Critical Inquiry* 23 (1997): 323–349.

Rafael, Vicente. *White Love and Other Events in Filipino History*. Durham: Duke University Press, 2000.

Said, Edward. *Culture and Imperialism*. New York: Knopf, 1993.

———. *Orientalism*. New York: Vintage, 1979.

———. "Representing the Colonized: Anthropology's Interlocutors." In *Reflections on Exile* and Other Essays, 293–316. Cambridge: Harvard University Press, 2003.

———. *The World, the Text, and the Critic*. Cambridge: Harvard University Press, 1983.

Takeuchi, Yoshimi. *What Is Modernity? Writings of Takeuchi Yoshimi*. Edited and translated by Richard F. Calichman. New York: Columbia University Press, 2005.

Trask, Haunani-Kay. "Settlers of Color and 'Immigrant' Hegemony: 'Locals' in Hawai'i." *Amerasia* 26, no. 2 (2000): 1–24.

Wallerstein, Immanuel. "The Construction of Peoplehood: Racism, Nationalism, Ethnicity." In *The Essential Wallerstein*, 293–309. New York: New Press, 2000.

———. "The Rise and Future Demise of the World Capitalist System: Concepts for Comparative Analysis." In *The Essential Wallerstein*, 71–105. New York: New Press, 2000.

附錄

「跨界理論」座談會紀錄[1]

日　期：二〇二一年十一月三日

主持人：吳建亨（國立清華大學外文系副教授）

與談人：林芳玫（國立臺灣師範大學臺灣語文學系教授）

　　　　邱彥彬（國立政治大學英文系副教授）

1　本書作者於二〇二一年秋季，接受政治大學華人文化主體性研究中心之邀，線上做了和本書相關的四場演講，演講上傳網路之後，於十一月三日舉辦相關的線上座談會，以下是該座談會的紀錄。這四場演講分別題為〈世界文學、世界史、比較文學〉、〈批判理論與弱勢跨國主義〉、〈那一年、史碧娃克到了台灣〉、〈什麼是台灣理論？台灣有理論嗎？〉。此工作坊的錄影也有上傳。網站連結：http://lecture.ccstw.nccu.edu.tw/transborder_theory/。另外，除了感謝參與座談會的各位老師們，也感謝尹振光同學幫忙將我的回應部分做下紀錄。

吳建亨（國立清華大學外文系副教授）

回應人：史書美（美國加州大學洛杉磯分校Irving and Jean Stone人文講座教授、國立臺灣師範大學臺灣語文學系榮譽講座教授）

一、講者介紹

吳建亨：史書美教授是美國加州大學洛杉磯分校（UCLA）的Irving and Jean Stone人文講座教授，在這之前也獲聘為第一任的Edward Said講座教授，同時也是臺灣師範大學臺灣語文學系的榮譽講座教授。這邊我想要提一點比較特殊的地方，史書美教授同時是比較文學系、亞洲語言文化系還有亞美研究系的合聘教授，同時在這幾個不同的系所任教是非常特殊的組合，因為這三個系所分別是理論、區域研究、族裔研究的大本營，這種跨學科的經歷也反應在她的課程與相關論文中。例如這次演講的其中一個核心關懷就是打破學科所預設的知識分工，因為這些分工都是人造的藩籬，不僅掩蓋西方知識霸權在物質層次的可能性條件，強化以西方為尊的認可機制，同時也將我們的目光抽離具體歷史情境中不平等的權力關係。

揭露知識與學科形成的現世性與彼此的糾纏能幫助我們避免所謂「距離的妄想」（the fantasy of distance），彷彿知識、學科、身分、文化乃至國家都受到某種牢不可破的疆界保護。「距離的妄想」往往導致多元文化的相對主義，但是史書美教授在這一系列課程透過關係的比較學，揭露知識與學科形成所不可避免的克里奧化現象，提供另一個視角幫助我們從世界的角度看見台灣，也從台灣的角度看見世界。從上述這些觀點來看，由史書美教授來討論跨界理論的問題再合適不過了，因為理論跨界的第一步就是挑戰長久以來我們對知識分工的預設。

在學術界當我們研究一位學者的思想進程時，常常會看到一種斷裂式的分類法。最著名的就是阿圖塞（Louis Althusser）口中馬克思的知識論斷層。事實上，台灣學界閱讀史書美老師的作品時，也會聽到類似的論點：有兩個史書美，一個是華語語系的史書美；另一個是關係性的史書美。華語語系的史書美採用的理論姿態是戰鬥性的，過分執著於中國問題，因此局限在中心／邊緣那種垂直性的想像；相較之下，關係性的史書美則代表理論的自我提升，跳脫中心／邊緣的想像，將焦點轉向跨國的橫向連結與各種不同型態的關係性表現。

或許分析的語境與著重面向有所差異，但史書美教授指出，她在不同領域的思考貫穿彼此，因此「兩個史書美的論點」略嫌簡化。也就是說，這些不同領域的思考是有整體性的，關係性的論述不代表中心跟邊緣的消失，畢竟中心與邊緣意味著權力的不對稱，而權力——我們不斷被提醒——也是一種關係。

堅持巨觀政治經濟層次中的不平等權力關係除了讓我們看到中心與邊緣依舊存在外，也幫助我們區分關係性的克里奧化與後現代的混雜性（hybridity）或全球化的彈性公民（flexible subject）之間的差異。

雖然權力不平等的關係依舊存在，但史書美教授強調，抵抗的模式必須改變。以法農（Frantz Fanon）為例，他認為必須將反動的（reactional）抵抗轉化成主動的（actional）抵抗，如此才能繞過中心的媒介，達到真正的解殖民。而關係性的思維與弱勢族群的跨國主義之橫向連結，提供給我們的就是一種新的抵抗模式，一種與具體社會有機連結，但也能夠超越既有的情境，創建新的可能。

這也是為什麼史書美教授在批評理論抽象化的同時，也提醒我們，不要故步自封地拒絕理論。事實上，理論的抽象化或去脈絡化機制也帶有某種解放的契機。的確，理論的形成與發展必須根植特殊的歷史現實，但是理論的重要性在於它帶來一種「超越性的承諾」（"Introduction: The Creolization of Theory" 23）。對我來說，這也是理論跨界另一層次的意義，除了跨越學科與知識的分工之外，理論的跨界也是從既有的歷史現實跨越至一種新的可能，因為背後驅使理論跨界的動作是對公平正義倫理的堅持。

二、與談人林芳玫的報告與提問

林芳玫，〈回應史書美教授「跨界理論、世界史、邊緣與邊緣」的互動及互惠〉。

（一）前言

十一月三日政大華人文化主體性研究中心舉辦視訊論壇，由史書美老師預先錄製「跨界理論」，當天再由清大吳建亨教授、政大邱彥彬教授與我擔任與談人。以下是我的發言稿：

在此先感謝政大華人文化主體性研究中心的邀請，使我有機會與史書美教授對話。這些年來持續閱讀書美老師的論著，深受啟發。史書美老師強調具體個案的在地性，並將其放在歷史變化的時間軸來討論，然後把眾多個案之間的關係放在世界史架構下審視，由此而形成知識系統與結構。知識系統與具體個案之間不斷地來回對話，由此而形成理論。

這套理論並不是要被讀者／學者拿來重複解釋說明理論的意涵，而是由讀者親自實踐，由自己的生活處境出發，找出連結與關係，並持續與理論對話。「實踐與對話」就是理論存在的目的。

（二）回應「關係的比較」

今天我想回應關於relational comparison，墾殖園弧線、克里奧化等議題。請容許我先提出牙買加雷鬼音樂（Reggae）與台灣的原住民族歌手Matzka之間的關係，經過具體的描述，再回到上述所說的「關係的比較」等概念。

史書美老師經由西方殖民者在加勒比海的墾殖園及其奴隸制度，比較了三位作家。其中她介紹了鮑威爾（Patricia Powell）的小說《寶塔》（*The Pagoda*, 1998），經由史書美老師的介紹我才首度知道加勒比海區域在廢除黑奴制度後，引進華裔移民成為契約工，因此華人離散足跡也包括加勒比海。

經由我自己的興趣，我有幸閱讀到一篇論文，討論一九六〇年代牙買加雷鬼音樂中，華人扮演的角色。音樂愛好者大多知道著名的雷鬼音樂歌手Bob Marley，卻很少人知道他的第一張唱片製作人是當地牙買加華裔Leslie Kong，而這並非偶然。

論文作者Tao Leigh Goffe指出，十九世紀末的華裔苦力，後代逐漸成為小雜貨店的老闆。這些小店遍布牙買加，從都市到山區都有。這些雜貨店主要賣食物，還有其他各種五金雜貨。這些小店成為當地社群聚會的空間，人們在此聚會、聊天、唱歌、跳舞。[2]

牙買加曾是英國殖民地，Bob Marley參加過二戰，在帝國軍隊裡擔任電子技術工，由軍中學習到電子技術的操作。一九五〇年代他經由聽美國的廣播而熟知爵士樂。之後他開始探索出自己的風格而出現Reggae，音樂製作過程所需的音響器材來自華裔雜貨店，人們也聚集在此分享音樂。Reggae盛行後，又流行到英國與美國，並與在地的社會運動連結，更催生了龐克（Punk）等被世人認為起源於英國的流行音樂。

從爵士樂到雷鬼，再到龐克，我們可以看到一系列邊緣與中心、邊緣與邊緣的互動與互惠。這是一系列的關係與複雜的糾葛。爵士樂本身來自美國的非裔人士，從邊緣處境發展出來，後來被白人吸收，傳播到歐洲也深受歐洲知識分子的喜愛。因此爵士樂本身就是邊緣與中心、邊緣與邊緣、中心與中心的流動與互惠。

Bob Marley及其雷鬼音樂顯示，第三世界國家並非被動地成為西方主流文化的接受者。我們太習慣看待西方大都會菁英文化對非西方菁英的影響，且這種影響是單方面的。

其實，我們更應該仔細審視「西方」本身就有內部的不平等。西方的邊緣文化經由複雜的「轉譯」過程與傳播媒體的功能，傳送到非西方的邊緣群體，然後再繼續回傳到西方。大家都知道法農是來自加勒比海法屬殖民地（馬提尼克）的反殖民革命者與思想家。同樣來自加勒比海的Mob Marley，他的音樂影響遍布全世界。目前，西方文化界並不知道馬來西

2 Tao Leigh Goffe, "Bigger than the Sound: The Jamaican Chinese Infrastructures of Reggage," *Small Axe* 63(2020), 97-127.

亞、台灣等地也有雷鬼音樂。

來自台東縣排灣族的歌手Matzka，從早期音樂生涯就有意識地學習雷鬼音樂，結合原住民古謠，融合成具個人特色的當代流行音樂。他曾改變髮型，模仿Bob Morley留長頭髮編成辮子長達十多年，現在則是一般的髮型。台灣流行音樂的元素包含爵士樂、搖滾、嘻哈，但極少雷鬼的元素，而其普及則來自Matzka。

雷鬼音樂源自被殖民地人民處於文化的混雜與克里奧化，從而發展出對殖民者的批判，但仍是保有音樂活潑快樂的氣氛，因而能引起共鳴，成為流行音樂。處於英國殖民地的牙買加，人民使用英文，但並非所謂正統與標準的英文，而是混雜各種語言，然後用簡單易懂的英文寫成歌詞。對Mob Marley而言，英文既是壓迫，也是資源，因而發展出混語及雙重視野。漢人歌手沒有學習雷鬼而是由原住民歌手帶入這種類型，我推測很可能是華語對原住民而言，既是壓迫也是資源，促使Matzka能使用華語來唱出雷鬼音樂，他的歌詞改變了華語本身的發音、語法與詞彙。

他許多歌曲全部使用華語，但這是克里奧化的華語。之後他混合華語、族語、英語，也有全部是族語的音樂。

〈回到原點〉（Back to the Roots）（華語，2020）[3]ＭＶ畫面一開始是電線桿、道路、穿制服的原住民高中生，遇見三位同年齡的漢人遊客，年輕人一起探索山林與海洋。此片ＭＶ監製人是荒井十一：成長於香港、父親日本人、母親香港人、到北京學音樂、和台灣女子結婚。

〈ali tjumaqu歡迎回家〉（Homecoming）（排灣族語，2022）[4]ＭＶ畫面一開始是歌手與海洋，之後出現許多原住民小孩。

〈尷尬的浪漫〉（$500）（華語，2022）[5]它的曲風、混語歌詞、ＭＶ都值得進行細部文本分析。在〈尷尬的浪漫〉一曲及其ＭＶ，歌手先營造出情歌的氛圍，然後說，「我鼓起勇氣對妳說……」，在這刻意被延宕的幾秒之後，歌手要對年輕美女說什麼？「借我五佰塊、下個月就還」。

ＭＶ中的美女大怒，而歌手不斷重複「借我五佰塊」。這句借錢的話，即可能來自許多底層人民曾有的經驗，被Matzka嫁接到情歌類型，營造浪漫氣氛，然後以詼諧幽默的手法顛

3　歌曲連結：https://reurl.cc/bGXgdo。
4　歌曲連結：https://reurl.cc/OE0g6y。
5　歌曲連結：https://reurl.cc/lZR2n9。

覆情歌。

如果說台語獨立樂團也試圖發出底層人民的心聲，這些表現通常較沉重，缺乏調侃幽默的感覺結構。台語搖滾樂團也常背負宣揚台灣國族的使命，這些都突顯了Matzka的個人特色與後國族的發言位置與美學。

（三）放入世界史與台灣史的知識生產

一九六四年創辦的伯明罕大學文化研究中心，參與者霍爾（Stuart Hall）生於牙買加，大學與研究所研究英國文學。後來受到國際事件影響（蘇聯入侵匈牙利）而放棄研究英國文學，轉而投注於電影與當代大眾文化的研究，他曾對台灣學術界有重大影響。英國的文化研究如何於一九九〇年代被引進台灣？又如何被快速遺忘與拋棄？這些都值得我們省思。

英國文化研究與史書美老師的華語語系研究及跨界理論一樣，都是重視實踐，而非寫下晦澀艱深的文字。所謂實踐，不一定是參加社會運動，而是在學術研究的視野與方法上，注重本土脈絡，以及在地與其他地區、其他文化的互動。然而在一九九〇年代台灣知識界對英國文化研究的認識，不是把它當成學者搞社運的正當性來源，就是簡化為這是在研究大眾流行文化。學者搞社運而不知自身曾有的歷史脈絡，這種社運也難以在社會生根。新左派與台灣勞工政策缺乏對話，就是一個例子。

一九九〇年代的台灣，解嚴後十年，風起雲湧的社會運動，第一次民選總統、李登輝的本土主義與台灣國族論述的興起、台灣「新左派」對萌芽中的台灣國族主義的不滿，以「新左」位置而發言，缺乏對台灣歷史、文學、文化、語言的了解。當時的台灣依賴進口西方理論來建立自身的正當性，一波波的理論風潮猶如時尚般快速變化。所幸，過去二十年來有了重大變化。台文界開始重視本土歷史脈絡，再用來與世界對話。

上一世紀末到本世紀頭十年，新左派學者曾提出「亞洲作為方法」，這樣的觀點以批判美國帝國主義為主旨，並把軍事上不得不依附美國的台灣定位為「次帝國」。[6]新左派著力於批判台灣國族主義。我認為任何形式的國族主義或思潮、價值體系都值得批判，前提是為了深入對話。新左派號稱「左」，卻極少深入了解台灣日治時期以來左翼思想與左翼分子的行動。一九九六年政治大學陳芳明老師已經出版了《謝雪紅評傳》，[7]因此想了解此議題並不困難。

二二八事件後，許多社會主義者逃亡到香港，在那裡創辦雜誌。那時這些人一方面急於參與祖國的社會革命，另一方面又強烈主張台灣的特殊性，提倡「台灣自治」。台灣文壇

6 陳光興，《去帝國：亞洲作為方法》（台北：行人，2006）。

7 陳芳明，《謝雪紅評傳》（台北：前衛出版社，1996；麥田出版社，2008）。

上，陳映真、《夏潮》雜誌也是有名的左翼人士與刊物。台灣新左派只是移植一九六〇年代以來的英國新左派，用此為「邊緣位置」來爭取發言權（例如創辦《島嶼邊緣》雜誌），他們不但忽視台灣的左翼傳統，還把左翼與後現代主義式的嘻笑嘲諷二者加以結合，形成《島嶼邊緣》獨特的「時尚風格」——把思潮與政治立場當成時尚，而非對話與實踐。

這種邊緣的位置性（positionality），只是以中心為慾望對象，爭取中心的注意，成為體制中心必須要有的邊緣元素，用以證成中心體制乃是尊重多元文化。這種作法不會改變中心與社會邊緣（種族、性別、階級）的關係，而是在中心的論述方式納入新左的邊緣位置之發言。換言之，新左的邊緣是「位置性」，向中心索取注意力與發言權，而種族與階級的邊緣則是中心操控資源分配方式而被放逐到缺少資源的日常生活運作，是分配政治的受害者，而新左則是多元文化的受益者。

讓我們再回到霍爾，並與史碧娃克（Gayatri Chakravorty Spivak）做比較。二者都是從前殖民地來到第一世界國家。史碧娃克來自印度，為英屬殖民地，她到美國一流大學哥倫比亞大學任教，主要著作在詳細解釋德希達再加以質疑。我們無法從她的著作了解印度。Alif Dirlik曾批判史碧娃克等後殖民主義學者，只是鞏固了西方中心與非西方邊緣的單向流動，並未促成第三世界邊緣與邊緣的互動。

我很喜歡史書美教授用「互惠」這個詞彙。是的，邊緣與邊緣可以互動且互惠。前面提到的雷鬼音樂就是一個例子。

而史碧娃克既未批評美國，其實也很少批評英國。她的書——特別是《後殖民理性批判》——流露強烈的對德希達的渴望，[8]渴望要挑戰大師。她的著作很少引用當代英美學者，同時她常以輕蔑口吻貶抑「女性主義者」，卻沒說是哪些學者，更不用說引用其著作。

那麼霍爾呢？他來自英屬殖民地牙買加，當地長期以來有白人與黑人通婚而所謂克里歐化，人民膚色深淺層次很多，所以種族主義的運作更幽微而複雜，霍爾自稱他是家族裡膚色較深的，這對他有很大影響。他拿到獎學金去英國念大學與研究所，本來也會是學術界菁英。但是他放棄英國文學的博士學業，受政治事件呼喚而投身社會運動——像是反核運動。後來他創立（《新左評論》New Left Review）雜誌，又與一群學者在伯明罕大學成立當代文化研究中心。

霍爾和史碧娃克差別很大：第一，他不是在劍橋、牛津等頂尖大學而是在伯明罕大學任教；第二，他是與一群人一起創設中心，是集體的力量；第三，他的著作相當容易了解，文字通順而又與具體社會處境連結，因此產生重大影響力。這與單打獨鬥、文字晦澀艱深的史

---

8 Gayatri Chakravorty Spivak, *A Critique of Postcolonial Reason: Toward a History of the Vanishing Present* (Massachusetts: Harvard University Press, 1999).

碧娃克很不同。最重要的是，伯明罕中心經由一系列出版品與活動，觸發了邊緣與邊緣的連結，這是史碧娃克做不到的。英國伯明罕的文化研究這其中也包括中心與邊緣的互動與互惠，例如Richard Johnson於二〇〇九年應成功大學之邀訪台，我參加了他的論壇，會後聚餐我聽到成大學生提起，Johnson教授在台灣期間，積極參與台南當地各種學術與社區活動。之後他來台北，我有幸帶他到東北角海岸走走。經過核四廠，我略加解說，他詳細地詢問，反而讓我不好意思，因為我也知道得不多。核四廠對面就是一八九五年日軍登台地點澳底，有歷史解說牌，他也仔細觀看，不斷問我問題。我這輩子沒看過這麼認真關心受邀單位所在地歷史的學者。

史書美教授擅長從看似瑣碎的小事，反思結構性的議題。例如史碧娃克在台北茶館的行為，她就是把自己當大師，邀她來的台灣學者要恭謹受教。她等於把中心—邊緣的二元對立移植、複製到台灣。反而是英國白人男性學者Johnson，他對台灣的一切保持高度關懷，且不斷請教。

所以再回到台灣新左派，他們並無了解台灣歷史、文學、文化與語言的興趣。你跟他們談母語受壓迫的處境，他們就抬出原住民受到更大壓迫這個回應；有時他們拿出同志議題。但他們拿出原住民議題不是要開啟對話，而是要結束根本還沒真正開始的對話。所謂「亞洲作為方法」，十分空泛，無法區別東北亞、東亞、東南亞、中亞的重大差異，更不要說在非洲與加勒比海的非裔亞洲人。

而其所謂批判帝國主義，就像史碧娃克批判德希達，不但沒有學術與實際用途，只是強化對美國學術界的慾望，希望自己成為美國學術界多元文化主義的邊緣發言人。所謂沒有學術價值，是指無法影響美國學者認真思考問題進而與亞洲、非洲學者產生互動與對話。

這些年來史書美教授的華語語系研究，在美國與亞洲都得到廣泛的共鳴，包括負面批評。這些都顯示史書美教授的學術重點是「對話」，是集體的、學術社群的活動。同時，這些論述都是自覺性地與在地互動，並關切歷史脈絡。台文所於二〇〇二年後大量設立，奠定了立足本土的研究與教學系統，並於本土視野的確立後，展開跨國、跨文化、世界的比較視野。

（四）關於發展台灣理論

發展台灣理論，就是具體由台灣在地出發，從事田野調查、檔案研究，閱讀文學、電影、藝術、音樂、報章雜誌等各種文本，細讀文本、找到歷史脈絡、釐清各種關係、放回世界史。如同史書美教授從葛里桑的關係詩學汲取靈感，[9]藝術界也有「關係美學」，是法國

9 Édouard Glissant, Betsy Wing trans., *Poetics of Relation* (Ann Arbor: University of Michigan Press, 1997).

藝術家與策展人Nicolas Bourriaud提出的relational aesthetics，[10]指出藝術作品並非單獨被欣賞，其價值取決於人與人之間的關聯性及其社會與歷史脈絡。

在台灣藝術家中，黃孟雯於二〇〇〇年參加台北同志運動後，開始思索是否有台灣在地酷兒？或是，同志運動前存在著酷兒嗎？於是她開始做田野調查，發現一群二十世紀五〇、六〇年代活躍於大橋頭與大稻埕的酷兒，一群陽剛女同志，白天是家庭主婦，晚上上酒家。於是創作「橋頭十三太妹」。[11]

另一位藝術家李紫彤則訪問許多有過威權體制歷史或內戰的各個國家，訪問受害者、家屬等人，然後替死者在臉書設立帳號，鼓勵跨國族的同理心與第一人稱說故事與創造歷史的發言管道，這項「作品」是《#迎靈者》。[12]藝術家進行跨國族的訪談與田野調查，並善用數位虛擬科技，這才是對某種僵硬、本質化版本的台灣國族主義（或中國國族主義）提出質疑，並創造參與及對話。藝術界、原住民音樂等，都以實踐展示著關係美學與流動性。我相信台灣學術界各種領域也正往這個方向發展。《迎靈者》展示許多平板電腦與虛擬帳號，是每位亡者的數位墳墓，李紫彤再放上花朵向亡者致意。在為期一個月的展覽，參加者可上臉書留言，與亡者互動，也是生者的互相安慰。

台灣各行各業的人，已經開始實踐理論。這些人並不渴望中心的注意力，也不自我標榜為邊緣，而是很務實地去進行各種跨國界、跨種族、跨媒材的連結。從音樂、藝術、文史工作者到學術界，各行各業都開始關心在地的歷史，並與世界對話。「世界」不再只是紐約、東京、倫敦、巴黎，而是真正的全世界：牙買加的歷史告訴我們，它自身就構成了世界史，台灣也是如此。

引用文獻

Édouard Glissant, Betsy Wing trans., *Poetics of Relation* (Ann Arbor: University of Michigan Press, 1997).

Gayati Chakravorty Spivak, *A Critique of Postcolonial Reason: Toward a History of the Vanishing Present* (Massachusetts: Harvard University Press, 1999).

Matzka，〈回到原點〉，2020。

Matzka，〈ali tjumaqu歡迎回家〉，2022。

Matzka，〈尷尬的浪漫〉，2022。

Nicolas Bourriaud, Simon Pleasance & Fronza Woods trans., *Aesthetics of Relation* (Paris: Les presses du reel,

---

10 Nicolas Bourriaud, Simon Pleasance & Fronza Woods trans., *Aesthetics of Relation* (Paris: Les presses du reel, 1998).

11 黃孟雯，〈西裝與香花：戰後初期台灣「穿褲的」女性的身影〉（台北：台北藝術大學藝術跨域研究所碩士論文，2018）。

12 李紫彤，《#迎靈者》（2018）。

1998).

Tao Leigh Goffe, "Bigger than the Sound: The Jamaican Chinese Infrastructures of Reggage", *Small Axe* 63(2020), 97-127.

李紫彤，《#迎靈者》，2018。

黃孟雯，〈西裝與香花：戰後初期台灣「穿褲的」女性身影〉（台北：台北藝術大學藝術跨域研究所碩士論文，2018）。

陳芳明，《謝雪紅評傳》（台北：前衛，1996；麥田，2008）。

陳光興，《去帝國：亞洲作為方法》（台北：行人，2006）。

相關資料

「跨界理論」演講系列，http://lecture.ccstw.nccu.edu.tw/transborder_theory/。

吳叡人，《受困的思想：台灣重返世界》（新北：衛城，2016）。

林文凱，〈認識與想像台灣的社會經濟史：1920-1930年代台灣社會史論爭意義之重探〉，《台灣史研究》21.2（2014），69-110。

延伸資料

台灣左派對獨派的批判與相關著作舉例

胡清雅，〈吳叡人〈賤民宣言〉批判的一點補充〉，https://sex.ncu.edu.tw/column/?p=96。
邱士杰，〈「台灣人全體的解放？」──對趙剛老師〈「新右派」出現在地平線上了：評吳叡人的〈賤民宣言〉〉的一點補充〉，https://sex.ncu.edu.tw/column/?p=101。
趙剛，〈「新右派」出現在地平線上了：評吳叡人的〈賤民宣言〉〉，https://sex.ncu.edu.tw/column/?p=105。
趙剛，〈二評吳叡人：一個「邏輯的─理論的」批判〉，https://sex.ncu.edu.tw/column/?p=93。
邱士杰，《一九二四年以前台灣社會主義運動的萌芽》（台北：海峽學術，2009）。
趙剛，《求索：陳映真的文學之路》（台北：聯經，2011）。

三、與談人邱彥彬的報告與提問

邱彥彬，〈內捲於權力關係中的「非關係」：有關「一體化世界史」的幾個探問〉。

剛剛建亨老師在開場介紹中，指出學界常有「兩個史書美」的說法，就我的理解，所謂「兩個史書美」試圖點出的，其實是在書美老師龐大的比較文學與理論研究體系中「反殖民」（anti-colonialism）與「後殖民」（post-colonialism）的兩個側面。但不管是反殖民還是後殖民的史書美，我認為書美老師一以貫之地，都是以世界史為方法來組織她的觀點和論述。在比較文學研究的範疇中，書美老師為了擺脫歐洲中心主義對比較文學的糾纏，不讓比較下的實體「弔詭地」遠離彼此，她以「一體化的世界史」的思想維度，提出以「作為關係的比較」（comparison as relation）為內核的比較理論。同樣地，在思考為何台灣總是偏安於西方理論的消費端，遲遲未能加入理論的生產行列，書美老師也是以世界史為方法，在全球反殖運動與冷戰秩序並存的六〇年代找到了思想的線索，認為由於台灣被納入冷戰秩序的緣故，導致了台灣「在當時全球左傾思想」脈絡中的「缺席」，但這並不意味著冷戰下的台灣完全自絕於全球反殖運動的網絡之外。恰恰相反，台灣是以缺席的方式「參與了全球六〇年代」。換句話說，沿著「一體化（integrative）的世界史」的視線，我們會發現缺席即是在場，無關係也是一種關係。書美老師因此認為，因為冷戰台灣與全球反殖運動的背反關係，致使台灣對於「定居殖民主義」缺乏警覺與自我批判力，最終導致「內核虛空」，因此在面對經由美國媒介的各種西方理論時，除了追逐、接受、消費之外，未能再進一步思考是否還有其他積極應對的可能性。根據以上粗淺的理解，我認為「一體化的世界史」是書美老師的各種立論背後主要的思想維度，強調歷史的行動者與參與者，在循著垂直與水平的軸線交織而成的全球網絡中，彼此以不同形式緊密連結在作為「之間」的關係當中。這個作為「之間」的關係，不一定是一個實質的因果關係，而更可能是將關聯的行動者捲入其中的「運動」，導致克里奧化（creolization）的現象並非是局限在特定地域中的個別現象，而是全球進行中的常態，書美老師將之稱為全球的「群島性」（archipelagoness）。當然，在這個島與島「之間」當中構築起來的，通常都不是什麼和諧對等的關係，而是為「帝國、征服、奴役和殖民主義」等「權力關係」所浸透。

既然權力關係是全球關係的底蘊，我好奇的是，在這個歧路花園般的全球網絡中，容我延伸傅柯有關「有權力之處就有抵抗」的說法，除了「關係」之外，理應存在著各種「非關係」（non-relation）的時刻，否則權力關係在理論上會變成單向的宰制而不成關係，抵抗因此也難以成為可能。換句話說，權力關係不是靜止的，本身的動能來自它內含了「非關係」，生發於關係之中，卻同時又擾動，甚至截斷了關係。根據傅柯式的權力理論，與其說無關係也是一種關係，不如說「非關係」同時構成了權力關係的可能與不可能條件。因為「非關係」內捲於權力關係之中的緣故，由此編織出來的關係連帶在性質上屬於「弱連結」（weak link），而非「無關係也是一種關係」的說法背後預設的「強連結」（strong link）。

「一體化的世界史」是一個非常有意義的框架，但不管是挪用來論述垂直式的帝國宰制，或是水平式的少數（minorities）連帶，在「一體化」的框架下，全球的複雜連帶似乎是以「強連結」的形式呈現，鮮少觸及折疊於權力關係之中的「非關係」時刻。為了突顯世界史中的「非關係」，在這次的綜合座談中，我想提出另一個世界史的框架來作為可能的思想方法，那就是柄谷行人在《世界史的結構》中勾勒的「帝國—周邊—亞周邊（submargin）」

三環結構。[13]簡化地說，在「世界—帝國」的微系統中，柄谷依照帝國的政經與文化勢力對於周邊國家或社會的滲透程度，將帝國的勢力範圍劃分為周邊與亞周邊。相較於周邊對於帝國的全方位依賴，地處帝國影響圈外緣，也是帝國鞭長莫及之處的亞周邊，則是在政治、經濟、文化上保有相對更高的自主性，甚至在接受核心文明的同時，發展出與帝國典範完全相左的型態。柄谷認為，尤其是位居帝國勢力影響圈內的「海洋型」（maritime）社會，最有條件成為帝國的亞周邊，因為它們一方面透過「海洋交易」時時與「帝國的核心保持聯繫」，但在另一方面，也會「因為陸地不相接」的緣故，「避開了核心的直接侵入」，以致不像緊鄰帝國的周邊國家那樣「容易與核心同化」，而是在「不至於淪為圈外」的狀況下多出了一些彈性，讓亞周邊的國家或社會在「選擇性地接受核心的文明制度」的同時，走出一條在政經文化上與帝國天懸地隔的道路，在核心的外緣「形成獨自的世界」（《世界史的結構》236-37）。

舉例來說，西元三世紀末，Diocletianus的即位解決了羅馬帝國因為內憂外患而導致的危機。為了有效統治廣域帝國，新皇廢除了共和制，建立起中央集權的官僚制。但柄谷認為，「這些改變只有在帝國東部發揮機能，在西部，在地有力的領主階層仍然持續相互競爭的狀態。這個差異的原因，是因為在歷史上，東部位於亞細亞帝國的中心部，東西部的歐洲則位於亞周邊的緣故」（《帝國的結構：中心・周邊・亞周邊》131）。[14]放到「帝國—周邊

—亞周邊」的三環結構下來看，當時羅馬帝國的東部因為地處薩珊王朝（Sassanid Empire）的周邊，「亞細亞帝國」式的中央集權官僚制在此相對容易扎根，因此Diocletianus的四帝共治制（Tetrachy）可以在阻礙較少的情況下充分「發揮機能」。相較之下，位居薩珊王朝亞周邊的羅馬帝國西部就缺乏服從中央集權新制的條件，以致新政不斷受到地方封建勢力相互角力的掣肘。柄谷認為，正因為帝國西部的亞周邊性質，在五世紀西羅馬帝國覆亡後，西歐自然進入一種不受中央集權拘束的離心狀態，「形成獨自的世界」：在此，「獨立的城市遂突破王、封建領主以及教會之間的夾縫，繁榮起來」，「資本主義就從這裡產生」，「帶來了迥異於『世界—帝國』的『世界—經濟』」（《世界史的結構》407）。作為亞細亞帝國亞周邊的西羅馬帝國，可說是具體呈現了與薩珊王朝的「非關係」：它不是薩珊王朝的「圈外」，但在政經體制與文化發展上也不僅僅是亞細亞帝國文化的變奏而已；在三世紀後的發展中，它發展出「世界—經濟」的微系統，衝擊了亞細亞帝國的輻軸，已然成為一個不斷蓄積翻轉帝國體制潛能的「獨自」世界。

　　日本是另外一個亞周邊的例子，可說是西羅馬帝國在亞洲的翻版。長期以來，日本一直

---

13 柄谷行人，《世界史的結構》，林暉鈞譯（台北：心靈工坊，2013）。

14 柄谷行人，《帝國的結構：中心・周邊・亞周邊》，林暉鈞譯（台北：心靈工坊，2015）。

刻意與中華帝國保持一個「弱連結」的關係。為了對抗中華帝國的朝貢體系，日本在一五四一年結束了與中國的勘合貿易，到了十六世紀末，豐臣秀吉更是要求呂宋和台灣向日本納貢，展現了在中華帝國的圈內，取代中國成為核心的決意。這種藉由承襲來翻轉帝國體制的曖昧作法，十足表現出「選擇性地接受核心的文明制度」的亞周邊特色。日後，跟西歐一樣，日本在帝國的亞周邊先行發展出資本主義，但在此同時，與西歐不同的是，日本卻又弔詭地在大政奉還的名義下維持了萬世一系的天皇制。關於資本主義與天皇制並行不悖的奇特現象，柄谷直言，只有藉助亞周邊的概念（《世界史的結構》333），才能夠理解明治日本既承襲又背離中華帝國體制的曖昧性。此外，個人在〈天下與萬國之外的臺灣〉一文中，也藉由一八七一年的牡丹社事件與二次戰後台灣歸屬的爭議，嘗試說明作為帝國亞周邊的台灣，如何在帝國的夾縫間與中國和美國形成弱連結的關係。[15]因為時間的關係，這點我在此就不便多做闡述。

以上西羅馬帝國（日後的西歐）、江戶與明治日本，以及十九世紀後台灣的例子，主要是想藉由核心帝國與亞周邊的弱連結，說明在世界史的複雜網絡中，非關係如何折疊、內捲於關係之中，既維護又搗亂了既有的權力關係。我在這裡提出柄谷的三環結構，用意不在質疑，甚或是取代「一體化的世界史」，而是想藉此就教於書美老師，從「一體化的世界史」的角度來看，「非關係」是否具備世界史的意義？而「非關係」時刻的標定又是否是一件重要的理論工作？如果是的話，我們又如何在「一體化的世界史」的框架下，論述這個具備衝撞「一體」潛能的「非關係」呢？

四、與談人吳建亨的提問

第一個問題是關於台灣的定居殖民主義。書美處理台灣定居殖民主義的問題時，引用澳洲人類學者Patrick Wolfe的觀點，指出定居殖民不是一個事件，而是一個結構。從這個觀點來看，台灣原住民到目前為止依舊處於被殖民的狀態，尚未進入所謂的後殖民。

在論文幾個不同的地方，我們看到妳提供幾種不同的方式來深化台灣的解殖民運動，第一種是承認血緣的混雜（承認平埔族即原住民）。這部分的觀點有點類似妳在張貴興或Patricia Powell的小說結局中看到的那種互惠倫理；第二種深化台灣解殖民的可能是在認識論層次進行，妳舉「全球原住民知識運動」（IK Movement）為例，認為台灣不能停留在帝國夾縫的論述內，因為這種帝國夾縫論是以台灣漢人為中心，並「以台灣人的悲情掩蓋了原

15 邱彥彬，〈天下與萬國之外的臺灣〉，《理論的世代：廖朝陽教授榮退紀念論文集》，陳春燕、林明澤、邱彥彬編（台北：秀威，2020），頁178-206。

住民的悲情」。換句話說，帝國夾縫論一定程度地體現妳在其他地方提到的那種「競爭的受害者學」（competitive victimology），透過這種「競爭的受害者學」淡化不同層次之間的權力關係：例如台灣在國際弱勢的地位被用來掩蓋漢人在台灣內部強勢的事實（所有的政治、經濟、行政、司法資源都被漢人一把抓的現象）。

妳提到，「關係的比較需要直面權力，不用客氣」，這代表著我們不能將被殖民狀態普遍化成受害者姿態，因為在受害者之間（或者說弱勢與弱勢之間）也是會產生權力的關係，台灣的漢人與原住民是一個例子；張貴興的《猴杯》提供另一個例子。妳認為，我們需要承認定居殖民主義是一個結構的現象，在這個前提下，台灣漢人的弱勢與原住民的弱勢才能跳脫受害者競爭的邏輯，開始進行弱勢與弱勢的橫向串聯，如此才能「共同創造知識權力的轉型，以達到比較全面的解殖」。我同意「知識正義」是深化解殖的關鍵，不過我這邊想要提出的問題是一個妳在其他地方提到，但是在這次處理定居殖民主義的文章比較沒有觸及的面相。妳在〈全球文學的認可機制〉曾經提到文化主義的問題，認為「在這種只談文化的情境中，權力關係所造成的社會、經濟、政治問題卻被忽視不提（按照芙雷舍〔Nancy Fraser〕的說法，『重分配的政治』〔a politics of redistribution〕被迴避了），文化中的客體也無法晉升為主體」。

根據這樣的說法，我的問題是，關於定居殖民的問題，除了象徵層次的認可、知識論層次的正義之外，我們是否也需要在物質資源重新分配的問題上有更多的著墨？因為在缺乏物質資源重新分配的情況下，象徵的認可或知識的正義是否能夠維持長久，或是否具實質意義會是一個很大的問號。所以我的問題是：（一）台灣的定居殖民主義是否也須將重點放在物質資源的重新分配？（二）既然定居殖民是一個結構，漢人也走不了，那該怎麼談論資源重新分配的問題才不會引起普遍性的恐慌？

第二個問題是關於大小寫的問題。基本上，妳處理關係的比較學時有兩個彼此糾結的論述：第一個是一體化的世界史（integrative world history）；第二個是葛里桑的關係詩學。一體化世界史在政治、經濟的層次建構一套充斥著權力的關係性網路，例如妳對「墾殖園弧線」（the plantation arc）的分析，從世界史的觀點連接美國南方、西印度群島與東印度群島；另外妳也透過同樣的視角，在全球六〇年代的冷戰格局連結台灣與世界。這些都可以說是妳對一體化世界史方法的延展。但是我認為，妳對關係性採取的論述策略跟其他地方比較起來有一些差異。主要的差別在於，妳比較少強調一體化世界史與關係詩學之間的差別，反而將這兩者視為互為表裡。

在這個脈絡下，我想提問一個關於大小寫的問題。妳批評大寫理論（Theory）與其背後西方中心主義的預設，認為將理論小寫或克里奧化有助於我們看到理論形成的具體情境。換句話說，妳對大寫理論的修正是從去脈絡化的「我思故我在」（I think therefore I am）轉向從具體時空情境出發的「我在故我思」（I think where I am）。

簡單來說，在妳所提倡的小寫理論中，理論與其生成的情境有親密且有機的關係。如此，為什麼要保留葛里桑大寫的關係（Relation）呢？我想其中一個原因是葛里桑的大寫關係可以被普遍化來描述所有文化之間的接觸；也就是說，雖然克里奧化源自於加勒比海特定的社會現實，但是克里奧化也可以更廣義地用來分析所有文化遭遇的現象。

但是葛里桑將關係大寫化，這個動作相當程度意味著他將「關係」提升為普遍性範疇，因此他才會表示，大寫的關係是「不及物的動詞」（an intransitive verb），關係就是關係，我們不需要進一步追問什麼與什麼的關係。另外葛里桑也表示，大寫關係不能與文化、經濟等內部與外在的關係混淆，因為大寫關係已經包含了這一切（這樣的說法也符合關係作為普遍性範疇的特徵）。最後葛里桑更提到，大寫關係不作用於既存、獨立自主的元素，因為大寫關係總是已經在任何作用與被作用的動作之前就存在，因此，我們不需要「進入大寫關係」（enter Relation），因為我們總是已經在關係之內。

因為我不是研究葛里桑的學者，所以我對他的思想並沒有很高的掌握度，但從上述幾段描述來看，葛里桑對大寫關係的某些描述似乎帶有濃厚的關係本體論色彩。關係本體論其中一個很重要的命題是「關係先於關係項」，所謂的身分或其他看似獨立自主的個體（這些關係項）都是在錯綜複雜的關係網絡中生成（因此「關係項」是暫時性的結果，並非引發動作的原初性起因）。這樣的說法沒有太大的問題，但是這樣的說法似乎與一體化世界史對關係的論述有顯著差異，即便兩者最後達到類似的結論，但是方法上還是有些差別。世界史的觀點是從宏觀的政治經濟出發，從關係項彼此之間的糾纏與相互形構出發，例如台灣作為一個具體存在的「關係項」如何參與六〇年代的冷戰地緣政治等等。

或者例如，妳在第一講時用原子筆做比喻：原本只拿一支筆的時候，這支筆是獨立存在的（關係項），但是當妳用另一隻手拿出另一支筆的時候，兩支筆之間就有了關係（例如兩支筆之間就存有上下左右的空間關係）。但是妳強調，關係的形成是因為把筆拿出來的動作，所以關係不只是一個名詞，描述已存的事物；關係也是一個動詞，讓這兩支筆之間形成動態的關係。由此推之，殖民主義的衝擊、文化之間的遭遇、經濟的流動等等，會將各種身分、文化捲入永無休止的關係網路，這也是克里奧化作為一個動詞的內涵，指涉文化之間無盡的互動，彼此作用同時也被作用的動態關係。

但是在這個比喻中，A跟B之間的關係是很重要的出發點，因為A跟B的關係賦予關係性具體的歷史脈絡與座標（例如台灣、美國、六〇年代、冷戰的地緣政治等等，這些都是具體的歷史座標），但這樣的論述似乎與葛里桑的大寫關係有些許差別，因為葛里桑似乎想要補抓一種更深層的關係，一種在歷史差異性之外的普遍性關係。

妳在〈批判理論的混語創建〉與〈立足台灣的批判理論〉這兩篇文章中似乎都很自然地

轉換這兩種對關係性不同的論述，並沒有明確地強調它們之間的差異，反而將兩者視為對關係性互為表裡的說法。比較有趣的是，妳在後期的論文〈連結台灣研究與世界〉（Linking Taiwan Studies with the World），做了非常明確的區分，甚至表示我們需要修正葛里桑的講法，關係不僅僅是一個動詞，更是一個及物動詞。

我認為這兩種對關係的論述是不同層次的論述，但是兩者的確是可以互補整合。所以我的問題是：妳能否能針對這兩種對關係性論述之間的張力與整合的可能性進一步釐清？

接下來的問題是在妳的理論基礎上衍生出的問題。妳提到台灣的美國主義時引用黃春明的短篇故事〈蘋果的滋味〉中對美國主義深刻的諷刺。妳表示，台灣在冷戰扮演的角色是美國的延長線，除了知識傳遞必須透過美國學院中介外，在國際勞動分工與民主轉型也扮演模範生的角色。我想身在台灣的人對這樣的描述應該都不陌生。美國主義的問題一直都存在，例如台灣總統大選有一個不成文的規定，主要政黨的候選人選前都需安排美國的行程，檯面上是爭取海外華僑的認同，但是實際上是到美國面試。或者前一陣子台北市長柯文哲的發言，他說：沒有去美國留學代表沒有接受過現代文明的訓練。這些現象背後透露出類似黃春明故事中人物的心態，吃的不是蘋果，而是背後美國主義所象徵的一切。

我想要問的是：近年台灣力推「雙語國家政策」是不是也是一種美國主義的表現？這邊雙語指的是英語跟華語。也就是說，「雙語國家政策」讓台灣從一個多語國家轉變成為獨尊英語跟華語的雙語國家。臺灣大學人文社會高等研究院對雙語國家政策也做了相當多的討論，最近也出了一本專書討論這個問題。基本上反對雙語政策的立場並不是反對英語教育，他們認為外語教育非常重要，但是透過國家政策這種由上而下的方式強推雙語政策會導致災難性的後果，例如母語的弱化、知識的淺薄化、創造力的貧乏等等問題。雙語政策的推行相當程度反映台灣社會對英語的迷戀，也反映了在這種迷戀的基礎上所建構的一連串等價關係：例如，英語等同進步、等同文明、等同國際化、等同競爭力、等同品味等等。這種等價鏈的建立其實相當有問題，但不可否認的是，這樣的觀點在台灣社會非常普遍。

除了美國主義外，雙語政策也涉及上述提到的解殖民需面對的知識正義問題。法農曾說過，語言是承擔文化的載體，而原住民語言的存亡對原住民知識的復振至關重要。如此，以提升國家競爭力為口號的訴求強行推動雙語政策的方式，是否阻礙台灣邁向解殖民的腳步，同時也剝奪台灣成為創建理論的場域之可能？因為官員口中的國家競爭力指的不外乎是那些可以被量化的經濟性指標，而不是厚植文化底蘊的競爭力。而妳提到，台灣在理論的場域也相當有競爭力，例如，台灣可以為「定居殖民主義」提供相當多見解。雖然台灣與紐西蘭、澳洲、加拿大等定居殖民地有類似的地方，但連續殖民的歷史讓台灣的定居殖民狀態更加複雜，例如台灣至少有兩個不同層次的「三元結構」相互疊加（第一個是「中國／台灣漢人／原住民」的三元結構；第二個是「日本／台灣漢人／原住民」的三元結構）。但這些論述都需要持續被發展與深化，而發展與深化的可能性條件之一就是確保語言的多元性與知識的正義。如此，我想問的是，在國家的層次推行雙語政策對上述這些解殖民的努力帶來多大的影響？另外，妳認為什麼樣的語言政策比較適合具有多重殖民歷史的台灣？最後，如果台灣真的要強化英語教育，妳認為應該用哪一種方式進行才不會陷入以美國主義為尊的認可機制？

五、主講人史書美對三位與談人的報告的回應

感謝。我先謝謝政大華人文化主體性研究中心的邀請，然後也謝謝三位老師這麼詳細的和深入的報告、討論還有提問。芳玫老師之前事實上有傳給我一些問題，今天沒有讀出來，也許等一下我也可以稍微做一個回答。我先從芳玫老師的報告談起。

我之前不知道Matzka這個歌手，我看到芳玫老師的報告非常感動。這裡我覺得他的這個例子，事實上也可以間接地回答建亨老師有關華語的問題和英文的問題。因為他混合了華語、族語——對他來說是排灣族語——還有英語在他不同的歌裡頭。有些歌是三種語言都用、有些歌是只有用族語、有些歌是只有用標準華語。而他用的華語因為是混合的、混雜的，所以事實上是一種克里奧化的華語。獨尊標準華語——所謂在台灣的國語——和標準英語，美國英文，這樣的雙語教育確實是簡化了台灣多語的豐富的現實。所以我可能對這個問

題有一些不同的看法。大家看Matzka的音樂，我覺得就是一個非常明顯的例子。用這個活生生的例子來談，事實上台灣的多語現象是一個非常豐富、非常有創造力的一個現象。在政策和生活實踐之間，我們怎麼樣去做取捨的問題，我等一下回應建亨老師的時候再談。

另外，芳玫老師談到，台灣新左派在一九九〇年代到二〇一〇年之間在台灣有很深的影響力，直接和伯明罕學院的Stuart Hall（霍爾）的一些理論、看法有很深的關係。一九九〇年代初，我還是一個學生。我當時的感覺很清楚地記得，台灣的新左派堅持一個反對西方的論述立場。現在看來，某些方面，或許是一種對西方世界的、西方學術界的慾望的折射。因為你批評它，表示你很重視它。所以事實上，反西方本身並不代表是和西方隔離；事實上，是一種討論的模式，或者是堅持自己話語權的模式。在美國，譬如說，以前就有人批評這種很明顯的反西方的態度，本身有時候是努力經營話語權的姿態。當然，台灣新左派在台灣的影響很深，我們在看這個問題的時候，可能需要思考的是，把這樣對立的立場簡化的時候，就像芳玫老師說得很清楚，我覺得這是有問題的。我們從關係學的角度、從世界史的角度來看論述也好、文化也好、文學也好，甚至經濟也好，這種相互糾纏的現象的時候，就很難用一個很簡化的對立態度來討論。簡化的、黑白分明的對立其實是簡化了問題，是一個比較容易的立場。

相對於這種簡化的敵對的立場，我們可以用我的第三講〈那一年，史碧娃克到了台灣〉

中，有關Spivak（史碧娃克）到了台灣的故事的例子來看。台灣女性主義者們和史碧娃克有了很不愉快的邂逅之後，為什麼台灣的主流女性主義者們並沒有公開地批評她，正是關鍵。我在第三講有提到，她們也不一定需要這樣批判，因為她們事實上有很多正在努力經營的、更關鍵的工作、行動等等。所以不需要以敵對的姿態來建構自己的話語權和立場。

我也從芳玫老師的報告裡學到有關兩位年輕的藝術家：黃孟雯和李紫彤的作品。我真的是非常高興也非常驚訝。我上網查了一下，李紫彤在台灣做的幾場演講當中，其中一場就叫做〈藝術如何在族群中被書寫？——藝術政治的解殖與轉型正義〉還有〈藝術作為解殖方法——在帝國邊界上建立異托邦〉（Art as Decolonizing Method—Constructing the Heterotopia at the Margin of Empires）等等。我聽了非常印象深刻。

芳玫老師在報告結束的時候說，台灣各行各業的人已經開始實踐理論。這些人並不渴望中心的注意力，也不自我標榜為邊緣，而是很務實地去進行各種跨國界、跨種族、跨媒材的連結。我覺得真的是說得太好了，所以我在這裡重複一下。

之前，芳玫老師在電郵裡頭有傳給我三個問題，我在此稍微做一個回答。她第一個問題有關華語語系研究，強調多音交響，而非標準的華語。可是，大多數的學者都是研究標準華語，研究台語、客語、粵語的研究不是很多。我覺得這是一個很值得討論的現象。在台灣這肯定和主流的標準華語或中文中心主義、思想有關。雖然很多人的母語是河洛語，或者是客語，但是比較少人來談這個多音交響的問題。所以華語有這樣的問題，英語也有這樣的問題。這也是下面我回應建亨老師的時候會談到的問題。也就是英文事實上也不是只是一種英文。英語也有好多種，有英國英語、美國英語、印度英語。在新加坡有Singlish，那在台灣能不能有Tinglish？那才是活生生地在台灣運用的英語。就好像台灣正在運用的各式各樣的華語，還有各種原住民的語言。但是假如是在香港的情況，粵語作為文化承載的媒介，非常受到重視。因為粵語越來越被邊緣化與弱勢的情形，大家警覺性很高。有關粵語的討論在香港因此非常多。譬如說這一本文潔華編的《粵語的政治》就有很多深入的討論。

另外，芳玫老師也有問到，這個一體化世界史，是不是以中國、西方等大國為中心的世界史呢？那島嶼的世界史如何可能？這個問題我覺得和彥彬老師有關柄谷行人談到的三環世界史結構有關係，所以我還是稍微講一下。三環的世界史，有核心、亞周邊、周邊。事實上，柄谷行人的三環世界史我覺得是Immanuel Wallerstein（華勒斯坦）——世界系統理論最主要的思想家——他的理論裡頭就有相似的概念：core、semi-periphery、periphery。core應該翻譯成軸心國、亞周邊（semi-periphery）、周邊（periphery）。事實上，他們兩位好像互相認識，有過對談，我記得不是很清楚。柄谷行人把三環世界史的概念，放入亞洲的時候，中國就變成核心國，日本是亞周邊，其他小國、東南亞國就變成周邊等等。我覺得這種世界史的看法。是一種結構性的看法，一個structuralist、結構主義式的看法。而且柄谷行人那本書就叫做《世界史的結構》，*The Structure of World History*。我的看法跟柄谷行人不太一樣，所以彥彬老師說得是非常對的。我覺得結構性的世界史，主要的一個問題是這樣的結構不太有變通性。這個在華勒斯坦的理論裡頭，他有這樣的一個affordance或者是可能性，亞周邊可能變成周邊，或周邊可能變成亞周邊。但是基本上，這樣的結構是比較static、比較死板一點。他可以解釋核心、軸心、半周邊、亞周邊還有周邊它們不同的作用，可以解釋不同位置在歷史上扮演的不同作用。每一環都有它自己的角色可以扮演。但這是一個比較死板的結構。它可以解釋一些現象；但是，是不是一個周邊、亞周邊國，就是這樣呢？有沒有別的可能？假設你是一個周邊國，那你永遠無法逃脫這樣一個、被下放到周邊的狀況嗎？因為周邊國也可以是偉大的思想體系生產的地方。亞周邊國也不一定需要很多東西都是從核心的地方而來。我理想的世界史是沒有核心的。批判這些西方中心或是中國中心是很重要的工作，但是只去批判，事實上你又重新地去給予你所批判的這些中心主義某種tribute，也是給它們一個注意。你花了很多精力去批判它們對不對？所以對我來說很重要的是，除了批判中心之外，一定要看邊緣——假設我們用邊緣這個詞。一定要看周邊，一定要看亞周邊，然後重新再回來看世界。因此，建亨老師提到，從世界看台灣，也是從台灣看世界。我是比較希望有這樣的觀點來看世界史。不然的話，所有歷史的主角都給別人當去了，像台灣這樣的小國只能當配角嗎？因為台灣是自己的主角，那它在世界史上也是舉足輕重的，因此這一點就是我比較關注的。譬如說今天談到Édouard Glissant（愛德瓦．葛里桑）的思想，他就是從一個小島的、法屬的département d'outre-mer（海外部門）這樣一個地方，Martinique（馬提尼克），自己還不是一個國家的地方。但是我們可以同意或不同意他的一些看法，但是他主要的論述還是非常地重要。Martinique比台灣小很多，是不是？而葛里桑的很多東西都有世界性的影響力。所以我覺得這個什麼是核心、什麼是亞周邊、什麼是周邊不一定很有用。葛里桑自己對這方面的看法有一點啟發性。譬如他說複雜性是從島嶼而起，然後再分散到世界各地去。島嶼的特質，尤其是小島，他說，因為四面都是海，所以有它的分離性，就是有點被隔離的問題，但同時呢，因為有船就可以到，所以也是一個交會的地方。所以他說島嶼是一個世界文化匯流的地方。加勒比海的一些其他的詩人、思想家等也有相似的論述。譬如說，事實上你們看這個地球上的大陸或者是小島，如果從海洋的角度看陸地，大陸其實也是一個島嶼。所有的陸地也僅僅只是一群島嶼，是不是呢？所以不管島嶼大、島嶼小，但是大家都是島嶼。所以有時候也許也可以說，**世界史是一個島嶼史**。從這樣的眼光來看，台灣身為一個島嶼，我覺得也無可厚非，它的重要性也無可厚非。這樣我就大約已經解釋了我對世界史的看法和柄谷行人的不同，就可以過渡到彥彬老師的報告。

我覺得彥彬老師的報告，跟芳玫老師的報告一樣，讓我學習很多。我雖然不同意柄谷行人的說法，但是我覺得這個大家應該都有看過，也應該是需要理解的。尤其是台灣，身為一個漢人定居殖民地，而且是數百年來從中國、中原這樣一個地方渡海到台灣的這樣一個歷史。所以中國的，所謂中原的、中心的東西，在台灣的歷史裡頭當然是非常重要的、不能忽略的現實。尤其是國民黨流放到台灣之後，或者是重新占領台灣之後，自認為是中華文化的繼承人、自認為是中國。所以事實上是，台灣當時國民黨的自我認知不是邊緣、不是周邊也不是亞周邊，事實上是亞洲的核心。所以這是非常弔詭的、當時非常奇特的，有點像是magical thinking、魔術式的思維。台灣怎麼可能是核心呢？所以很有意思。而且當時聯合國也是認台灣為中國，所以這個三環的歷史結構有它結構性上的限制。

有關彥彬老師提到的「非關係」的問題，好像比較難回答。因為我們也許可以說，非關係也是一種關係。而且這個和規模有關係。譬如說，我在談冷戰時期台灣參與世界史的角度是以冷戰裡頭所扮演的角色，而不是在一個全球性的公民權運動、非洲的、拉美的解殖運動這樣的模式參與。而全球這種左傾的、解殖的、六〇年代這樣的一個思潮的主流，台灣在這樣一個大的、世界性的語境裡頭是一個缺席者。但是我們把這個scale、這個規模縮小的時候，我們也知道，芳玫老師有提到，殖民時期台灣也有很有趣的左傾思想。譬如說謝雪紅等，還有台灣共產黨。五、六〇年代也有左派思想，只是說沒有人認可，外面的人很少知道。所以，白色恐怖當然就是要迫害左翼人士是不是？所以，也不能說台灣沒有，只是說你從不同的scale、不同的尺度、不同的規模來看的時候，我們看到不同的東西。在討論世界史的時候，討論台灣在世界史扮演的角色的時候，就要有這種不同的尺度去看、去做一個分析和衡量。因為這種scale的不同，也因此我們更能看到台灣的複雜性。我希望這樣的說法也許有一點用。

對於「非關係」，我目前沒有很深刻的想法可以提供。剛才忘記講到一句，也就是說單向的關係也是關係，它不是一個非關係。所以我覺得，可能彥彬老師的非關係對我來說是一種關係，而不是非關係。另外，Non-relation、非關係這個詞在有關人類世、Anthropocene的討論裡，有時候會出現。它的意思是說，我們這個人類世的大時代，人和自然和所有的地球的一切都有緊密的糾纏的關係。但是，假若是這個關係不存在、導致Non-relation的時候，就會導致地球的滅絕、世界的終結。因為我們生活在這樣的關係網中，在這個關係網的基礎下參與對我們所已經破壞的大自然的修復，修復人和大自然的關係等等是必要的。假如我們選擇的是Non-relation、非關係的話，那就是一般來說這個西方的現代文明，基本上是採取剝削大自然的態度，而不是參與式地和人自然建立一個互惠的、互相尊重的一個關係。所以那種Non-relation我覺得可能是比較接近彥彬老師講的Non-relation。它是一種壓制性的、剝削式的。因此，研究生態的人他們就會說這個是一種Non-relation，會導致地球的破壞還有世界的終結。我不知道這樣回答有沒有回答到彥彬老師的問題的主要重點。

這裡我也想舉例說明，譬如說世界各地的原住民對於關係的看法，還有他們對和大自然的關係的這種知識觀、宇宙觀。譬如說在南美有些國家，他們有把大自然變為是有一個主體性的，而且有法律上保護的一個主體性。我們今天這個政大華人文化主體性研究中心講人的主體性，但是他們是把大自然看成是有主體性的、被法律保障的，跟人一樣是有主體性的，如在Ecuador（厄瓜多）就是如此。這也是原住民的宇宙觀中很重要的一種看法。我覺得台灣原住民對大自然的一種尊重，是非常重要的。人和自然的關係、人和生態的關係等等，我們再往下走的時候必須要學習，才可能暫緩地球的滅絕、滅亡。

下面再感謝建亨老師的報告和三個很難的提問。第一個問題談到和原住民有關的重新分配政治，在怎麼樣的情況下不會引起漢人恐慌。就是說，有關定居殖民主義和原住民的物質資源的重新分配，可能會引起普遍性的恐慌。這個普遍性的恐慌的「普遍性」指的是漢人，因為資源重新分配，原住民不會恐慌吧？也許漢人恐慌一下也是應該的。像澳洲的一位原住民女性主義家Aileen Moreton-Robinson就說，身為定居殖民者，你要學習放下特權。這個到底怎麼做？可能每個人的做法都不一樣。大家知道「賠償」這個概念，reparation。譬如說德國納粹的罪行對猶太人的賠償，美國政府二戰時期把日裔美國人關到集中營，後來也給予賠償。還有在美國，討論黑人奴隸的後裔要用什麼方式給予他們賠償等，南非種族分離政策推翻以後應該如何賠償南非的黑人等，這種討論不少。至於有關原住民的話，加拿大、紐西蘭、澳洲等地就有，紐西蘭的情形是比較可以借鑑的。在紐西蘭，他們在一八四〇年有簽過一個條約，叫做Treaty of Waitangi（〈懷唐伊條約〉）。根據這個條約，就有法律上的根據歸還原住民土地等的一些作為。原住民毛利人有各種不同的權利，毛利語為紐西蘭官方語言之一，理論上和英語一樣。我認識的一些紐西蘭學者，假如不是毛利人，也都在學習毛利語。我覺得這對台灣來說是一個很好借鑑的例子。談到雙語教育，我覺得為什麼我們不談三語教育呢？英語、台灣式的英語，和華語，包括多樣華語。也許書面是所謂標準的華語，但是我們在說話的時候，大家用的都是不同的華語，河洛語也好、客語也好還有其他不同的華語。第三個官方語言，應該是原住民語。我知道原住民語在台灣有很多種，所以可能就很像華語一樣，很難統一。在政策上，這個到底怎麼實行？我不是語言學專家，沒有辦法在這裡提供意見。但是，假如台灣推雙語教育，而原住民語就被排除在雙語教育之外的話，那不是又重新地彰顯了定居殖民者的語言嗎？因為定居殖民者的美國主義，事實上也是一種錯置定居殖民主義的一種作法。因為把外來的強勢文化帶進來，很容易就把原先應該注重的原住民文化取代了。這個強勢的美國主義，對漢人來說，是一個很有用的東西。在台灣的情況，台灣也有譬如說二〇一六年蔡總統對原住民的道歉、真相與和解的轉型正義的委員會等各式各樣的企圖。它們的實際效應如何？可能這一點上就有一些可以做的地方。譬如說原住民族的語言問題、海域、生活領域、傳統領域等等這些主要的課題，可能都還需要更為實質上的作為。因為定居殖民者走不了，人數太多了，台灣不可能所有定居殖民者都走掉。這就是定居殖民主義和一般的殖民主義很大的差異。定居殖民者不會全部走光，在這樣的情況下，需要去做的解殖行動，對我來說一個最基本的準則是，四百年來原住民被壓迫，那在往前走的時候，我們往前看，哪些以未來為準的重建計畫使台灣變成更公平的地方，尤其是對原住民。這些種種的分配政治，有心的話是可能的。而且也不需要引起恐慌。因為恐慌是一種情感，那這情感是因為自己認為自己很重要，我的特權、我的權利、我的立場被威脅的時候才會感覺恐慌，對不對？面對情感上的恐慌，也許本身我們需要再做一些理論性的爬梳，會是一個自我解殖的一個方式。我覺得它可以是自我解殖的一個角度，值得分析和思考。

下面建亨老師提到有關葛里桑的「大寫的關係」（Relation）這個問題。我確實是感覺他這邊是有不足的地方，因此我在另外一篇，這次沒有講到的另外一篇當中，我有把他的這個「不及物動詞」改成「及物動詞」。所以有些地方我對關係的理解確實是和葛里桑不同，只是這一次的演講系列裡頭並沒有說清楚，所以很高興現在有機會可以稍微說一下。葛里桑把它變成一個大寫，主要是因為他要把原來法文裡頭的Relation，是一個名詞，他要把它變成一個動詞。事實上，你要把它變成動詞也不一定要大寫，但是他受到混沌理論（Chaos theory）的影響，還有量子力學（quantum mechanics）的影響，所以他對於關係確實是有本體性的認知。我覺得這個本體性的認知本身對我不構成問題。但是像建亨老師說的那樣，它變成一個不及物動詞，確實是有需要考慮的地方。一方面我會說，為什麼他就沒有辦法對普遍性有所訴求呢？就好像，也許台灣創作的理論是一種特殊性的地緣政治下產生的理論，但是它也是有普遍性的可能，普遍性的訴求或企圖。因為理論需要一個概化的過程，generalization，不然的話就是一個觀察而已，不能形成理論。

所以我現在想說，我們在談這個關係，談到它的本體性，對我來說很重要的另一個面向是它的倫理性。因此，我談到關係的糾葛、權力的運作、小國在很大的世界史的語境下所扮演的重要角色等等，都是和倫理性有關係的。就好像人類世裡頭，人和自然的關係，這個關係也是一個倫理性的關係。所以關係性事實上有很多不同的層次。它有本體論的層次、有倫理性的層次、有地緣政治的層次、有世界經濟一體論的層次，還有歷史的層次，譬如說殖民主義等。當然這些也都和經濟有關。因為不同資本主義的發展過程和不同的勞動力的組織和分配，都有一些相互的關係。

最後一個，建亨老師提到有關雙語教育的問題，我就很快地談一下。我前面已經講到，事實上這樣的雙語教育非常簡化了台灣本身語言的開放，語言社群的多樣、多聲、多音的現象。而雙語性，事實上提升了標準華語的重要性。而英語好像被看作是中立的，因為它是世界性的語言，是一個從其他國家帶來的一個語言，所以好像是中立的。但是它並不是，它是和世界上的政經權力等都有相當深刻的糾葛。所以我們也許可以往紐西蘭看。諷刺一句：紐西蘭他們可能運氣好，被英國人殖民，所以他們有英語，然後就主要就是毛利語。那台灣，我們有華語，各式各樣的華語，不只是一種，有標準華語、河洛語、客家語等，當然最主要的是台灣原住民族的各種語言，還有台灣式的英語等。在英語語系研究（Anglophone studies）當中有一個概念就是english是小寫的e，不是大寫的E，表示不同地方的英語都不一樣，都有在地克里奧化的不同的英語、複數的englishes。我覺得同樣地，所謂的Sinitic、華語，它也是很多不同的Sinitic languages，是複數的華語。複數的華語、複數的英語，再加上複數的原住民族的語言，台灣應該有的是三大語言的，而非雙語的。我覺得這可能比較能夠符合轉型正義的意思。譬如說瑞士，他們有三種語言，三個語言都同樣重要。他們有他們自己形式的德語、自己形式的義大利語、自己形式的法語，都和這三個國家各自的標準語稍微有一點不同。好像只有瑞士的義大利語和義大利人的義大利語比較接近，但是德語和法語就不太一樣，和德國的不一樣，和法國的不一樣。尤其是好像德語是相當不一樣的。很多國家事實上不只有兩個主要的語言，而每個語言當中，也有內在的差異性。這樣三語的政策對台灣是不是更符合？更能夠讓台灣的漢人放下身段，學習原住民語、學習在地的台灣語言？我就回應到這裡。對不起講了很久，希望下面有時間再跟大家討論。

六、公開與觀眾的討論

吳建亨：謝謝書美老師的回答，非常地清楚，也解答了我們很多的疑惑。接下來我想要先請問一下乙萱我們現在還有多少時間？

丁乙萱：我想說因為我們有時差關係，書美老師那現在也是晚上，所以原本預計是到今天台灣時間中午十二點，所以大概還有半個小時。

吳建亨：半個小時，好，那我們現在就開放給線上的朋友做一個提問。書美老師，妳是想要提問一題妳就回答，還是先收集一些問題？

史書美：收集一些問題可能比較好，多一些人可以提問。

吳建亨：那我們可能就先蒐集三個到五個問題，再由書美老師一次地回應。有問題的朋友可以舉手。

提問人A：謝謝書美老師，這裡有兩個問題想請教書美老師。其實我非常同意書美老師從世界史的角度來看台灣理論。我只是比較好奇說，從世界史這個「世界」，我們範圍可以放到多廣、多寬？因為這其實可以到很寬的，不只是說這幾百年。其實在我自己幾年前讀過一點資料，有一些考古學家、生理學家、自然生物學家有在討論說，台灣島的原住民可能不只是一直在弱勢的地方，有可能在幾千年前、幾萬年前，說不定他們是殖民者的角色，那就不是弱勢了。他們可能到南島、非洲，那我們看的視角又不一樣了。所以我們從世界史的角度來看台灣的理論，這個世界我們可以放到廣度多大？還是說我們要用什麼範圍切入？這是我第一個想要請教書美老師的。第二個問題我也是很欣賞書美老師提到，從關係、互動關係這個角度來看台灣理論，不斷地轉化、不斷地互動的關係。但我自己比較好奇，在不斷地互動的關係當中，真的能夠產生，有一個能夠轉化的關係嗎？還是在我們的互動當中產生的是極端的對立？越互動越分開。像我自己想到的，以台灣島的案例來講，就是在民國初年在台灣島這裡，譬如說有書美老師提到的胡適、殷海光的自由主義陣營，還有就是有關於中國文化保守主義者的一些陣營。他們在做對話、互動的時候，其實說真的，交集不是很明顯，他們是越互動越沒有交集。所以說我們在整個互動的關係當中，我們怎麼產生一個轉化讓彼此有關係？我自己想到的一個線索，就是書美老師以一個小說為例，同情心、同理心是一個切入點。只是說這個同情心、同理心，我比較好奇的就是說，書美老師可不可以從這個方面思考，然後怎麼樣去激發同理？謝謝。

吳建亨：請第二位舉手的可以直接發言，書美老師，在留言區那邊也有一些問題。

提問人B：感謝建亨老師今天邀請書美老師，非常精彩的演講。我有一個問題，就是，剛剛書美老師講，在討論關係上面會有所謂ethics上面的問題。我記得書美老師在二〇一五年寫了一篇文章 Ethics of Transnational Encounters，其中那個題目就有講到 "When" Does a

"Chinese" Woman Become a "Feminist"？您有提到Anchee Min在寫文化大革命的時候，她在美國寫文革的事情就被人家講說她是一個double crosser，因為她crossing borders。不知道為什麼好像女性、female writers在寫文革、在寫一些Chinese history的fictions的時候都會被認為是一個double crosser。那我們說這個border crossing在跨越疆界的時候，今天講到那個主題，border這個問題的時候，好像女性就容易被質疑。譬如說像您那個在"Defetishizing China"那一篇有提到說，哈金寫*War Trash*的時候就沒有遇到這樣子的問題，因為他們會說You are portraying a real China or Chineseness，那為什麼女性也是寫文革的時候得到的效果是不太一樣的？那這對我們在做feminist的writer、feminism的theory的時候，會遇到，好像二〇〇五年到現在，您當初寫的那篇文章到現在遇到的問題還是一樣是這個ethics的問題。那ethics跟ethnicity之間到底有什麼不同？還有就是我很喜歡老師用的那篇 Defetishizing有提到fetish這個字。我想請教老師，de-fetish這個字有replacement、de-essentializing、decentering、denaturalizing，那您覺得為什麼那時候會選擇用fetish這個字呢？

吳建亨：那還有沒有線上的朋友想要提問的？留言區有一個問題我大概陳述一下。想要請問史書美老師，華語語系的理論目前使用的範圍大概就是文學與電影為主，這個問題就是想問老師有沒有什麼方式可以擴展到文化其他的領域？例如宗教、飲食等等去討論華語語系。

史書美：這已經好多問題，而且都是非常有趣的、面向很廣的問題。第一個問題是有關這個世界史多寬、多廣？我們到底回溯多久？尤其是談到，譬如說原住民族可能在某個時段也是殖民者的角色等。權力到處都在，所以我們所能關注的是現在的權力結構，這也是批判的「現世性」的內涵。因為譬如所謂的漢人事實上是一個很複雜的融合的民族。以前在中國的情況的話，北方人對南方人的歧視、南方人來到台灣就變成殖民者，他當然是在不同的歷史情境裡頭都會有不同的變化。少數民族也常常都是種族歧視者。我們都不能用很簡單的、黑白分明的看法來看這些事情，而是在真實情況下的權力分配、物質分配等的情況下來看這個事情。所以這本身又和規模或者是scale有關係。這個scale多大，你看到的那些東西，基本上它的複雜性有不同層次的。以前文化研究風行的時候，我覺得這個可能不是台灣文化研究的問題，是美國文化研究的問題。有時候文化研究把一個問題裡頭的複雜性講得太複雜了，結果就有點本末倒置，或者是不知道這個到底怎麼運作的。假如我是一個非白人，我會種族歧視別人的話，我跟白人一樣有問題。我種族歧視別人當然是有問題，而且我在美國又是有色人種定居殖民者，在台灣是一個典型的漢人定居殖民者，所以我有雙重的定居殖民者這樣一個角色。但是，非白人的種族歧視和白人的種族歧視有著不同的權力架構，必須釐清。現在在美國，少數民族對參與定居殖民結構的共謀性的自我批判越來越多，所以這一點我是非常、非常高興的。我們雖然不是白人，但是我們參與這個定居殖民結構、參與對原住民的剝削和土地的占領等，這都是現實。所以我們當然要看怎麼樣去看這個事情。一定要看一時一地實際的情況。譬如說很多人常常會說，非洲人他們自己販賣奴隸，所以我們不應該批評歐洲人，英國人也好、美國人也好，不應該批評他們販賣奴隸。這是錯誤的。因為不同的scale有不同的語境。然後從這個很大的世界史的語境來看的話，非洲人販賣奴隸是為了賣給歐洲人。還有，或者是他們因為族群之間的戰爭、各式各樣的奴役制度，世界很多國家都有奴隸，希臘就曾也有。因為非洲人有所以我們就不能批評西方的奴隸制度嗎？這是錯誤的。所以這個真的是要看scale，然後要選擇你認為是最倫理的角度、最倫理的立場。我覺得事實上我們做學問，很多時候是有某種選擇的，而不是什麼都是：「哇，很複雜啊，大家都一樣啊。」不是這樣子。我是覺得你選擇的立場和角度需要是你覺得最倫理的角度。

那有關這個越互動越分開這樣的關係，這是彥彬老師之前剛開始提問的時候也有提到。譬如說「比較」這樣的一個方法常常有個問題，我把A和B比較的時候，談到說他們有什麼相通點，結果到後來彰顯的都是他們有什麼不同點，所以好像是越比較越分開。Naoki Sakai的翻譯理論就說，原文和翻譯文本在翻譯過程中事實上是變得距離越來越遠，但是它就是一個翻譯的過程。我在第四講的時候，有談到這個通約性、commensurability，還有不可通約性、incommensurability的問題，還有translatability和untranslatability。我引用的是美國的女性哲學家Ofelia Schutte的看法。她說incommensurability這個字裡面就有commensurability，所以這種越互動越分開，事實上它本身是經過一個轉化的。這個轉化也許是無形的，我們當時看不到，但是確實是有這樣的。

我們怎麼樣去希望大家多一些同理心、同情心？這個就又回到剛才談到的這個情感問題。心理學家有談到說，你可以控制的情感只能是自己的。所以，所有的定居殖民者，台灣的漢人，他們需要自己學習去琢磨同情心和同理心，這個是自己的工作。沒有辦法改變別人的情感，我們也許可以嘗試去影響別人，但是你不能影響任何人，只能影響自己，尤其是情感層面，這是我個人的看法。

在chatbox裡面有人問說，很多華人到歐洲當勞工的也很多，現在華人到歐洲也有，如何定位？有不同階級的勞工，有白領階級的勞工、有偷渡的勞工。記得很多年前，好像有一個到英國的船裡頭的非法華人勞工，因為他們關在那個後艙裡，然後好像就被通通窒息還是淹水。當然現在在歐洲最大的非法勞工問題是從非洲各國去到歐洲的問題。華人的話，因為中國崛起還有中國身為世界第二經濟體，這樣的偷渡現象有很大的改變。但是也有很多華人是不同地方的華人，譬如說現在台灣的華人到加拿大還有到澳洲當勞工，大學生去歐美國家當勞工，這個可能有些人都不知道，台灣的大學生有這樣的現象，他們有人經歷很多痛苦的經驗。台灣因此也是勞工輸出國。這個勞工問題，台灣的外勞等，要談可以談很久。所以，要怎麼定位？現在我覺得，確實世界歷史的進程和以前的苦力是非常不一樣，但同時大家可能也知道，現在也有很多不同形式的奴隸制度，人們叫做新奴隸制度，人口販賣也一直進行當中，也許不一定是華人，但是也有很多不同的拉美的、非洲的，各式各樣不同的現代形式的奴隸制度，還是到處都有。

下面這個提問人B問的有關倫理學的問題，就和剛才講的情感問題、你談到的那篇論文Ethics of Transnational Encounters確實談到的affect、情感問題。defetishizing也是談情感問題，和情感有關係。你問的問題是性別和國族的問題，為什麼閔安琪（Anchee Min）就被批判為是背叛中國文化和國家，但是哈金就沒有被批判？哈金事實上在中國也有被批判，他的幾本小說在中國也有被禁，但是這裡就和女性主義理論裡頭談到的性別和國族關係的問題有關。因為從父權的國族主義角度來看的話，女性是這個國家的一種象徵。就好像譬如說女性穿傳統服飾，她們被喻為一國之母，或者mother earth、mother country、一個人的國家是母國，而不是父國，都是比喻為母親或者是女性。因此女性對家國的批評常常被看作是一種背叛，而不被看作是一個正當的批評。這個都和性別和國族的概念，和這個因為父權意識、父權社會、父權結構下產生的很多的看法有關。這個有關gender and nationalism、性別和民族主義或國族主義這樣的論述裡頭，有一些討論可以看看。

另外這個chatbox裡頭有人問，為什麼華語語系研究理論，目前的研究範圍主要是以文學與電影為本？我覺得確實有這樣的傾向，而且這個問題剛好芳玫老師之前傳給我的電郵上也提到。我也很高興，剛才沒有回答芳玫老師，但是現在可以回答一下。這裡的問題就是，我覺得學科之間的高牆的問題。誰要把那個牆蓋得那麼高？然後，誰要維護那個高牆？維護高牆的方法就是「這個和我沒有關係」。「這個和我沒有關係」是一個非常好用的藉口，這就是所謂的這個sanctioned ignorance、一個合法的忽略法。我忽略它，認為這個跟我沒有關係，而且沒有人說我忽略它會有問題，這是一個很合法地去忽略，我覺得這是問題的關鍵。但是在美國現在這個現象有所改善。我和姜學豪現在正在合編一本書，叫做*Sinophone Studies across Disciplines*、《跨學科的華語語系研究》，這本書現在已經編好了，希望兩年內出版，也是哥倫比亞大學出版社來出版。這本書裡頭，我們就有不同學科的學者們參與討論，有宗教、音樂、舞蹈，還有歷史、人類學等。希望以後更多不同學科的學者們，大家共同討論，因為所有的學問都是我們大家越討論、越互相批評、越對話我覺得就越豐富，所以當然是非常希望以後是這個樣子的。那我覺得差不多都回答到了吧？

吳建亨：還有沒有線上朋友想要提問的？我們剩下大概十分鐘，機會非常難得，可能還可以再回答一、兩個問題，有沒有線上的朋友想要把握這個機會？沒有的話我們這次的活動就進行到這裡，非常謝謝書美老師的參與，錄製那麼多非常精彩的課程，又來這邊幫我們解答很多疑惑。也謝謝各位朋友從世界各地來參與這次的活動，我們今天其實人滿多，有一百多位的參與者，算是滿多的。也非常感謝老師給我們，這邊有留言就非常感謝老師的理論給我們非常大的啟發。乙萱有什麼要補充的？

丁乙萱：沒有。

吳建亨：那我們今天就到這邊為止，謝謝大家。

聯經文庫

跨界理論

2023年9月初版　　定價：新臺幣480元

著者	史書美
特約編輯	蔡忠穎
內文排版	菩薩蠻
封面設計	兒日
副總編輯	陳逸華
總編輯	涂豐恩
總經理	陳芝宇
社長	羅國俊
發行人	林載爵

出版者	聯經出版事業股份有限公司
地址	新北市汐止區大同路一段369號1樓
叢書編輯電話	(02)86925588轉5319
台北聯經書房	台北市新生南路三段94號
電話	(02)23620308
郵政劃撥	帳戶第0100559-3號
郵撥電話	(02)23620308
印刷者	世和印製企業有限公司
總經銷	聯合發行股份有限公司
發行所	新北市新店區寶橋路235巷6弄6號2樓
電話	(02)29178022

行政院新聞局出版事業登記證局版臺業字第0130號

本書如有缺頁，破損，倒裝請寄回台北聯經書房更換。　ISBN 978-957-08-7100-5 (平裝)
聯經網址：www.linkingbooks.com.tw
電子信箱：linking@udngroup.com

國家圖書館出版品預行編目資料

跨界理論/史書美著．初版．新北市．聯經．2023年9月．
364面．14.8×21公分（聯經文庫）
ISBN 978-957-08-7100-5（平裝）

1.CST：文化理論　2.CST：文學理論　3.CST：比較研究

541.26　　112013568